Austria 奧地利

no.72

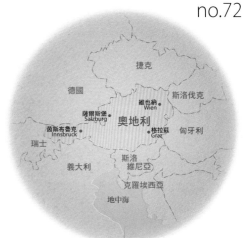

捷克

德國

斯洛伐克

維也納
Wien

薩爾斯堡
Salzburg

奧地利

茵斯布魯克
Innsbruck

格拉茲
Graz

匈牙利

瑞士

義大利

斯洛
維尼亞

克羅埃西亞

地中海

MOOK NEWAction

奧地利 Austria

MOOK NEWAction no.72

本書所提供的各項可能變動性資訊,如交通、時間、價格(含票價)、地址、電話、網址,係以2023年4月前所收集的為準;特別提醒的是,COVID-19疫情期間這類資訊的變動幅度較大,正確內容請以當地即時標示的資訊為主。
如果你在旅行中發現資訊已更動,或是有任何內文或地圖需要修正的地方,歡迎隨時指正和批評。你可以透過下列方式告訴我們:
寫信:台北市104中山區民生東路二段141號9樓MOOK編輯部收
傳真:02-25007796
E-mail:mook_service@hmg.com.tw
FB粉絲團:「MOOK墨刻出版」www.facebook.com/travelmook

符號說明

📞 電話　　🈺 休日　　❗ 注意事項　　⏱ 所需時間　　ℹ 旅遊諮詢
🎧 地址　　💲 價格　　😋 營業項目　　📲 如何前往　　🛏 住宿
📶 時間　　🔗 網址　　🎎 特色　　🚇 市區交通

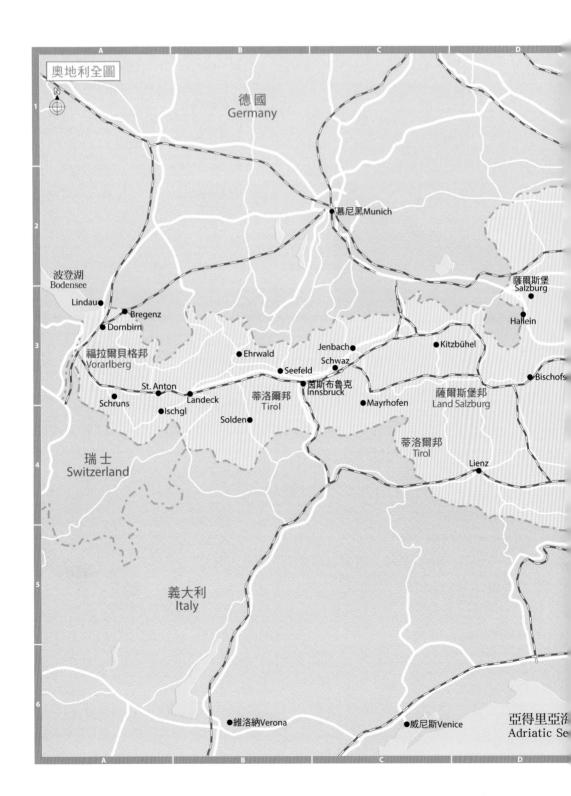

奧地利全圖

德國
Germany

慕尼黑Munich

波登湖
Bodensee

Lindau
Bregenz
Dornbirn

薩爾斯堡
Salzburg

Hallein

福拉爾貝格邦
Vorarlberg

Ehrwald

Jenbach
Schwaz

Kitzbühel

Seefeld

Bischofs

St. Anton

茵斯布魯克
Innsbruck

Schruns
Landeck

蒂洛爾邦
Tirol

薩爾斯堡邦
Land Salzburg

Ischgl

Mayrhofen

Solden

瑞士
Switzerland

蒂洛爾邦
Tirol

Lienz

義大利
Italy

維洛納Verona

威尼斯Venice

亞得里亞洛
Adriatic Se

4

捷克
Czech
Republic

Passau

上奧地利邦
Oberösterreich

Freistadt

Zwettl

Horn

克雷姆斯Krems

林茲Linz

Ried im Innkreis

Wels

Amstetten

梅克Melk

維也納Wien

Hainburg

Bratislava

施泰爾
Steyr

下奧地利邦
Niederösterreich

巴登Baden

Bruck

Wiener
Neustadt

諾吉勒湖
Neusiedler
See

聖沃夫岡
St. Wolfgang

巴德伊舍
Bad Ischl

Mariazell

埃森施塔特
Eisenstadt

哈爾施塔特
Hallstatt

Bad Aussee

Admont

Leoben

Schladming

施泰爾馬克邦
Steiermark

布爾根蘭邦
Burgenland

Murau

Judenburg

Köflach

格拉茲
Graz

Hartberg

Oberwart

Szombathely

克恩頓邦
Kärnten

匈牙利
Hungary

Deutschlandsberg

Leibnitz

Villach

Klagenfurt

Bad Radkersburg

Maribor

斯洛維尼亞
Slovenia

克羅埃西亞
Croatia

Ljubljana

Gorizia

Zagreb

5

Welcome to Austria

歡迎來到奧地利

交響樂之父海頓、樂聖貝多芬的創作基地，音樂神童莫札特和指揮帝王卡拉揚的故鄉，就連希特勒在成為獨裁者之前，也到維也納逐藝術之夢…從音樂、繪畫到創作，奧地利可以說是歐洲的藝文心臟，豐沛的文化魅力與舊時代的王朝風華，加上阿爾卑斯山脈的山光水景，奧地利優美的主旋律，值得花時間細細探索品味。

位於中歐的奧地利，悠遠的歷史與文化凝聚在建築、美食、生活型態與藝術風格之中，成就今日自然與人文景觀豐富的優雅國度。無論是音樂之都維也納，古蹟、河流與

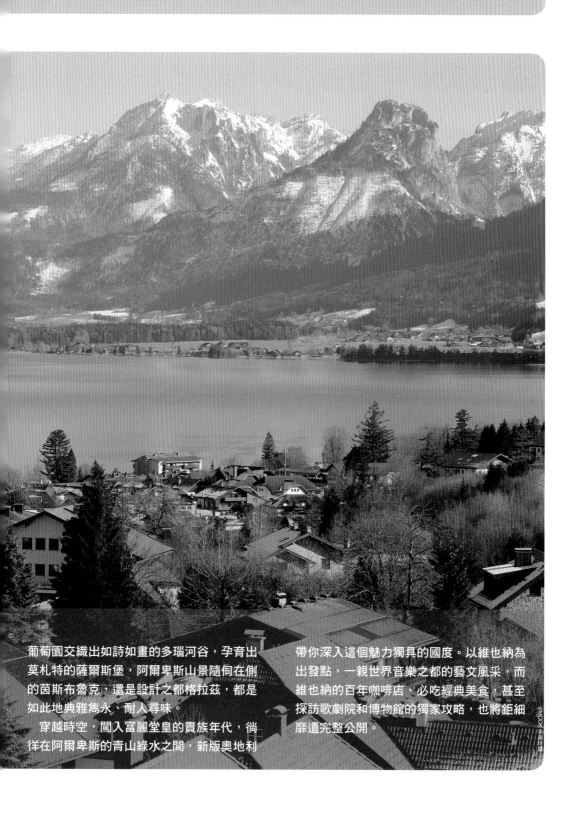

葡萄園交織出如詩如畫的多瑙河谷，孕育出莫札特的薩爾斯堡，阿爾卑斯山景隨侍在側的茵斯布魯克；還是設計之都格拉茲，都是如此地典雅雋永、耐人尋味。

穿越時空，闖入富麗堂皇的貴族年代，徜徉在阿爾卑斯的青山綠水之間，新版奧地利帶你深入這個魅力獨具的國度。以維也納為出發點，一親世界音樂之都的藝文風采，而維也納的百年咖啡店、必吃經典美食，甚至探訪歌劇院和博物館的獨家攻略，也將鉅細靡遺完整公開。

©MOOK 李英娟攝

必去奧地利理由

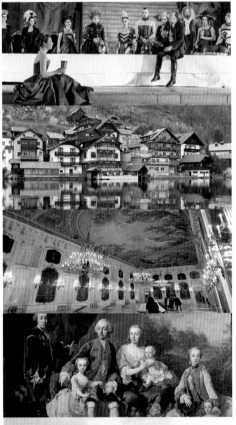

敲開古典樂聖地的大門

從海頓到貝多芬，莫札特到舒伯特…奧地利是所有古典樂迷此生必訪的音樂聖地，除了探訪音樂家故居，你還可以在維也納的金色大廳，聆聽最高水準的音樂演出，或者在薩爾斯堡欣賞原汁原味的莫札特古裝音樂會，沉浸在音樂之都的魅力。

親訪真善美的世外桃源

奧地利的湖光山色，完全不讓瑞士、德國等鄰國專美於前，包括景致如畫的薩爾斯堡，還有蒂洛爾邦走到哪都隨伺在側的阿爾卑斯山景，走進電影《真善美》的真實場景，你可以在薩爾斯堡的河畔哼著「小白花」，到茵斯布魯克搭乘纜車，在三千公尺群山圍繞下高唱「Do Re Mi」！

維也納貴族體驗

哈布斯堡王朝的都城維也納，美輪美奐的古老市街中，保留許多迷人的文化遺產，化身上世紀的維也納上流社會，到百年咖啡館品嘗正宗維也納咖啡，享用女王也愛吃的經典美食和巧克力甜點。

見證奧匈帝國風華絕代

奧匈帝國曾經是稱雄歐陸的超級強權，掌控帝國的哈布斯堡王朝留下了震古鑠今的文化資產。透過富麗堂皇的維也納三大宮殿、聖史蒂芬大教堂等歷史遺跡，一睹奧匈帝國的絕代風華，以及歐洲最強丈母娘瑪麗亞·特蕾莎，話題女王西西皇后等王室成員的愛恨情仇。

和百水、施華洛施奇一起玩設計

由當代藝術大師百水領銜，不規則的百水公寓突破想像臨界點。施華洛施奇結合全球藝術家，共同打造水晶設計王國，還有入選為歐洲設計之都的奧地利第二大城格拉茲，各種造型奇特的建築設計、當代美術館，開啟你的設計新視界。

在藍色多瑙河跳圓舞曲

按下音樂開關，為自己倒上一杯葡萄酒，在奧地利音樂家小約翰·史特勞斯的《藍色多瑙河》旋律中，搭乘遊船走一趟浪漫的多瑙之旅，途中會經過世界最美的梅爾克修道院、優美的河畔小鎮與城堡莊園，沿岸葡萄園更帶來無以倫比的微醺體驗。

旅行計畫
Plan Your Trip

Top Highlights of Austria
奧地利之最

文●墨刻編輯部　攝影●周治平・墨刻攝影組

熊布朗宮
Schönbrunn

從18到20世紀初，一直是哈布斯堡王朝家族的官邸，建築內部裝潢美輪美奐，洋溢華麗的巴洛克風，是中歐宮廷建築的典範。(P.113)

最佳城堡
The Best Castles

阿格斯坦城堡，多瑙河谷／維也納及其周邊
Burgruine Aggstein, Danube Valley／Vienna and Around(P.142)

佛赫登史坦城堡，埃森施塔特／布爾根蘭邦
Burg Forchtenstein, Eisenstadt／Burgenland(P.152)

薩爾斯堡城堡，薩爾斯堡／ 薩爾斯堡邦 Festung Hohensalzburg, Salzburg／Salzburg and Around(P.167)	城堡山，格拉茲／ 施泰爾馬克邦 Schlossberg, Graz／ Steiermark(P.238)	艾根堡，格拉茲／ 施泰爾馬克邦 Schloss Eggenberg, Graz ／Steiermark(P.241)

霍夫堡皇宮
Hofburg

　　奧匈帝國的統治核心，也是統治奧匈帝國長達700年的哈布斯堡王朝駐在地，約有18棟建築物、超過19個中庭和庭園，是名符其實的深宮內苑。(P.80)

最重要名人紀念館
The Most Important Houses of Celebrities

西西博物館，維也納／
維也納及其周邊
Sisi Museum, Vienna／
Vienna and Around(P.81)

貝多芬博物館，
維也納森林／
維也納及其周邊
Beethoven Museum,
Vienna Woods／Vienna
and Around(P.133)

多瑙河遊船
Cruise on the Danube Valley

從克雷姆斯到梅克這一段多瑙河谷，綿延約40公里，德語名為「瓦豪」，擁有眾多古蹟、城堡、修道院等，可以找到從史前時代演化至今的歷史軌跡。搭乘遊船，不但是方便的交通管道，更可盡覽河谷沿途之美。(P.138)

廣袤葡萄園
The Vast Vineyard

奧地利是葡萄酒的盛產區，尤其集中在下奧地利邦、布爾根蘭邦和施泰爾馬克邦。整個瓦豪河谷沿線都是酒鄉，還有魯斯特、莫畢許一帶，一望無際的葡萄園，讓人還沒喝酒心已先醉。
(P.138、154)

最具特色教堂
The Most Special Churches

聖彼得教堂，維也納／
維也納及其周邊
Peterskirche, Vienna／
Vienna and Around(P.87)

卡爾教堂，維也納／
維也納及其周邊
Karlskirche, Vienna／
Vienna and Around(P.95)

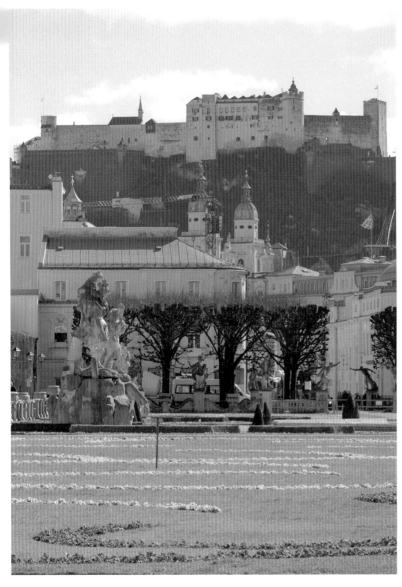

薩爾斯堡
Salzburg

這座城市從中世紀開始到19世紀，一路由大主教管轄，保存了大量精緻的建築，宗教氣息濃厚；加上電影《真善美》如詩的畫面和悠揚的音樂推波助瀾，美麗的山光水色深入人心。(P.162)

哈爾施塔特
Hallstatt

澄澈明亮的湖泊猶如灑落在山嶺間的珍珠，山湖包夾的環境與古老街道營造出自然與人文的絕美調和。山水的自然美景、獨具個性的小屋、倒映於水面的房舍，聯手勾勒出世界上最美的湖濱小鎮。(P.198)

最酷博物館
The Coolest Museums

阿爾貝蒂納宮，維也納／
維也納及其周邊
Albertina, Vienna／
Vienna and Around(P.84)

分離派會館，維也納／
維也納及其周邊
Secession, Vienna／
Vienna and Around(P.96)

蒂洛爾邦阿爾卑斯山景
The Alps in Tirol

蒂洛爾邦被薩爾斯堡邦劃分成東蒂洛爾和北蒂洛爾兩個部分，彼此隔著10~20公里的距離相望。在這片多山的地區裡，3千公尺上下的高山峰峰相連，抬頭隨時都能看見終年白頭的美麗山景，教人心醉神馳。(P.200)

黃金屋頂
Goldenes Dachl

這座以2657塊鍍金的銅瓦覆蓋的屋頂，是1497~1500年為了紀念邁克西米里安大帝第二次婚姻所造，堪稱茵斯布魯克市區最亮眼的地標。(P.206)

百水建築
Hundertwasser's Buildings

反對直線、喜愛曲線的百水，將他所有的理念都透過建築的細部呈現出來：黃金色的洋蔥頭屋頂，各種形狀和顏色的窗戶，柱子上大小不同的圓球，如丘陵般高低不平的木頭地板，牆壁上大小不同且鮮豔的磁磚拼貼，每個曲線都像個微笑，讓人看了打從心底綻放笑容。(P.108)

最佳購物街
The Best Shopping Streets

格拉本大街，維也納／
維也納及其周邊
Graben, Vienna／
Vienna and Around(P.79)

克爾特納大街，維也納／
維也納及其周邊
Kärntnerstrasse, Vienna／
Vienna and Around(P.79)

音樂盛會
Music Feasts

維也納以音樂之都聞名，每天晚上眾多表演廳都有大大小小的音樂會上演，國家歌劇院與音樂協會大樓更是衣香鬢影、一票難求。來到這裡，當然至少要接受一次音樂饗宴的洗禮。(P.92)

瑪莉亞希爾夫大道， 維也納／維也納及其周邊 Mariahilfer Strasse, Vienna／Vienna and Around(P.99)	格特萊第街，薩爾斯堡／ 薩爾斯堡及其周邊 Getreidegasse, Salzburg ／Salzburg and Around(P.170)	紳士街，格拉茲／ 施泰爾馬克邦 Herrengasse, Graz／ Steiermark(P.233)

Top Itineraries of Austria
奧地利精選行程

文●墨刻編輯部

奧地利精華5天

●行程特色

　　奧地利雖然不大，但相當精彩，光是維也納加周邊玩一星期也不太夠，如果時間實在不允許，建議不要貪心，把交通往返的時間省下來，集中探索維也納和附近地區，做個真正的深度玩家。

●行程內容

Day1-3：探索維也納〈Vienna〉。

Day4：當天往返多瑙河谷〈Danube Valley〉。

Day5：當天往返維也納森林〈Vienna Woods〉。

奧地利精華7天

●行程特色

　　如果時間稍微充裕些，除了維也納外，第二首選當然是要到薩爾斯堡看看囉！無論是音樂天才莫札特還是經典電影《真善美》，都是如此地深入人心，有機會當然要去朝聖一番。

●行程內容

DDay1-3：探索維也納。

Day4：當天往返多瑙河谷。

Day5：當天往返維也納森林。

Day6-7：前往薩爾斯堡〈Salzburg〉，探索薩爾斯堡。

奧地利優遊12天

● 行程特色

　　如果在奧地利單國能有10天以上的時間，比較能悠閒地看清楚這個國家的多元樣貌：在維也納接受藝術的薰陶之後，南下格拉茲，然後再西進薩爾斯堡，並且到近年最熱門的鹽湖區欣賞列入世界遺產的湖光山色。若還有時間，可再將行程拓展至登山滑雪勝地茵斯布魯克，這一段阿爾卑斯山脈的美景，保證令你回味無窮。

● 行程內容

Day1-3：探索維也納。

Day4：當天往返多瑙河谷。

Day5：當天往返維也納森林。

Day6-7：前往格拉茲（Graz），探索格拉茲。

Day8-9：前往薩爾斯堡，探索薩爾斯堡。

Day10-11：前往薩爾茲卡莫古特〈Salzkammergut〉(鹽湖區)，探索鹽湖區。

Day12：前往茵斯布魯克〈Innsbruck〉，探索茵斯布魯克。

奧地利全覽15天

● 行程特色

　　如果在奧地利能有兩個星期以上的時間，就有機會完成單國的深度之旅。畢竟即使是搭乘內陸段飛機，交通還是會耗掉不少時間，更何況是搭火車或長途巴士，所以每個城市至少住上兩晚，會比較有「旅行」的浪漫感覺，而不是每天拖著行李換飯店的「趕」覺。

● 行程內容

Day1-3：探索維也納。

Day4：當天往返多瑙河谷。

Day5：當天往返維也納森林。

Day6-7：前往布爾根蘭邦〈Burgenland〉，探索諾吉勒湖〈Neusiedler See〉一帶。

Day8-9：前往格拉茲，探索格拉茲。

Day10-11：前往施泰爾領略小鎮風光，接著前往薩爾茲卡莫古特(鹽湖區)，探索鹽湖區。

Day12-13：前往薩爾斯堡，探索薩爾斯堡。

Day14-15：前往茵斯布魯克，探索茵斯布魯克。

When to go
最佳旅行時刻

奧地利位於歐洲內陸，主要為冬寒夏熱、季節分明的大陸性氣候與溫帶海洋性氣候的過渡區，一般來說，每年5~9月之間是最適宜旅遊的季節。

地理位置

奧地利位於中歐南部，是一個境內多山的小國，面積約為台灣的兩倍半。境內共分為9個邦，分別是：布爾根蘭(Burgenland)、克恩騰(Kärnten)、下奧地利(Niederösterreich)、上奧地利(Oberösterreich)、薩爾斯堡(Salzburg)、施泰爾馬克(Steiermark)、蒂洛爾(Tirol)、福拉爾貝格(Vorarlberg)、維也納(Wien)，並與8個國家接壤，由北到南順時鐘方向分別為德國、捷克、斯洛伐克、匈牙利、斯洛維尼亞、義大利、瑞士和列支敦士登。

奧地利地勢西高東低：西部多山，山峰高達超過3千公尺，兩側都是丘陵地形，多湖沼及茂密叢林，其中阿爾卑斯山脈是奧地利的主要特色，貫穿國土西部和南部，使得三分之二地區被山地覆蓋的奧地利更成為歐洲著名的滑雪等冬季運動勝地。至於奧地利最高峰葛洛斯葛拉克那峰(Grossglockner)位於中央，四周坐落著國家公園。

多瑙河(Danube/Donau)在奧地利的東北部延伸了將近350公里，首都維也納正位於河畔，其他重要河流還包括南部的莫爾河(Mur)和德拉瓦河(Drau)、西部的茵河(Inn River)以及薩爾河(Salzach River)等等。

眾多的湖泊是奧地利的另一個自然景觀：東邊有全歐洲最大的草原湖諾吉勒湖(Neusiedler See)，西邊則有與德國、瑞士交接的波登湖(Bodensee)。

氣候

奧地利屬於中歐型氣候，大致可分為3種氣候：西部受大西洋影響，冬夏溫差及晝夜溫差大且多雨；東部為大陸型氣候，溫差小，雨量亦小；阿爾卑斯山地區，寒冬季節較長，夏季涼爽，7月平均溫度為攝氏14至19度，冬季由12到3月止，山區在5月仍有積雪，即使在夏天，晚間仍有涼意，記得帶一件薄外套。

薩爾斯堡邦
受大西洋影響，晝夜溫差大、冬夏溫差大、多雨。

上奧地利邦
介於海洋性氣候與大陸性氣候之間，山區冬季長，夏季涼爽。

蒂洛爾邦
寒冬季節較長，夏季涼爽，山區在5月仍有積雪。

埃森施塔特
Eisenstadt

多瑙河瓦豪河谷
Danube-Wachau

林茲
Linz

維也納◎
Wien

上奧地利邦
Oberösterreich

薩爾斯堡
Salzburg

聖沃夫岡
St. Wolfgang

下奧地利邦
Niederösterreich

諾吉勒湖
Neusiedler See

茵斯布魯克
Innsbruck

施泰爾馬克邦
Steiermark

布爾根蘭邦
Burgenland

福拉爾貝格邦
Vorarlberg

薩爾斯堡邦
Salzburg

蒂洛爾邦
Tirol

格拉茲
Graz

克恩頓邦
Kärnten

節慶與假日

月份	地點	節慶	活動
1月1日	維也納	◎元旦 維也納新年音樂會 Neujahrskonzert der Wiener Philharmoniker	在維也納金色大廳舉行，從1939年至今已逾70年歷史，是奧地利的年度盛會，每年更有超過80個國家同步轉播共襄盛舉。
2或3月	全國	嘉年華 Fasching	最初是日耳曼農民迎春的儀式，信教之後成為四旬齋前的狂歡。嘉年華從11月11日開始，到了2月大齋首日前的一個星期達到最高潮。
1~3月	維也納	維也納歌劇院舞會 Wiener Opernball	嘉年華期間的一大慶典，時間落在大齋首日前的最後一個週四，於維也納國家歌劇院舉行。
3或4月	全國	◎復活節	最長約舉行半個月的市集
5月1日	全國	◎勞工節	
5月中~6月	維也納	維也納藝術節 Wiener Festwochen	國際級藝術盛事，為期5週，涵括歌劇、音樂會、音樂劇等古典及現代的精彩藝術表演。
7月中~8月底	薩爾斯堡	薩爾斯堡音樂節 Salzburger Festspiele	始於1920年的音樂與藝術表演饗宴，為期6週，表演節目相當多元豐富，是薩爾斯堡不容錯過的夏季盛典。
10月26日	全國	◎國慶日	
11月1日	全國	◎萬聖節	
12月8日	全國	◎聖母無玷始胎	
12月25日	全國	◎耶誕節	有長達1個月的耶誕市集，最盛大的耶誕市集位在維也納市政廳前廣場。

維也納及其周邊
大陸型氣候，溫差小、雨量較少。

布爾根蘭邦
大陸型氣候，溫差小、雨量較少。

施泰爾馬克邦
大陸型氣候，溫差小、雨量較少。

Best Taste in Austria
奧地利好味

奧地利過去因身為奧匈帝國的核心，經由當時領地範圍內的匈牙利、捷克等頻繁交流，以及鄰近國家文化習慣的傳入，讓奧地利的飲食文化與烹飪手法深受北義、德國、波希米亞、匈牙利、巴爾幹半島等料理的影響。境內各個地區也各自發展出獨具特色的飲食內涵：維也納以多姿多采的糕點、維也納炸肉排、清燉牛肉等最具名氣；還有因畜牧業發達而在飲食中使用大量牛奶、起司、麵粉的蒂洛爾料理；以及以南瓜子油聞名的施泰爾馬克料理等。

維也納炸肉排
Wiener Schnitzel

奧地利的國民美食。將打得大大薄薄的肉片調味裹粉後下鍋油炸，隨著熱氣陣陣飄散出來的香氣令人垂涎。品嘗時先擠上幾滴檸檬汁，咬起來風味濃郁卻不油膩，採用牛、豬、雞等肉種為食材，幾乎每家餐廳都有在賣，是旅途中飽餐一頓的平價選擇。

匈牙利燉牛肉 Gulasch

這道從匈牙利傳入的菜餚在奧地利相當常見，肉食主義的匈牙利料理在烹飪過程中大量運用辣椒粉，匈牙利燉牛肉就是代表之作！主要以辣椒粉、洋蔥和馬鈴薯加入濃厚的牛肉熬煮出來，隨餐常會附上水煮糰子(Knödel)，通常被當作主菜食用。

清燉牛肉 Tafelspitz

若說到牛肉料理，奧地利人通常第一個都會想到清燉牛肉，加入蔬菜與香料精心熬煮的肉質鮮嫩不過老，可以品嘗到肉本身的鮮甜。各家的盛盤方式盡皆不同，有的會將牛肉取出擺置於盤上，有的則隨煮鍋一同端上，通常都會附上辣根(Meerrettich，英文為Horseradish)作為佐料，對於口味普遍偏重的奧地利傳統菜餚來說，可說是熱量較低、味道也較為清爽的一道佳餚。

煎餅湯
Flädlesuppe

煎餅湯稱作Flädlesuppe或Frittatensuppe，將薄餅捲起後切成細條狀，再丟入清湯或牛肉湯中就大功告成，是常見於家庭餐桌上的湯品。嘗到煎餅湯的第一口，腦海中一定會有個聲音吶喊著：「好熟悉的味道」，原來它跟泡麵的味道十分雷同，有著豐厚香醇的天然香料風味，隨著濕潤的煎餅一口口下肚，齒頰留香。

香腸料理 Wurst

奧地利的飲食與生活在很多方面都與德國很像，德國的代表料理——香腸同樣也是奧地利隨處可見的傳統美食，在當地香腸攤(Würstelstand)可迅速享用到味道香濃的起司香腸、加有香料的德布勒森腸，以及具有飽足感的香腸堡(Bosna，亦稱作Bosner)等。餐廳則有提供豬肝腸(Leberwurst)、白香腸(Weißwurst)等，後者在吃之前要先剝掉腸衣，通常與蝴蝶脆餅、芥末醬一起品嘗。

炸雞 Backhendl

這道源自18世紀的維也納料理，普及程度與維也納炸肉排不相上下，以鹽跟胡椒調味過的雞肉先抹上一些檸檬汁，切塊後再依序裹上麵粉、蛋液與麵包粉，下鍋油炸後熱騰騰上桌，濃郁的香氣與鮮嫩的肉質讓人食指大動，依傳統裡面也會有炸雞肝、雞心與雞胗。

葡萄酒Wein

奧地利也是葡萄酒的盛產區，尤其集中在下奧地利邦、布爾根蘭邦和施泰爾馬克邦，總產量中白葡萄酒佔了7成、紅葡萄酒約佔3成。整個瓦豪河谷沿線都是酒鄉，魯斯特更生產香甜的冰酒，就連維也納森林的新釀酒館，都要讓你不醉不歸。

湖魚料理 Fische

通稱鹽湖區的薩爾茲卡莫古特(Salzkammergut)擁有無數美麗的湖泊，因水質清澈乾淨，加上湖水常保適合魚類生長的低溫，所以培育出的魚肉質鮮甜細嫩，常見的有鮭鱒(Lachsforelle)、紅點鮭(Bachsaibling)、虹鱒(Regenbogenforelle)、白鮭(Reinanke)等魚種，擠上檸檬汁更能提味，配菜則大多為馬鈴薯。

啤酒 Bier

在歐洲國家吃飯時通常都會來上一杯啤酒，奧地利當然也不例外，當地生產超過上百種啤酒，包含施泰爾馬克的Gösser、維也納的Ottakringer、下奧地利的Egger、上奧地利的Zipfer等知名大廠，更有許多餐廳會提供自家製啤酒，口味選擇也相當多樣。除了純啤酒，在奧地利也相當流行喝Radler，這是啤酒混搭汽水或檸檬水的飲料，啤酒的香氣中多了點酸甜滋味，對於平常不太喝酒的人來說也相當容易入口。

喝　酒　不　開　車　·　開　車　不　喝　酒

麵糰子 Knödel

以馬鈴薯或麵粉為主製作的糰子，外型揉捏成大圓球狀，嘗起來的口感像是濕潤紮實版的饅頭，對台灣人來說相當特別。口味變化多端，會依餐點的需求加入不同食材，除了常見於匈牙利燉牛肉等菜餚的配菜當中，也是牛肝糰子湯(Leberknödel)、培根糰子(Speckknödel)等眾多料理的主角；也有發展出甜食口味。

起司麵疙瘩 Käsespätzle

蒂洛爾邦因盛行酪農業，連帶影響其飲食內容，大量運用起司、麵包作為主食材。這道料理在捏得細小的麵糰中加入許多起司，上頭灑上炸洋蔥酥，味道香濃，隨餐通常會附上沙拉。

奧地利不僅有優雅的維也納咖啡文化與融合多國特色的傳統美食，各式各樣的甜食、麵包與小吃更是多不勝數，美妙滋味隱藏在旅途中，等待著遊人去發掘。

薩赫蛋糕 Sachertorte

鼎鼎大名的薩赫蛋糕絕對是必嘗甜食，甜蜜濃郁的巧克力蛋糕中夾有杏桃果醬，上層與側邊則是黑巧克力糖衣，最上頭放上印有自家字樣的巧克力塊，蛋糕盤上一般會擠上一球無糖鮮奶油，讓品嘗者能平衡口中甜味。

蘋果捲 Apfelstrudel

在咖啡館及餐廳都可享用到的維也納知名甜食，外皮如餅乾般薄脆，裡頭包覆著堆疊得相當紮實的層層蘋果片，以糖、肉桂、葡萄乾等調味，甜度適中氣味芳香，是不容錯過的美味。

薄煎餅 Palatschinken

薄煎餅就像是奧地利風的法式可麗餅，材料為小麥粉、蛋、牛奶及鹽，煎烤後可加上果醬、巧克力醬等配料變成甜食，也可將蘑菇、波菜包在裡頭做成鹹食，口味相當多元，煎餅湯也是薄煎餅的變化料理之一。

磅蛋糕 Gugelhupf

以中空模型作成的環狀蛋糕，是喝咖啡時的良伴，與奧地利的咖啡文化密不可分，裡頭通常會加上葡萄乾、杏仁與櫻桃白蘭地，也衍伸出大理石磅蛋糕等多種口味。

凱撒麵包 Kaisersemmel

凱撒麵包是奧地利麵包店內最經典的口味之一，也是飯店早餐必備的麵包，外型圓扁，嘗來外衣酥脆裡頭鬆軟，也有推出夾入火腿、生菜的三明治，可作為搭乘火車移動時的果腹輕食。

蝴蝶脆餅 Pretzel

外觀烘烤成漂亮褐色的蝴蝶脆餅，與美國的脆口餅乾不同，是麵包的一種，上頭撒上鹽粒，外型可愛討喜，口感相當具有嚼勁且口味偏鹹，可單吃同時也是熱門的啤酒下酒菜。值得注意的是，在餐廳點蝴蝶脆餅時，店家會將吊掛了數個蝴蝶脆餅的木架擺上餐桌，計價方式則是以吃的個數來計算。

炸餅 Lángos

源自匈牙利的油炸點心，最令人印象深刻的就是它那比臉還大的驚人尺寸，不提供切塊。圓扁的炸餅糰起鍋後可依顧客喜好決定口味，基本款是大蒜味，後來也發展出起司、香腸捲餅等多樣風味。炸餅常見於各大市集，在普拉特(Prater)也聚集了相當多小攤，香氣相當誘人，不過略為油膩，建議可多人一起分食。

薩爾斯堡舒芙蕾Salzburger Nockerln

薩爾斯堡最有名氣的甜點。將蛋白打泡後加入麵粉以低火烘烤，通常需現點現做，製作時間約20分鐘，上桌前會灑上糖粉，蓬鬆的外型像是3座連綿的小小山丘，超大份量適合多人共享。

新月餅乾 Vanillekipferl

月牙狀的小餅乾是在奧地利、德國、捷克等國家可品嘗到的點心，以杏仁粉或榛果粉加上麵粉、糖、鹽與奶油製作而成，上頭則灑上大量香草糖粉，口感鬆綿，是聖誕節的代表食物之一，在傳統糕點店及咖啡廳也可找到。

皇帝煎餅 Kaiserschmarrn

皇帝煎餅因深受法蘭茲・約瑟夫一世(Franz Josef I)的喜愛而得名，不但是甜點更是一道正餐，弄碎的鬆餅上灑上糖粉，並附上李子醬，口感綿密鬆軟，熱熱地吃相當過癮，且飽足感十足。

Almdudler汽水

這是奧地利最受歡迎的地產汽水品牌，幾乎在每一間餐廳都點得到，在超市亦有販售，並且銷往德國、捷克、澳洲、美國等多個國家。添加了藥草萃取物的Almdudler汽水喝起來有點像蘋果西打，味道非常順口，標榜不添加防腐劑可以安心飲用。

Best Buy in Austria
奧地利好買

奧地利豐富的音樂、藝術與歷史涵養，化為一項項可打包回家珍藏的紀念品，更有許多具當地風情的民俗藝術小物、美味點心與調味料，以及作工精細的裝飾品及瓷器用品，值得停下腳步細細挑選，為自己或親友帶回充滿奧地利風味的伴手禮。

藝術家與西西皇后相關產品

來到奧地利，可以看到不少販賣當地知名人物相關產品的小店，像是印有莫札特肖像或克林姆經典畫作《吻》的T恤、杯子，以及以西西皇后、莫札特為名的巧克力，也有相關的音樂CD、明信片可購買。

民族風小物

奧地利的傳統服飾有著濃濃民族風情，雖然不太可能把皮革馬褲(Lederhosen)與少女裝(Dirndl)穿上身，但依然可以在販售傳統服飾的店內選購許多民族風的可愛小物，像是手帕、飾品等等，風格相當與眾不同。

莫札特巧克力

奧地利最經典的伴手禮非莫札特巧克力(Mozartkugel)莫屬，這是由薩爾斯堡的百年糕餅店Fürst所發明，堅持以純手工製作，最中心為開心果杏仁膏，外層則覆蓋牛奶軟糖及巧克力，具有多層次風味，銀色紙包裝上面印有藍色莫札特頭像，目前只有在薩爾斯堡販售。因這款巧克力極為熱銷，後來各家巧克力工廠群起效尤，研發出自家風味的莫札特巧克力，其中以Mirabell的市占率最高，在超市、伴手禮店都有販售。

Manner威化餅乾

創立於1890年的點心王國，招牌威化餅乾(Neapolitan wafers)是奧地利人從小吃到大的人氣點心，原味為榛果巧克力，小巧的尺寸與香醇的滋味讓人一口接一口，在超市、伴手禮店均有販售，在各大城市市區及機場亦設有專賣店。

岩鹽

薩爾斯堡及薩爾茲卡莫古特(鹽湖區)都是因盛產岩鹽而興盛的地區，有許多鹽的專賣店，而在奧地利各地的超市還可買到Bad Ischler推出的調味鹽，包含大蒜鹽、烤肉與牛排館鹽、辣椒鹽等，最招牌的是7種藥草鹽(7-Kräuter Salz)，可依需求選購喜歡的口味。

小紅帽咖啡

暱稱為小紅帽的Julius Meinl是源自維也納的品牌，選用中南美洲、衣索比亞等地區栽植的高品質阿拉比卡咖啡豆，直送到維也納經過烘焙、機器品檢等一道道繁複手續，才將這些精選過的咖啡豆包裝出售，好口碑與濃郁絕妙的風味讓它成功打入國際市場，也成為奧地利必敗伴手禮。

蜂蜜與果醬

Darbo與Staud's都是奧地利知名的果醬廠牌，兩者皆堅持其原料品質，且果醬的果實含量都相當高，因此能充分品嘗到水果原味。除了各自發展出果泥、濃縮果汁、醃菜等系列產品，Darbo還推出了味道純正的美味蜂蜜，各種來源的蜂蜜呈現不同的色澤與滋味，天然的甜蜜風味讓人忍不住多買幾罐。

薩赫蛋糕

薩赫蛋糕不僅可在咖啡館內品嘗，也可打包帶回家，幾乎所有咖啡館都會另外販售一整塊的薩赫蛋糕提供外帶，以木盒盛裝的蛋糕周圍會鋪上碎紙以防止碰撞變形，保存期限約2星期，亦可上網訂購運送到下榻飯店。

水晶

施華洛世奇與J.& L.Lobmeyr都是世界知名的水晶品牌，晶透耀眼的各式首飾、擺飾、餐盤、吊燈都閃耀著誘人的光芒，每一件都光彩奪目，讓人捨不得移開目光。

Augarten陶瓷

哈布斯堡王朝愛用的美麗陶瓷，餐具的優雅外型與上頭繪製精細的花色讓人一眼就深深愛上，多種風格都是持久不退流行的設計，雖所費不貲，但成套的餐具、茶具相當適合收藏或做為結婚、祝壽的賀禮。

杏桃產品

多瑙河谷沿岸種植了很多杏樹，春季前往，滿眼杏花盛開，煞是漂亮。所以這一帶有很多利用杏桃製造的產品，像是杏桃果醬、杏桃酒等，滋味獨特。

Transportation in Austria
奧地利交通攻略

位於中歐的奧地利由於與多國接壤，是歐洲熱門的觀光國家，境內交通設施非常方便，因此旅遊起來相當順暢。奧地利的面積為台灣的2.2倍，重點城市之間有著班次密集的快速火車往返；而有些地區相距比較遠，例如維也納和茵斯布魯克兩者距離約572公里，搭高速火車大約4.5~5小時，搭飛機則只需約50~60分鐘，所以也有密集的班次往返。遊客可視情況以及個人需求，來選擇最適合自己的交通方式。

航空

奧地利各大主要城市，包括維也納、薩爾斯堡、茵斯布魯克、格拉茲等，都有自己的國內或國際機場，並有方便的交通與市區相連結，而布爾根蘭邦的埃森施塔特因為距離維也納很近，也可以善用維也納國際機場。

事實上，奧地利的國內航線除了因應「國內」交通需求，更高效率的是因應歐洲其它國家的「洲內」交通需求，像是維也納與柏林、巴黎、倫敦、華沙、哥本哈根等其它國家的主要城市之間，就有密集的班機往來；而薩爾斯堡、茵斯布魯克或格拉茲等地，也分別有航班往返法蘭克福、慕尼黑、柏林、蘇黎世、甚至土耳其的伊斯坦堡等城市，也就是進入奧地利不一定非要先經過維也納不可，薩爾斯堡、茵斯布魯克或格拉茲也可以做為邁進奧地利的大門。

詳細的航線與航班選擇，可以查詢當地的機場。
◎維也納國際機場
🚇www.viennaairport.com
◎薩爾斯堡莫札特機場

www.salzburg-airport.com
◎茵斯布魯克機場
www.innsbruck-airport.com
◎格拉茲機場
www.flughafen-graz.at

火車

往來於城市之間最方便的方式是搭乘火車。基本上大部分的鐵路都由奧地利國鐵經營，網路密集且遍布全國，且中大型城市之間班次往來頻繁，沿途還可以欣賞到美麗的景色，是非常舒適且快速的旅遊移動方式。

火車站多位於市中心或相去不遠的地方，站外通常為巴士總站所在，因此進出城市非常方便。書中提及的茵斯布魯克、薩爾斯堡和格拉茲等地，皆由一個主要火車站聯結其他城市，唯獨比較複雜的是維也納，共擁有維也納西站(Westbahnhof)、維也納中央車站(Wien Hauptbahnhof)、維也納北站(Wien Nord/Praterstern)、維也納市中心車站(Wien Mitte)、法蘭茲・約瑟夫車站(Franz-Josef-Bahnhof)、維也納邁德靈站(Wien Meidling)等至少6個車站，搭車前務必先確認清楚所搭乘的班次會停靠哪幾個車站。

一般而言，市中心站是轉乘的大站，從機場到維也納市區就是在這裡停靠，這個車站旁就是長途國際巴士及維也納中長程巴士的總站，前往此站可搭乘地鐵U3號、U4號，或電車O號線。

原有的維也納南站(Südbahnhof)已改建成全新的維也納中央車站(Wien Hauptbahnhof)，從2015年底已全面通車，通往歐洲各國的國際列車主要在維也納中央車站和邁德靈站發車，來自德國、瑞士、法國、德國的火車，都是經邁德靈站抵達維也納中央車站。而前往茵斯布魯克、薩爾斯堡和格拉茲等地，則是由邁德靈站出發。

法蘭茲・約瑟夫車站，主要是奧地利西北部的火車和布拉格的列車，前往此站可搭電車5、33、D號線。維也納北站，主要是來自奧地利北方的火車，前往可搭乘地鐵U1、U2號線，電車O或5號線。
◎奧地利國鐵(OBB) www.oebb.at
◎歐洲國鐵 www.eurail.com

火車通行證

預計在奧地利多座城市間旅行，甚至延伸行程至布拉格或布達佩斯等其他東歐城市的人，可事先購買單國的「奧地利火車通行證」(Austria Rail Pass)，或多國的「歐洲任選2國火車通行證」、「歐洲任選3國火車通行證」、「歐洲任選4國火車通行證」等票種；此外，還有針對東歐地區設計的「東歐4國火車通行證」或「東歐三角火車通行證」，可以看自己的需求，選擇最適合的組合。

特別要提醒的是：在歐洲搭火車，不論有沒有下車停留某一國家，皆需備齊所有行經國家之簽證和車票。例如，到奧地利、捷克和匈牙利旅行，若途經斯洛伐克，雖然沒有在斯洛伐克下車，但是必須把斯洛伐克也算進旅遊的國家之一，所以必須買4個國家組合的火車票。購票及詳細資訊可洽詢台灣歐鐵總代理飛達旅遊。
◎奧地利單國火車通行證

奧地利火車通行證適用於搭乘國家鐵路公司 OBB營運路線以及由ROeEE / Raaberbahn 運營的奧地利鐵路路線，奧地利 IC 巴士以及Tarvisio中的MICOTRA路線。奧地利通行證也適用於WESTbahn沒有一般頭等艙（包含維也納-薩爾斯堡路段），如需搭乘PLUS頂級艙等，可持火車通行證在火車上加價購買。可於通行證使用天數效期內無限次搭乘火車。

艙等	成人單人票		青年單人票		熟齡單人票	
票種	頭等艙	二等艙	頭等艙	二等艙	頭等艙	二等艙
1個月任選3天	€195	€153	€156	€133	€176	€138
1個月任選4天	€230	€182	€184	€158	€207	€164
1個月任選5天	€262	€207	€210	€179	€236	€186
1個月任選6天	€291	€229	€233	€198	€262	€206
1個月任選8天	€344	€271	€275	€235	€310	€244

(單位：：歐元/每人。以上票價均不包含餐飲、訂位、臥鋪及開票手續費6歐元；未滿12歲兒童免費，一位成人可攜2位兒童，青年票為12~27歲，熟齡為60歲以上。此為2023年票價。)

◎飛達旅遊
⌂台北市中山區南京東路三段168號10樓之6
☎02-8161-3456
🌐www.gobytrain.com.tw
◎@gobytrain

點對點火車票 Point-to-Point Ticket

除了購買火車套票，也可以針對行程安排，單獨購買點對點火車票。只要上奧地利國鐵官網，即可查詢班次與票價資訊，並可直接上網購票。

◎如何買票

購票可以透過火車站內的人工售票窗口、自動售票機或網路購票。奧地利境內幾乎任一火車站都能購買當日及預售全區的車票，可以先上網查詢希望搭乘的火車班次後，利用自動售票機或到窗口購票。同時也可透過奧地利國鐵官網，購買火車、巴士、路面電車票券，線上購買並使用電子票券價格更優惠。

◎奧地利國鐵購票網頁(英文)
🌐tickets.oebb.at/en/ticket

巴士

火車到不了的地方，可以選擇郵政巴士(Postbus)或聯邦巴士（Bahnbus）作為轉乘工具，它屬於奧地利國鐵機構下的民營單位，串聯起整個奧地利的交通網絡，綿密地連接於火車無法抵達的地方。另外也有其他公司經營的中長程巴士可供選擇。

巴士的中繼站大多位於國鐵火車站外，例如維也納中央車站是長途國際巴士及維也納中長程巴士的總站。車站都有詳細的時刻表，車票可上車向司機購買，也可上網購買。

◎郵政巴士 🌐www.postbus.at

行動購票APP

奧地利所有國營火車、巴士、路面電車等交通票券皆可上網購買，旅途中若可使用行動網路，建議透過網路購買會更有效率，票價也比實體票優惠。在

App Store或Google play搜尋奧地利國鐵APP「ÖBB App」並下載，即可輕鬆查詢列車班次、乘車資訊、列車異動與票價等，搭乘時出示電子票券掃描OR CODE即可。

租車Car Rental

除了維也納、薩爾斯堡等城市，奧地利也有許多迷人的小鎮，想要拜訪這些地方，儘管可搭乘區域巴士或地方公車，不過有時班次並不多，這時租車就提供另一種讓旅程更彈性的選擇。不過由於奧地利駕駛習慣和路況和台灣不太一樣，因此行前最好先做足功課，才能享受租車旅行的樂趣！

在哪裡租車

奧地利的機場和主要火車站都有租車公司，如果已安排好行程，建議事先在網路上預約，不但可以先挑選車型、指定自排車、還能享有預約優惠價，能仔細閱讀價格計算方式及保險相關規定也比較安心。

在國外租車旅遊，最重要的不外乎能挑到車輛種類齊全、有完善事故處理機制、值得信賴的租車公司，如果能事先預約，通常比較能挑選到心目中的理想車種。目前只要是擁有網站的租車公司，基本上都可以透過網路預約，國際大型連鎖公司如Hertz、Avis、Europcar還能選擇A地租車、B地還車，路上故障需維修服務也比較方便，此外部份大型連鎖公司在台灣還設有分公司，更能無障礙的溝通處理預約作業，減少因語言產生的誤解，到當地只需要辦理手續、取車即可。其他像是Sixt和Budget等國際連鎖租車公司，在奧地利各地也遍布租車點。

◎大型租車公司

Hertz 🌐 www.hertz.com.tw
Avis 🌐 www.avis-taiwan.com
Europcar 🌐 www.europcar.com
Sixt 🌐 www.sixt.fr
Budget 🌐 www.budget.com

租車價格

租車價格由各公司自定，根據車種、C.C.數、租車天數而變動，可事先上網比價。需注意的是，有些便宜的優惠方案，會限制每日行駛的里程數，超過里程需加收額外費用，如果知道自己的移動距離較遠，記得選擇不限里程的方案。此外，以下幾個因素也和租車價格有關：手排車比自排車便宜，同一地還車也比A地租車、B地還車便宜，高級汽油車比柴油車便宜，越少人駕駛也越便宜等。

租車種類

奧地利租車公司多提供手排車，如果要使用自排車請務必事先上網預約。在奧地利行駛時1~2位乘客大概1200cc的車子就足夠使用，3~4人可選擇2000cc左右的車子。此外舊城區道路比較狹窄，連停車格都很狹小，最好選擇比較小巧的車款。選車前也要注意後車廂尺寸，確認是否有足夠空間放置所有的行李箱，如果有4位乘客，最好選擇5人座的車子。

租車注意事項

· **必要證件**：租車時須準備有效護照和國際駕照，另外也需攜帶中文駕照。

· **車子種類**：不同車款會有駕駛年齡和持有駕照年限的規定，請事先查明。

· **押金**：租車時會要求使用信用卡預扣押金作為保證。

· **確認車子性能**：領到車子後一定要現場先檢查車子

各項性能是否正常，包含外觀、煞車、雨刷、車燈，並問清楚油箱位置和汽油種類再上路。

· **還車**：拿到車時油箱通常是滿的，還車時也會要求加滿後還車，否則會要求收取額外的加油費和服務費。

· **道路救援**：記得請租車公司留下緊急連絡及道路救援的24小時電話。

· **加油**：務必在還車前先把油加滿，因為沒有滿油的話，會被收取不足的油錢，而租車公司的油價絕對比石油公司高很多。如果不想花時間找加油站，也可以在租車前預付油資(Fuel Purchase Option)，以相對優惠價格購買整缸汽油，即不需要滿油還車。

時速限制

奧地利的時速限制如下：

· **高速公路**：最高130km/h
· **雙向分隔道路**：100km/h
· **市區道路**：30~50km/h

臨櫃辦理

每家公司標準不太一樣，一般規定年滿21~25歲可租車。若事先已於網路上預約，需要準備以下證件臨櫃取車：

· 租車的預約確認單
· 國際駕照
· 台灣駕照 (一年以上駕駛經歷)
· 網路預約時作為擔保之用的信用卡(請務必攜帶網路預約時的信用卡)

保險

租車時一定要購買保險，包含車輛損害賠償、乘客傷害保險等，若多人駕駛，要在保險簽名欄上簽下每一個人的名字才算生效，這些細節都別忽略。租車的保險都是以日計價，租得愈久，保費愈貴。第三責任險(Liability Insurance Supplement，簡稱LIS)是強制性，此外，比較需要考慮的有碰撞損毀免責險(CDW)、竊盜損失險 (TP)、人身意外保險(PAI)、個人財產險(PEC)，可視個人國內保險的狀況決定是否加保。

雖然交通意外不常發生，但在人生地不熟的地方開車，A到刮傷時有所聞，因此強烈建議CDW一定要保。希望獲得全面保障的話，建議直接投保全險(Full Protection)，也就是所有險種一次保齊。若是駕駛不只一位，一定要把所有駕駛都寫上，否則會影響到保險理賠。

開車注意事項

交通規則和台灣大同小異，奧地利是右駕，且道路

標示清楚，只是市區中單行道很多，如果可以，建議在當地租用4G行動上網，使用Google Map或其它導航系統，或者也可租用GPS並開啟導航模式，以下幾點須多加注意：

· 行人和自行車擁有絕對路權。
· 圓環一律是逆時針方向單行，圓環內的車輛有優先行駛權，出圓環記得打方向燈。
打開近光燈。作為歐盟國家，奧地利要求車輛即使在白天也必須打開近光燈。
· 路上少有測速照相，但會有警察取締。高速公路交流道常設有測速照相機，開車時要多留心。
行車時駕駛人不得手持手機。
高速公路最左側車道為超車道，根據交規規定，超車道僅供超車用，不可長時間佔用。
· 奧地利治安良好，但出門在外還是小心為上，千萬不要把貴重物品留在無人看管的車上。
· 德文標示出口為「Ausgang」，中央為「zentrum」，東方為「ost」，西方為「west」，北方為「nord」，南方為「sud」。

加油

先向租車公司確認使用哪種汽油，奧地利加油站大多採自助式或半自助式，可選擇直接使用信用卡付費(建議預先向信用卡公司申請開通信用卡Pincode密碼，大多數無人加油站刷卡時需要輸入)，或是至加油站附設的便利商店內付費。若是半自助式付費，則加好油後記下油槍號，到店內商店內報槍號後付費，可以用現金或信用卡付費。

道路救援

道路上如果發生拋錨、爆胎、電瓶或汽油耗盡等狀況時，車鑰匙上通常會有道路救援的免付費電話號碼，而道路救援的費用則會在還車後顯示在信用卡簽

單上（拋錨停在路肩時，別忘了在車後 100 公尺放置三角警示牌）。若是具有責任歸屬的交通事故，除了通知租車公司外，也必須報警處理，並在警察前來勘驗前，保留事故現場。

停車

奧地利停車場很多，在市中心、火車站、購物商場等地都能找到停車場。進入停車場時會提供一個票根，記得要隨身攜帶，因為許多停車場需要刷票才能出入。取車時以信用卡或現金在繳費機器付款，離場時放入繳完停車款項的票根或塑膠硬幣即可。

市區停車要先確認該路段停車規定，路邊付費停車格都採用先繳費制，停車格附近一定能找到售票機，投幣後會列印出有效時間的停車單，只要把停車單夾在擋風玻璃內側即可。每小時停車費依路段不同，通常在週日和晚上8點~上午8點之間為免費停車，但還是要依照實際標示，若沒有照規定執行，可能需要繳納一倍以上罰金！

高速公路

奧地利高速公路大多不設收費站，少數路段及隧道需要另外收費，基本上進入收費路段前先取票，通過閘口時以現金或信用卡支付即可。

另外在奧地利行駛高速公路，車上需要貼高速公路通行證(Autobahn Vignette，或Toll Sticker)，如果在奧地利境內租車，車上都已經付通行證了，但如果是在鄰國租車入奧地利，則需要在入境奧地利前的高速公路休息站購買貼紙，或是入境前上網購買電子憑證。否則是無法上路的。關於通行證的費用和詳細說明，可上官網查詢。

◎Asfinag
🕓 www.asfinag.at

Hertz租車暢遊奧地利最便利

在奧地利，Hertz租車公司在各大機場、市區或火車站都設有租車服務站，且在台灣有旅行社代理。對想要租車旅行，又擔心不知如何臨櫃辦理手續的旅客來說最為便利不過。在出發前先預約租車，既省時、方便又能享有優惠折扣！

◎Hertz
📞(02)2731-0377
🕓 www.hertz.com.tw

出發前上網預訂

確定了旅行計畫後，可以事先在中文版的台灣官網上輸入日期、取車地點、還車地點，瀏覽自己偏好的車型，最後試算總費用。確定無誤後，輸入駕駛者的護照英文姓名，就可在線上完成預定。如果想購買額外的項目，如全險、第二駕駛人等都可在抵達後，於櫃檯直接辦理。

抵達後：確認與取車

前往Hertz 服務櫃台，辦理取車。這時需出示以下文件：

・英文版的租車預約確認單
・駕駛人的國際駕照
・駕駛人的台灣駕照（一年以上駕駛經歷）
・網路預約時作為擔保之用的信用卡

取得租車合約與車鑰

以信用卡過卡後，就會收到租車合約與車鑰。服務人員會以平板電腦展示並解釋所租車輛的外觀與車況，同意後，可直接在平板電腦上確認簽名。

確認車況

拿到鑰匙後，記得先檢查車體有無損傷，是否與平板電腦上的數位車況檔案一致，以及油表是否加滿。如果有問題，可立即反應給服務人員並加以修改，以免還車時產生糾紛。此外，若對租借的車型很陌生，或不清楚該加哪一種油，任何問題都可直接請服務人員協助，以免之後上路時手忙腳亂。

出發上路

發動引擎，接著調整好座椅與照後鏡，弄清楚每個按鍵的位置，然後就可以出發上路了。

還車

還車前先加滿油，駛入指定地還車地點。在標示Hertz的指定停車格內停好車後，等候服務人員做最後確認，或攜鑰匙到櫃台辦理手續。大城市的據點通常都有自助還車服務，只要將車輛停妥，把車鑰匙丟到寫著還車的信箱中就可以了。

掃地圖

◎奧地利租車最方便，Hertz租車實例影片

掃描QR CODE立即體驗！觀賞奧地利租車實例。

Basic German
基本德語

奧地利的官方語言為奧地利德語，除了26個字母外還有4個變體字母，包含3個母音ä、ö、ü，及1個子音ß，為因應國際化，也可以寫成ae、oe、ue及ss。而德文看似與英文相像，但發音規則卻不甚相同，母音a、e、i、o、u發音直接照字面發音(只有e有例外)，子音部分像是v發音為f、th發音為t、h不發音、w發音為v、z發音為ts等等，掌握幾個大規則看到德語就可以唸得出來，再搭配德語字典的app就能無往不利。另外，在德文常可見到許多冗長的單字，其實這往往是由2個以上的字所組成，像是格拉茲的城堡山Schlossberg是由Schloss(城堡)＋Berg(山)組成，百水公寓Hundertwasserhaus由Hundert(百)＋Wasser(水)＋Haus(屋)組成，有時拆解這些字也能成為旅途上的小小樂趣。

德語基本用語

中文	德文
早安	Guten Morgen.
你好、午安	Guten Tag.
晚安	Guten Abend.
晚安(睡覺前)	Guten Nacht.
謝謝／非常感謝	Danke./Danke schön.
請、不客氣	Bitte.
對不起／不好意思(欲向人搭話時)	Entschuldigung.
我不知道	Ich weiß nicht.
是／否	Ja./Nein.

鐵路關鍵字彙

中文	德文
中央車站	Hauptbahnhof(簡稱Hbf.)
車站	Bahnhof
時刻表	Fahrplan
售票處	Fahrkartenschalter
出發	Abfahrt
到達	Ankunft
單程車票	Einfach
來回車票	Hin und Zuruck
頭等	Erste Klasse
2等	Zweite Klasse
入口	Eingang
出口	Ausgang
軌道、月台	Gleis
車掌	Schaffner
夜車	NachtZug
轉乘	Umsteigen
接駁車	Anschlusse des Zuges
一日乘車券	Tageskarte
寄物箱	Schliessfach
行李寄放處	Gepackaufbewahrung
預約中心	Reisezentrum

時間

中文	德文
週一	Montag(縮寫為Mo.)
週二	Dienstag(縮寫為Di.)
週三	Mittwoch(縮寫為Mi.)
週四	Donnerstag(縮寫為Do.)
週五	Freitag(縮寫為Fr.)
週六	Samstag(縮寫為Sa.)
週日	Sonntag(縮寫為So.)
假日	Feiertag
營業時間	Öffnungszeiten
每天	Täglich
上午	Vormittag
下午	Nachmittag
今天	Heute
昨天	Gestern
明天	Morgen
小時	Stunden

其他常見單字

中文	德文
廣場	Platz(縮寫為Pl.)
街	Straße, Strasse(縮寫為Str., St.)
巷	Gasse(縮寫為G.)
淑女(亦用於洗手間標示)	Damen
紳士(亦用於洗手間標示)	Herren
現金	Bargeld
信用卡	Kreditkarte
小費	Trinkgeld
音樂	Musik
藝術	Kunst
折扣	Rabatt

奧地利百科
Encyclopedia of Austria

Austrian History
奧地利歷史

文●墨刻編輯部　圖●周治平．墨刻攝影組

從史前到查里曼大帝

　　位於中歐的樞紐位置，奧地利從早期開始便是多民族交匯的重要地點，它發跡得很早，打從鐵器時代即已有人定居，而後西元二世紀時塞爾特人進一步開墾此地，羅馬、汪達爾、西哥特、匈牙利等民族陸續沿著多瑙河河谷居住繁衍。直到東羅馬帝國的查理曼大帝於803年，在這裡建立奧斯曼(Ostmark)起，這個地區逐漸演變成以基督教與日爾曼民族為主流。

哈布斯堡王朝的榮光

　　從1278年哈布斯堡王朝取得這地區的統治權之後，開始了長達600年的統治，直到第一次世界大戰後哈布斯堡王朝終於崩壞，由民主體制建立一個新的國家。

　　哈布斯堡王朝的統馭方式非常有趣，比起其他實力強大後，開始以武力向外擴張領土的國家而言，哈布斯堡王朝顯然比較精於合縱連橫的謀略，透過聯姻、外交談判、土地併購等方式逐步增加自己的領域。

　　其中最重要的一次政治婚姻產生兩個兒子：長子成為西班牙王國的查理一世，後來，他被推選為神聖羅馬帝國的查理五世大帝；另一個兒子——斐迪南，是哈布斯堡王朝第一位住在維也納的國王，並開始統治中歐——奧地利、匈牙利與波希米亞等地區。1556年，查理五世讓斐迪南一世繼承皇位，並讓自己的兒子菲力普二世繼承西班牙地區的領土，從此，哈布斯堡王朝分成兩個地區，一是西班牙、一是中歐，為鞏固雙方的情誼，兩邊的哈布斯堡成員仍然不斷地透過通婚來增進彼此關係，因此在霍夫堡，或是維也納藝術史博物館，可以看到豐富的西班牙皇室收藏與肖像畫。

歌舞昇平的全盛時期

　　1571年開始曾經有一段時間，統治者放鬆對宗教的箝制，大多數的奧地利人改信新教，但是到了1576年，新國王魯道夫二世卻不顧當時的環境，強制人民改信天主教，因此引發新教與天主教的戰爭，史稱為「三十年戰爭」。這場戰爭從1618年打到1648年，幾乎讓中歐地區陷入精疲力竭的境地。

　　接著，奧匈帝國陷入另一場苦戰，那就是對抗土耳其的進攻。土耳其於1648年開始圍攻奧匈帝國，最後在德國與波蘭的協助下，奧匈帝國終於逼退土耳其，使其退居歐洲東南一隅，但是，土耳其的進犯為歐洲注入新的生氣，咖啡與線條優美的巴洛克式建築橫掃歐洲，另外，在音樂家皇帝李奧波特一世

(Leopold I)全力發展下，維也納成為歐洲的音樂天堂，音樂家紛紛抵達維也納，哈布斯堡王朝的盛世從此展開。

1740年瑪麗亞・泰瑞莎接任皇位，並展開她40年的統治，這段期間是奧匈帝國開始走向一個現代國家的起步，瑪麗亞・泰瑞莎進行一連串的改革工作，中央集權、教育普及、文官體制建立、經濟規模健全，這是奧匈帝國顛峰的盛世；直到1805年法國拿破崙揮軍入侵後，奧匈帝國陷入一連串的混亂中，失去對民心、對統治權的掌控，而拿破崙的自由、平等、博愛主張滲透民間，逐漸發酵，1848年爆發大革命。1866年德奧戰爭奧地利敗北。這次戰爭失利，連帶失去對匈牙利的掌控，形成奧地利與匈牙利各自擁有自己的君主，並且，也讓奧地利的哈布斯堡王朝結束對普魯士(德國)的統治權，當時，普魯士在鐵血宰相——俾斯麥領導下逐步發展成影響歐洲未來的強國。

迴光返照的帝國悲歌

法蘭茲約瑟夫領導下的奧匈帝國出現一段短暫的繁榮，但是，奧匈帝國在巴爾幹半島的擴張主義卻引來日後的不幸，他企圖染指的波士尼亞進行一項暗殺行動，1914年，王儲斐迪南大公(法蘭茲・約瑟夫的姪子)被刺殺於塞拉耶佛，奧匈帝國對塞爾維亞宣戰，俄羅斯協助塞爾維亞，醞釀已久的各國心結搬上檯面，第一次世界大戰立即展開。

第一次大戰結束後，奧地利共和國成立，哈布斯堡皇室倉皇逃離，600年的歷史畫下句點。過去奧匈帝國的領土紛紛獨立，捷克斯拉夫、波蘭、匈牙利、南斯拉夫等國家各自出走。戰敗的奧地利共和國面臨嚴重的經濟問題，於是傾向德國的納粹主義，在1938年3月11日德軍進駐奧地利，同年4月奧地利公民投票多數贊成與德國建立「德意志帝國」。於是，奧地利成為第二次世界大戰的首要戰區之一，結果是德意志帝國戰敗，1945年4月13日，蘇聯紅軍佔領維也納，奧地利被戰勝國分成四區托管10年，分屬於美國、英國、法國、蘇聯，直到1955年5月15日，奧地利宣佈中立地位，成立奧地利共和國。

戰後的奧地利竭力處理經濟問題，1972年，並建立與歐盟自由貿易合約，奧地利政治局勢一直相當平靜，直到80年代東歐國家解體，造成大量南斯拉夫的移民入侵後，保守的右翼派人士開始倡導反移民的主張。奧地利在1995年1月1日正式成為歐盟之一員。

39

World Heritage Sites of Austria
奧地利世界遺產

儘管歷史悠久且曾經在歐洲權傾一時，奧地利卻不像它的鄰國義大利或德國等擁有一長串世界遺產名單，截至2020年2月為止，奧地利只有10處獲得聯合國教科文組織公認的世界遺產，幾乎清一色屬於文化遺產。雖然如此，奧地利的世界遺產類型橫跨城堡、宮殿、園林、城市歷史中心，以及河谷、湖泊與鐵道等人文景觀，十足反映其多元文化面貌。

① 瓦豪文化景觀

Wachau Cultural Landscape

登錄時間：2000年
遺產類型：**文化遺產**

身為多瑙河之靈的瓦豪河谷，坐落於梅克(Melk)和克雷姆斯(Krems)之間，從史前時代發跡，至今依舊保留著巧奪天工的優美景觀，其間錯落著修道院以及城堡等建築和遺跡。在沿途的景觀上，可以看見未受破壞的大自然、一連串的歷史建築、從史前時代演變至今的農業用地以及城鎮規劃，形成一種跨越時光且非常獨特的風景。

② 熊布朗宮殿和花園

Palace and Gardens of Schönbrunn

登錄時間：1996年
遺產類型：**文化遺產**

從18世紀開始成為哈布斯堡王朝家族的官邸，建築出自費舍·馮·埃爾拉赫(Johann Bernhard Fischer von Erlach)和尼古勞斯·帕佳西(Nikolaus Pacassi)之手，奢華的巴洛克風格幾乎是奧地利裝飾藝術中最引人注目的範例。皇宮花園因為展現了哈布斯堡家族歷經幾世紀以來的品味和興趣，連同宮內誕生於1752年、全歐洲最古老的動物園，一併列為奧地利的文化遺產。

③ 維也納歷史中心

Historic Centre of the City of Vienna

登錄時間：2001年
遺產類型：**文化遺產**

奧匈帝國的首都、歐洲指標性的音樂之都，維也納從凱爾特和羅馬聚落演變成一座中世紀和巴洛克城市，又在19世紀時經歷了工業革命。從坐落於歷史中心的巴洛克風格城堡和花園，到環城大道旁的成串建築，維也納見證著2千年來世代交替的重要價值，同時展現了政治與文化發展的關鍵，成為歐洲珍貴的城市規劃遺產。

④ 費爾托 / 諾吉勒湖文化景觀

Fertö / Neusiedlersee Cultural Landscape

登錄時間：2001年
遺產類型：**文化遺產**

位於布爾根蘭邦的諾吉勒湖，8千年來是不同文化交匯的地點，當地地貌因為人類活動和自然環境的交相影響，產生了不同的景觀，其中最具代表性的是圍繞於湖畔四周的村莊聚落建築，它們大多出現在18~19世紀，因而增添了諾吉勒湖這處充滿田園之美清幽之地的文化價值。

⑤ 塞梅林格鐵道

Semmering Railway

登錄時間：1998年
遺產類型：**文化遺產**

西元1848~1954年時，奧地利人在阿爾卑斯的高山峻嶺間興建了一條長達41公里的鐵路。在工業技術不如今日先進的當時，塞梅林格鐵道象徵著早期鐵道建築的卓越成就，不論是隧道、高架橋或其他工程，都因為必須克服重重的險境與困難而令人敬佩。如今這條坐擁阿爾卑斯山美麗風光的鐵道，連同沿途的特色建築，成為奧地利休閒娛樂勝地。

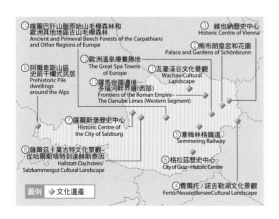

① 喀爾巴阡山脈原始山毛櫸森林和歐洲其他地區古山毛櫸森林
Ancient and Primeval Beech Forests of the Carpathians and Other Regions of Europe

③ 維也納歷史中心
Historic Centre of Vienna

② 熊布朗皇宮和花園
Palace and Gardens of Schönbrunn

⑨ 阿爾卑斯山區史前干欄式民居
Prehistoric Pile dwellings around the Alps

⑩ 歐洲溫泉療養勝地
The Great Spa Towns of Europe

① 瓦豪溪谷文化景觀
Wachau Cultural Landscape

① 羅馬帝國邊境－多瑙河畔界牆(西部)
Frontiers of the Roman Empire - The Danube Limes (Western Segment)

⑦ 薩爾斯堡歷史中心
Historic Centre of the City of Salzburg

⑤ 塞梅林格鐵道
Semmering Railway

⑧ 薩爾茲卡莫古特文化景觀－從哈爾斯塔特到達赫斯泰因
Hallstatt-Dachstein/ Salzkammergut Cultural Landscape

⑥ 格拉茲歷史中心
City of Graz - Historic Centre

圖例 ◆ 文化遺產

⑥ 費爾托 / 諾吉勒湖文化景觀
Fertö/NeusiedlerseeCultural Landscape

⑥格拉茲城——歷史中心和艾根堡城堡

City of Graz – Historic Centre and Schloss Eggenberg

登錄時間：1999年

遺產類型：**文化遺產**

　　歷經哈布斯堡家族數個世紀的統治，長期繁盛興盛的格拉茲至今仍是奧地利最重要的城市之一。身為第二大城，蜿蜒狹窄的街道旁林立著象徵文藝復興、巴洛克、現代風格等不同時期建築，格拉茲的舊城區是最能代表中歐藝術和建築的範本，偉大的藝術家和建築師在此盡情揮灑，讓這座結合各個時代風格建築的城市洋溢著中世紀的風情。

⑦薩爾斯堡歷史中心

Historic Centre of the City of Salzburg

登錄時間：1996年

遺產類型：文化遺產

　　身為音樂神童莫札特的故鄉，薩爾斯堡因為保存了大量精緻的城市建築而成為世界遺產。這座城市從中世紀開始直到19世紀為止，一路由大主教管轄，最早便因為火焰哥德式藝術而吸引了來自各地的手工藝匠在此定居；後來又因為義大利建築師文森諾・斯卡莫齊(Vincenzo Scamozzi)和桑提諾・索拉利(Santino Solari)聯手打造的巴洛克式面貌而聞名，大量的教會和修道院建築為薩爾斯堡帶來戲劇性的城市景觀。

⑧哈爾施塔特——達赫斯泰因／薩爾茲卡莫古特的文化景觀

Hallstatt-Dachstein / Salzkammergut Cultural Landscape

登錄時間：1997年

遺產類型：文化遺產

　　位於上奧地利、施泰爾馬克和薩爾斯堡邦的薩爾茲卡莫古特，早在史前時代已然出現人煙，再加上礦產的開採，使得當地在西元前第二個千禧年時，便開始發跡，繁榮至20世紀中葉，當地富裕的景象展現於哈爾施塔特優美的建築上。雖然當地的礦產維持了人們的經濟活動，不過動人的湖泊景色卻未因此受到破壞，成為人類和大自然互惠且和平共處的良好示範。

⑨阿爾卑斯山區史前干欄式民居

Prehistoric Pile dwellings around the Alps

登錄時間：2011年　遺產類型：**文化遺產**

　　阿爾卑斯山區的河川、湖泊及溼地邊，共有111處史前干欄式民居遺跡，為德國、奧地利、瑞士、義大利、法國、斯洛維尼亞等6國共有的世界遺產。這些史前民居大約建於西元前5千年至5百年間，時間橫跨新石器時代與青銅器時代，部分遺跡保存完好，提供豐富的考古證據，並展示當時人類的生活方式與適應環境的社會發展，是研究這個地區早期農耕社會形成的重要史料。

⑩喀爾巴阡山脈原始山毛櫸森林和歐洲其他地區古山毛櫸森林

Ancient and Primeval Beech Forests of the Carpathians and Other Regions of Europe

登錄時間：1997年

遺產類型：**自然遺產**

　　歐洲的山毛櫸林中因其樹齡、種類的多樣性和樹木尺寸高大、範圍廣闊而擁有突出的價值。2007年原針對斯洛伐克和烏克蘭共同擁有的一片山毛櫸森林做登錄，隨後在2011年與2017年又擴大了登錄範圍，遍及歐洲12個國家，奧地利的山毛櫸森林也被納入其中。

⑪羅馬帝國邊境——多瑙河畔界牆（西部）

Frontiers of the Roman Empire–The Danube Limes (Western Segment)

登錄時間：2021年

遺產類型：文化遺產

　　跨越奧地利、斯洛伐克、德國，位於多瑙河畔600公里長的邊境線，是羅馬帝國所修建的日耳曼人防禦系統。西部的多瑙河畔界牆，保留如道路、部隊砲台、相關聚落、小型堡壘、臨時營地等遺跡，展現帝國邊界特色，並展現與當地地形的關係。

⑫歐洲溫泉療養勝地

The Great Spa Towns of Europe

登錄時間：2021年

遺產類型：文化遺產

　　包括奧地利的巴登等，分布在7個歐洲國家的11座城鎮，都是因為天然溫泉而發展，見證了18世紀初期到1930年代歐洲溫泉療養文化。包括溫泉療養管，以及周遭的花園、聚會廳、賭場、劇院、旅館和別墅，融入城鎮整體的格局和建築類型，也催生日後的國際大型度假村。

Austrian Musicians
奧地利音樂家

處處散發出優雅氣質的奧地利，孕育出許多音樂家、藝術家，留下許多震古鑠今的絕妙創作。17世紀下半葉，奧地利結束了和鄂圖曼土耳其帝國的長期對壘後，進入第一段繁盛時期，帶來了建築、音樂和藝術各方面驚艷的成就。瑪麗亞‧泰瑞莎女皇將維也納打造成「歐洲音樂之都」，音樂神童莫札特讓古典樂在奧地利的上流社會茁壯發揚，貝多芬、舒伯特、小約翰史特勞斯陸續為這個城市的人民譜曲，著名的音樂家和多樣的音樂表演譜寫出奧地利這支永不落下尾音的曲目。

奧地利眾多知名的音樂家在音樂舞台上嶄露頭角，各自以優異的天賦創造了輝煌的音樂歷史。可藉由走訪其故居、誕生地等相關景點感受他們的生活，更推薦安排一場音樂會，臨場感受音樂作品帶給身心的全面感動。

海頓Franz Joseph Haydn：
交響樂之父

海頓(1732~1809)出生於奧地利北部的小村莊，身為馬車車輪工人的兒子，卻因為7歲時到維也納擔任聖史蒂芬教堂的兒童唱詩班一員而有了接觸音樂的機會。後來，變聲後，海頓開始學習鋼琴與作曲，在1761年至1790年長達30年的歲月中，海頓在貴族的宮廷裡擔任樂隊指導的工作。

海頓成名在遙遠的英國倫敦，他兩次前往倫敦表演，都獲得空前的成功，並深受英王喬治三世的喜愛，即使如此，海頓還是拒絕留在英國，選擇回到維也納。

海頓一生創作豐富，包括數百首交響曲、70多首四重奏及一些歌劇；海頓在英國期間創作的清唱劇幾乎是他創作生涯的經典之作。1809年，海頓去世於維也納。

景點	與海頓的淵源	頁數
聖史蒂芬教堂	7歲時成為兒童唱詩班的一員	P.78
愛斯特哈澤宮殿	1761~1790年在此擔任宮廷樂長	P.149
海頓博物館	1761~1790年在埃森施塔特的居所	P.150
山頂教堂	長眠的陵墓	P.151

莫札特Wolfgang Amadeus Mozart：音樂神童

莫札特(1756~1791)是一個震古鑠今的音樂天才，1756年1月27日出生於奧地利的薩爾斯堡，從6歲就開始作曲，他的父親利奧波德．莫札特本身也是一個音樂家，是薩爾斯堡大主教宮廷內的音樂副指揮，所以莫札特從小即耳濡目染，並且常隨著父親到處旅行表演，也因此接觸了許多不同類型的音樂風格。

莫札特1781年離開薩爾斯堡大主教的宮廷，來到了維也納，成為宮廷內御用的作曲家。最令人激賞的是，莫札特作品類型非常多元，有24首輕歌劇、17首彌撒、50首交響曲及眾多小夜曲、室內樂、教堂樂曲、鋼琴與小提琴協奏曲；他有一種天賦，能巧妙地結合傳統與當代的風格，創造出屬於他自己的音樂特色。

短短35年生涯，莫札特為世人留下許多膾炙人口的作品，例如，《魔笛》、《費加洛婚禮》、《唐喬凡尼》等，被視為音樂史上偉大的作曲家。1791年12月5日在維也納去世，當時，他正在寫著名的遺作安魂曲。

景點	與莫札特的淵源	頁數
莫札特紀念館	1784~1787年在維也納的居所	P.91
維也納莫札特樂團	以莫札特的音樂和歌劇為主題	P.93
薩爾斯堡大教堂	莫札特受洗的地方	P.168
莫札特出生地	出生的家	P.172
莫札特故居	1773~1780年期間的居所	P.173

貝多芬Ludwig Von Beethoven：樂聖

被後世尊稱為「樂聖」的貝多芬(1770~1827)雖出生於德國波昂，然而一生中大部份時間都居住在音樂之都維也納，再加上師承海頓，也因此在談到奧地利的古典樂時，總不免提及貝多芬。

貝多芬的祖父和父親都是宮廷樂師，從小就展現音樂才華的貝多芬深受祖父寵愛，可惜祖父在他3歲時就去世了，而酗酒的父親為了想讓貝多芬成為「莫札特第二」以獲取名利，從小就嚴格要求他練習各種樂器，動輒打罵之下，養成了貝多芬孤僻的個性。

1778年，8歲的貝多芬在科隆展開第一次演奏會，贏得了眾多掌聲，10歲即成為宮廷樂師；17歲的貝多芬前往維也納拜見莫札特，其音樂才華讓莫札特讚譽有加。

3年後貝多芬再度前往維也納，在海頓門下學習，造就了他早期的創作風格。不過海頓保守的個性和創作方式讓貝多芬很不以為然，然而初期他還是完成了許多嚴謹的古典鋼琴奏鳴曲，

如家喻戶曉的《月光奏鳴曲》，直到後來的第一號交響曲，貝多芬才開始釋放他豐富的情感，成就了膾炙人口的九大交響曲。在第九號交響曲中，貝多芬達到了創作的極致，歌頌對上帝、人類、自然之愛，原本在田園交響曲中想用到的人聲合唱，在第九號交響曲中的最後樂章運用到了，以人聲合唱出席勒譜的詩作《快樂頌》，熱情地劃下完美的句點。

景點	與貝多芬的淵源	頁數
貝多芬之家	1804~1808及1810~1815年的居所	P.107
貝多芬博物館	1802~1804年初遭耳疾之苦的居所	P.133
貝多芬小徑	經常散步、靈感來源之地	P.133
梅耶‧安姆‧普法爾普拉茲	1817年前後的居所	P.133
中央公墓	長眠之地	P.116

舒伯特Franz Seraphicus Peter Schubert：歌曲之王

舒伯特(1797~1828)出生於維也納近郊，雖然只活了短短的31年，但累積了超過600首歌曲的驚人創作數量，因此得到「歌曲之王」的稱號。舒伯特的父親為學校校長兼業餘音樂家，所以他從小就隨父親學習，1808年進入帝國音樂學校，於此時大量接觸各種音樂，為其打下深厚的音樂根基。1815年，舒伯特譜出了其經典之作《魔王》，而後作品更源源不絕地產生，代表作包含鋼琴五重奏《鱒魚》、源於民間音樂的《菩提樹》、《流浪者》等，而在他創作正旺盛之時卻染上了惡疾，健康逐漸惡化，生命的最後幾年都與疾病對抗，最後於1828年病逝，1888年將他的墳墓遷至維也納中央公墓，與小約翰史特勞斯之墓為鄰。

景點	與的淵源	頁數
中央公墓	長眠之地	P.116

老約翰史特勞斯Johann Baptist Strauss：圓舞曲之父

老約翰史特勞斯(1804~1849)於1804年3月14日出生於維也納的聖弗羅里安客棧(Zum Heiligen Florian)。當他小的時候，許多走唱藝人經常在客棧和啤酒館中演奏各式民俗舞曲，令年幼的史特勞斯十分著迷。13歲時，約翰成了一個裝訂商的學徒，他白天工作，晚上則以驚人的狂熱，用一把粗劣的小提琴自行練習，竟然無師自通。往後幾年，約翰用打工賺來的薪水向名師學藝，進步神速，幾乎渾然天成。

1819年，當約翰15歲時，加入當時由蘭納(Josef Lanner, 1801～1843)所領導的三重奏團，直到1825年兩人分手，約翰自己組成了史特勞斯樂團。1828年，約翰發表了第一首成名曲《吊橋華爾滋》(Kettenbrucke Walzer)，奠定成功的基礎。此後約翰為當時應接不暇的各型大舞會，創作了各色舞曲。

使得老約翰史特勞斯留名青史的作品是1848年的《拉德茨基進行曲》(Radetzky Marsch)，那是為慶祝拉德茨基伯爵(Count Radetzky Von Radetz)擊敗義大利軍隊凱旋歸國而創作的。這首名曲已經成為每一年維也納元旦音樂會最令人振奮的結束曲。1849年，老史特勞斯因染上猩紅熱過世，遺體與蘭納一起葬於德布林公墓(Döbling Cemetery)。

小約翰史特勞斯Johann Baptist Strauss：圓舞曲之王

小約翰史特勞斯(1825~1899)是「圓舞曲之父」老約翰史特勞斯的長子，他與兩個弟弟同為著名的音樂家，但其名望卻是當中最高的一個，甚至在19歲那年開始成為父親的勁敵，光芒四射的創作魅力不僅完全掩蓋了老爸，還差一點讓他在圓舞曲的世界中消失除名。

在74年的一生中，小約翰史特勞斯創作的舞曲作品和其他輕歌劇等音樂作品，有明確編號的共計479首，沒有明確編號的有33首，總計超過500首，其中又以圓舞曲《藍色多瑙河》最為出名；而其另一項豐功偉業就是輕歌劇，其中最成功的作品有3部：《蝙蝠》(Die Fledermaus/The Bat)、《吉普賽男爵》(Der Zigeunerbaron)和《威尼斯之夜》(Eine Nacht in Venedig)，不但經常在德語地區上演，在唱片市場上常有新錄音的發行。

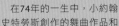

景點	與小約翰史特勞斯的淵源	頁數
多瑙河谷地	《藍色多瑙河》傳奏至今	P.138
中央咖啡館	經常是座上賓	P.56
奧爾斯佩格宮	霍夫堡管弦樂團固定演出其作品	P.105
市立公園	小約翰史特勞斯的塑像	P.107
中央公墓	小約翰史特勞斯在此長眠	P.116

維也納愛樂管弦樂團Wiener Philharmoniker

維也納愛樂管弦樂團成立於1842年,是享譽全球知名的頂尖音樂團隊之一,與一代代技巧出眾的指揮家、作曲家及演奏家共同築起輝煌璀璨的光輝年代,高超的演出水準與優美悅耳的音色讓樂迷為之感動。總部設於維也納的音樂協會大樓(Musikverein),並經常於維也納國家歌劇院登台演出。

維也納少年合唱團Wiener Sängerknaben

維也納少年合唱團的歷史可追溯至1498年,從最開始的8人團體發展到今日成為超過100名團員的組織,組成團員的年齡約為10~14歲,知名的海頓也曾是其中的一員。經典藍色水手服的衣裝以及天籟般的和諧童聲,是他們最經典的標記,分為4團的他們,每年有兩團在國外巡演,一團留守在霍夫堡皇宮的皇宮小教堂(Hofburgkapelle),固定於9月中旬到6月中旬的週日9:15演出,一團則在維也納國家歌劇院。

歌劇與輕歌劇Opera & Operetta

在歌劇院及音樂廳除了可聆聽悠揚的古典樂,亦可欣賞歌劇及輕歌劇。

源自17世紀的歌劇(Opera)以歌唱和音樂來呈現,可分為體裁嚴肅的正歌劇及內容較為輕鬆的喜歌劇,莫札特的《魔笛》、《費加洛婚禮》、《唐喬凡尼》等作品都相當經典。

輕歌劇(Operetta)發展於19世紀,按照字義解釋為light opera,在維也納的地位就像音樂劇(Musical)之於倫敦。不過輕歌劇並不是維也納率先創造出來,而是以法國喜歌劇(French Opera Comedy)為發展基礎。輕歌劇包含了對話(Spoken dialogue)、歌曲(Songs)和舞蹈(dances),演出方式比較輕鬆活潑,帶有很高的娛樂成份,內容通俗,最著名的作品為《蝙蝠》與《風流寡婦》。

Austrian Artists
奧地利藝術家

奧地利繪畫、建築人才輩出，比起音樂的精彩度有過之而無不及：克林姆的作品瀰漫著金光閃爍、感官及享樂的氣氛；被譽為「奧地利高第」的百水先生，與克林姆同屬維也納分離派的席勒、華格納等，展現出奧地利充沛的創造力。

克林姆 Gustav Klimt

華麗情慾大師

出生在雕金師之家的古斯塔夫‧克林姆(1862~1918)，從小在工藝學校學習，也就此展露藝術上的天分。從工藝學校畢業後，克林姆開始參與環城大道末期的重要工程，一是宮廷劇院中以戲劇為主題的壁畫，另一項是維也納藝術史博物館的壁畫，這兩件作品讓他順利躋身維也納藝術家的行列。

35歲時，克林姆加入改革的「維也納分離派」(Wiener Secession)，並與好友一起創立了維也納藝術工坊(Wiener Werkstätte)，希望從工藝的角度創作生活商品，以WW為標誌，設計了卡片、家具、珠寶、玻璃、服裝等。這個時期的作品已經脫離了古典風格，藉由非寫實的手法，將各種形而上的內容用搶眼的線條來表現，被評為19世紀末奧地利藝術的代表作。

1903年，克林姆到義大利小鎮拉溫那(Ravenna)旅行，見識到義大利工匠精緻的玻璃藝品，深受鑲嵌技術下玻璃所產生的絢麗色彩和光影所吸引，進而將這種技巧轉化到油畫創作，於是畫面中產生大量華麗的金屬或黃金色的裝飾圖案，且多以女性肖像畫為主題；其中，最受大眾歡迎的《吻》堪稱巔峰之作。

向來風格強烈的克林姆，1898年跳脫了慣用的肖像主題，開始創作風景畫，同時也反映了當時克林姆居住在亞特湖畔的心境，在溫柔體貼的艾蜜莉(Emilie Flöge)陪伴下，充分享受湖濱小鎮的寧靜生活。到了1910年後的晚期作品，則充滿生與死交替的寓意，不論是《新娘》、《少女》、《死與生》或《亞當與夏娃》，都捨棄了金色顏料，以鮮豔的色彩和主題來詮釋人生的過程。

宮廷劇院
Burgtheater

宮廷劇院是克林姆和弟弟Ernst Klimt及馬奇(Franz Matsch)在1886~1888年參與的作品。劇院階梯上的天頂可見一系列以戲劇為主題的畫作，其中最著名的是《莎士比亞劇場》，克林姆把自己和弟弟都畫入畫中，在畫面右方的包廂下，觀賞著莎士比亞名劇《羅密歐與茱麗葉》，畫中有著大白領的人就是克林姆，這是他現存畫作中唯一的自畫像。

維也納藝術史博物館
Kunst Historisches Museum

維也納藝術史博物館珍藏著哈布斯堡王朝數百年來的歐洲藝

術珍品，同時也保存著克林姆的古典時期作品。位於二樓三角楣與石柱旁的繪畫即由克林姆和兄弟在1890~1891年完成，以新古典手法創作《古希臘》與《古埃及》壁畫、雅典娜女神和埃及女神塑像。

分離派會館
Secession

1902年，分離派第14屆藝展以「天才音樂家貝多芬」為創作主題，投入成員包括了克林姆。分離派會館中現在仍遺留著他的壁畫《貝多芬橫飾帶壁畫》(Beethoven Frieze)，位於大廳的四面牆上，總長度34公尺，也展示著當年克林姆的草圖。

卡爾廣場維也納博物館
Wien Museum Karlsplatz

艾蜜莉(Emilie Flöge)是克林姆生命中重要的女人，兩人相識於1900年，1902年克林姆為她畫了一張《艾蜜莉肖像》，目前就收藏在館裡。她的臉部表情既清晰且寫實，穿著服飾卻採用大量的拼貼圖案與色彩，大膽營造出華麗繁複的氣氛。

阿爾貝蒂納宮
Albertina

克林姆因為朋友送他日本的春宮畫，開始熱衷《性愛》題

材，但在當時保守的社會中曾引起眾多爭議，甚至被評為猥褻。作品主角不是大方袒露私處、展現肉慾的女性，就是交纏在一起的男女。1913年創作的《少女》、《水蛇》等鉛筆素描，就收藏在宮裡。

貝維德雷宮
Schloss Belvedere

上貝維德雷宮的奧地利美術館畫廊(Österreichische Galerie Belvedere)收藏了眾多克林姆的作品，尤其是他在「黃金時期」所創作的《吻》(Kuss)，可說是奧地利鎮國之寶，許多人來這裡就是為了一睹原畫的真面目。3樓展示了生命之樹、肖像畫及風景畫等系列。

◎與克林姆相關的勝景

景點	頁數
宮廷劇院	P.104
維也納藝術史博物館	P.100
分離派會館	P.96
卡爾廣場維也納博物館	P.94
阿爾貝蒂納宮	P.84
貝維德雷宮	P.112

奧圖華格納
Otto Wagner

裝飾藝術先峰

奧圖‧華格納(1841~1918)為維也納分離派的代表人物之一，是奧地利知名的建築師與城市設計師，其分離派建築為其家鄉維也納的市景增添不少光彩，主要作品包括卡爾廣場地鐵站、奧地利郵政儲蓄銀行、彩釉磁磚大樓等，其創作理念與風格也深深影響後世。

◎與奧圖華格納相關的勝景

景點	與奧圖華格納的淵源	頁數
卡爾廣場地鐵站	作品與紀念館	P.94
彩釉瓷磚大樓	1899年設計的公寓立面	P.97

席勒Egon Schiele

表現主義代表

席勒(1890~1918)的父親在奧地利國家鐵路局工作，為了讓席勒能接受良好的教育，在他11歲時就把他送到維也納北方就學。在席勒14歲時，父親因精神錯亂很快便去世了，父親之死對他產生很大的打擊；相反地，席勒卻極度討厭他的母親；而他與妹妹吉緹(Gerti)之間有亂倫的嫌疑，由於成長中對女人抱持複雜的情愫，影響了他日後的畫風。

年輕的席勒將他的作品送給克林姆過目，克林姆大為激賞並對他照顧有加。1909年，席勒自己創建工作室，開始對年輕少女產生極大的興趣，他繪製一系列的少女作品。這些作品極為煽情，同時期，自戀的席勒也畫了大量的自畫像。席勒獨一無二的畫作風格，主要以黃、紅及黑色表達畫作的情緒，瘦長的人物身形與扭曲的肢體線條，展現強烈的不安定感，流露出頹廢而壓抑的氣息。

1911年，席勒遇到17歲的華莉(Wally Neuzil)(她也曾經跟克林姆有特殊關係)，兩人為了避開沉悶的維也納，搬到距離維也納半小時火車車程的小城Neulengbach，很快地，席勒的工作室又變成那些蹺家青少年的聚集之處，後來席勒因為誘拐少女被捕，並因為繪製色情圖片而被監禁。

席勒的自戀、表現狂與被迫害情結在他的繪畫中發揮得淋漓盡致，攀登聲譽顛峰的席勒運氣異常順遂，即使在戰時，他的名聲依舊搏扶搖直上，被視為奧地利年輕一輩藝術家的翹楚。不過，席勒的好運並未持續下去，1918年10月，他有孕在身的妻子伊蒂絲因感染流行感冒病逝，他也在被感染3天後隨即去世。

◎與席勒相關的勝景

景點	與席勒的淵源	頁數
阿爾貝蒂納宮	收藏眾多畫作	P.84
卡爾廣場維也納博物館	收藏眾多畫作	P.94
李奧波特藝術館	全世界最大規模的席勒收藏	P.103

百水 Friedensreich Hundertwasser

藝術頑童

愛好和平且提倡環保的百水(1928~2000)，原名Friedrich Stowasser，生於奧地利維也納。百水認為水是一切生命的泉源，因此把自己的名字改為百水；他喜愛航海，甚至將自己的船也取名為「雨天號」，畫中經常出現大小不同的雨滴，在建築物中也會設計跟雨水相關的噴泉或造景。

他從1949開始遊歷世界，足跡遍及摩洛哥、突尼西亞、巴黎、托斯卡尼、日本、非洲、大洋洲等地。1951年第一次辦畫展，當時畫的還是抽象畫，直到1953年，百水開始以螺旋迴轉作為中心思想，以螺旋的迴轉代表生與死，開始一連串令人驚奇的創作。1961年再婚，對東方文化著迷的他這次娶的是日本老婆。1984年起長住在紐西蘭，2000年卒於紐西蘭。

反對直線、喜愛曲線的百水，將他所有的理念都透過建築的細部呈現出來：黃金色的洋蔥頭屋頂，各種形狀和顏色的窗戶，柱子上大小不同的圓球，如丘陵般高低不平的木頭地板，牆壁上大小不同且鮮豔的磁磚拼貼，其建築的每個曲線都像個微笑，讓人看了打從心底綻放笑容。

百水曾參與超過50個充滿個人風格的建築，從公寓、教堂、超級市場、高速公路餐廳、休息站、購物中心、學校附設醫院到垃圾焚化爐等，主要分布於奧地利和德國，在日本、西班牙及紐西蘭也有他的作品。

百水公寓
Hunderwasserhaus

這是百水將理念首次由畫作轉為實際的建築，他稱自己是「建築的醫師」，將老舊的建築換成完全不同的風貌。這棟彷如大型畫作的建築沒有一扇窗戶的形狀相同，沒有一塊牆壁是直線的，兩百多位居民就住在房子裡，他們也參與了畫家的創作過程，決定自己窗子的顏色和大小。

維也納藝術館
Kunst Haus / Yeşil Camii

專門展覽百水創作的藝術館，從他的畫作到廢物利用的作品，或各種設計如奧地利的車牌、德國百科全書的書皮、紐西蘭國旗、各國環保郵票等，還收藏了百水另一種畫風的宣紙版畫，署名是他的日本老婆幫他取的日本名字「丰和百水」。

布魯茂百水溫泉度假飯店

1997年，他實現畢生最大的夢想，完成了一座讓人和自然能和諧共存的布魯茂百水溫泉度假飯店。這位藝術頑童徹底顛覆人們對奧地利建築優雅的印象。

◎與百水相關的勝景

景點	頁數
百水公寓	P.108
百水藝術村	P.108
維也納藝術館	P.109
垃圾焚化爐	P.116
聖芭芭拉教堂	P.242
布魯茂百水溫泉度假飯店	P.249

The 600 years of Habsburg Dynasty
哈布斯堡王朝600年興衰

哈布斯堡家族統治中、東歐長達600多年，其興衰起落與喜愛偏好深深地影響這個地區。哈布斯堡王朝歷經了長年爭戰、外族入侵與輝煌萬丈的歷史，最後在民主浪潮與國家主義興起後消滅，留下來的是無價的文化遺產。

哈布斯堡家族統治史

1278~1282	魯道夫一世(Rudolf I)建立王朝
1452~1493	斐德烈五世(Friedrich V)冊封為神聖羅馬帝國皇帝
1493~1519	邁克西米里安大帝(Maximilian)展開政治婚姻
1519~1556	卡爾五世(Karl V)擴增大片領土
1711~1740	卡爾六世(Karl VI)邁向帝國顛峰時期
1740~1780	瑪麗亞‧泰瑞莎(Maria Theresa)40年黃金歲月
1780~1792	約瑟夫二世(Joseph II)開明統治
1792~1835	法蘭茲二世(Franz II)解散神聖羅馬帝國
1835~1848	斐迪南一世(Ferdinand I)被逼離維也納
1848~1916	法蘭茲‧約瑟夫一世(Franz Joseph I)哈布斯堡最後的盛世
1918	王朝終結

哈布斯堡家族的崛起

中、東歐地區原屬於羅馬帝國所統治，在西元9世紀因為東方蠻族入侵，羅馬帝國慢慢失去了原有的管制力，善於騎馬的馬扎爾人大舉入侵奧地利，直逼巴伐利亞，直到西元995年奧圖大帝擊潰馬扎爾人，才收復這塊領土，馬扎爾人則退至匈牙利定居。

976年，巴伐利亞的貴族巴奔堡家族(Babenberg)的利奧波德承繼了茵河(Enns)與塔瑞森河(Traisen)之間的領土；中世紀時，巴奔堡家族最後一任統帥在戰役中喪命，奧地利陷入波希米亞與匈牙利爭奪不休的烽火中；1273年，哈布斯堡家族(Habsburg)的魯道夫一世被神聖羅馬帝國賦予國王稱號，並擊潰波希米亞人；1278年，哈布斯堡王朝正式邁向執政之路，開啟長達6世紀的輝煌史蹟。

然而不服其領導的叛軍不斷出現，直到魯道夫四世才慢慢鞏固這些領土。魯道夫四世於1358~1365年統治神聖羅馬帝國，在位期間建立了維也納大學，並且擴建維也納的聖史蒂芬教堂。

政治聯姻擴展疆域

1452~1806年，哈布斯堡家族一直是神聖羅馬帝國的統治者，權勢貫穿整個中歐、甚至橫跨西班牙。他們善於權謀，透過合縱連橫的婚姻結盟與繼承，逐步擴張版圖。例如，邁克西米里安大帝與勃艮地公主結婚，順便把法國、荷蘭、比利時的大片土地娶進門，這場偉大的婚姻在茵斯布魯克留下金碧輝煌的見證；而他兒子菲利浦的婚姻也取得西班牙的大片領土，靠著精打細算的婚姻結盟制度，使得哈布斯堡權傾一時。他的孫子卡爾五世不僅是神聖羅馬帝國的皇帝，同時也是西班牙國王、拿坡里、西西里、薩丁尼亞的統治者，連西班牙轄下的南美殖民地都劃入版圖內。

瑪麗亞‧泰瑞莎女皇的輝煌時代

卡爾六世過世後，並未留下男性繼承人，於是他的女兒瑪麗亞‧泰瑞莎(Maria Theresia)於1704年加冕成為哈布斯堡德意志神聖羅馬帝國的女皇，同時也成為匈牙利女王。瑪麗亞‧泰瑞莎與洛林(法國北部)的法蘭茲‧史蒂芬(Franz Stephan)結婚，她的丈夫法蘭茲‧史蒂芬於1745年被選為神聖羅馬帝國的皇帝，成為法蘭茲一世，不過，他的光芒完全被精明能幹的妻子蓋過。瑪麗亞‧泰瑞莎掌管中歐期間，將鬆

散的行政體系大翻修，並挑選適任的人才，這位空前絕後的女皇在位40年，推行一系列促進商貿、普及教育的措施，奠定萬世之基。雖然，她的皇座並不安穩，周圍的法國、普魯士與巴伐利亞貴族頻頻挑釁，女皇均以智慧化解危機，她的名言是「寧要中庸的和平，不要輝煌的戰爭」。

女皇的長子約瑟夫二世接任皇位，他也是奧地利的英明君主，在位期間，改良吏政、取消農奴制度。約瑟夫具有民主思想，他將教堂與貴族專用的地方開放給一般百姓使用，降低教會與貴族的特權。

而這對母子對音樂的喜愛與推廣，也讓維也納成為歐洲的音樂之都，知名音樂家紛紛前來，包括海頓、貝多芬、莫札特等人，在維也納創造了一生中主要的作品。

民主思潮衝擊帝國

約瑟夫二世在位期間雖然歌舞昇平，但西歐的法國大革命震撼了所有的領導階級，繼位的法蘭茲二世

西西皇后

伊麗莎白皇后(Empress Elisabeth)暱稱「西西」(Sisi)，1837年12月24日出生於慕尼黑，是巴伐利亞地區邁西米連約瑟夫大公的女兒，15歲時，她跟家人到奧地利鹽湖區度假，這次家族旅行的任務是把她姊姊海倫娜介紹給當時23歲的奧匈帝國皇帝法蘭茲·約瑟夫。

不過，法蘭茲·約瑟夫卻愛上了伊麗莎白，兩人在1854年4月24日結婚。婚後，伊麗莎白很快就發現嚴謹的皇室生活並不符合她的個性，她向來自由自在的生活被限制了，她在日記裡陳述了寂寞與沮喪，唯有藉著不斷地旅行來排解寂寞。1898年9月10日，她在瑞士日內瓦被義大利無政府主義者Luigi Lucheni刺殺。

西西皇后的一生宛如一齣充滿傳奇的悲劇，從巧遇法蘭茲·約瑟夫、成為奧匈帝國皇后、忍受深宮寂寞、喪子之痛，最後被刺身亡，加上她驚人的美貌，使她成為奧地利人民極為愛戴的人物，連英國戴安娜王妃都會被拿來與她比較。「西西」一頭秀髮如雲，她鍾愛的星形髮式到現在還可以在珠寶店看到相同款式。

面對的首要問題就是拿破崙的大軍壓境。1804年，拿破崙稱帝，歐洲各國的領導階級迅速組成萊茵河聯盟，這項聯盟的成立讓原本搖搖欲墜的神聖羅馬帝國宣告解體，法蘭茲二世被迫解散神聖羅馬帝國，並成立奧匈二元制帝國，法蘭茲二世遂成了奧匈帝國的法蘭茲一世，仍然保有奧地利地區的統治。

1814年拿破崙滑鐵盧兵敗之後，梅特涅(Prince Clemens Wenzel Lothar Metternich)召集了歐洲貴族，舉行赫赫有名的「維也納會議」，研討如何恢復貴族過去的統治模式。雖然研討的結果無濟於事，但維也納會議開了一年，這群沉浸於過去特權時代的貴族盡情狂歡，到處參加舞會及娛樂活動，反而創造了維也納社會的另一個高潮，那種擊敗強敵後的享樂心態，使得城堡歌劇院裡歌聲繚繞、王宮花園裡縱情歡樂，小市民寄情於生活情趣，史稱「畢德麥雅時期」(Biedermeier)。

不過，粉飾太平的歡樂終究敵不過要求改革的民主思潮，梅特涅種種食古不化的措施導致民心思變，終於引爆1848年的歐洲革命，中產階級勢力抬頭，當時的皇帝斐迪南一世倉皇出逃，梅特涅被迫退位。

江河日下的帝國悲歌

年輕的法蘭茲·約瑟夫(Franz Joseph)在混亂中接任皇位，這位哈斯堡家族最後的皇帝見證了王朝最後的悲劇。法蘭茲·約瑟夫在位60年，最大的貢獻是拆除維也納舊城池，以新古典風格建築「環城大道」為王朝的結束留下迴光返照的一幕。法蘭茲·約瑟夫在時代潮流下，被迫同意組合議會制度，釋出統治的部份權力；面對外交，在薩丁尼亞的獨立運動中，奧匈帝國繼續失去對義大利北部的管轄。

普魯士有計劃地排除奧匈帝國的影響力，也讓法蘭茲·約瑟夫無力招架。在1866年Königgrätz戰爭，奧地利戰敗，普魯士的鐵血宰相俾斯麥(Otto von Bismarck)技巧地讓奧匈帝國退出日爾曼聯盟，從此，奧匈帝國失去對中歐的影響範圍。同時，匈牙利的獨立運動喊得震天嘎響，式微的奧匈帝國只能屈服，1867年，奧匈帝國成為雙君主制，匈牙利國王可享有部份的主權，包括外交、財政與軍事，並於1907年舉行第一次的國會大選。

奧匈帝國在時代的巨輪下必然面對更多的難題，其中，巴爾幹半島的民族主義激進分子連續暗殺哈斯堡家族成員，讓死亡的陰影籠罩這個悲劇的家族：法蘭茲·約瑟夫的皇弟被刺殺於墨西哥，皇儲斐迪南被刺殺於巴爾幹半島，皇后伊麗莎白被義大利無政府主義分子刺殺於瑞士；唯一倖免於難的法蘭茲·約瑟夫晚年孤獨地隱居熊布朗宮，於1916年溘然長逝，這個曾經被尊崇無比的家族自此畫下淒涼的句點。

Café in Vienna
維也納咖啡館

維也納咖啡館和巴黎咖啡館一樣，代表了歐洲的咖啡文化。300多年前，土耳其人入侵維也納，留下了香醇的咖啡；1684年，維也納開設了第一家咖啡館，咖啡也從此走進了維也納人的生命中。

認識**維也納咖啡**

維也納咖啡館從17世紀以來即提供報紙讓客人閱讀，讓這裡成為人們交流思想的社交場所，不論是對政治情勢的意見交換，甚至散播或聽取小道消息，話題無所不談。也因此，維也納咖啡館曾經一度受到政府嚴格的監控，以免成為反叛思想的發源地，卻反而助長了咖啡館的蓬勃成長。剛開始僅有4家，但在18世紀末則多達80家，到了1990年，維也納已經擁有600多家咖啡館，從商賈、政治家、音樂愛好者、文藝青年到廚師等各行業人士，都有屬於自己的咖啡館。

現在的維也納市區裡約有兩千多家咖啡館，歷史悠久的就有50多家，散落在大街小巷中，充滿著不同風格的情調。在知名景點附近總能找到一家咖啡館歇歇腳，在維也納，咖啡無所不在。

冰咖啡
Eiskaffee

加了香草冰淇淋和奶泡的維也納式冰咖啡。

黑咖啡
Brauner

如果你點「Black Coffee」，店員通常會問你是不是要「Espresso」，千萬不要回答Yes，否則超小一杯會引起頗大的失落感。切記：大杯的黑咖啡叫Grosser Brauner，小杯的叫Kleiner Brauner。

維也納咖啡
Viennese

濃烈的熱咖啡上加了一大圈冰奶油，最底下則是甜蜜糖漿，品嘗時不要攪拌，可以喝到三種不同的口感。

咖啡名目五花八門

在維也納咖啡館點咖啡，拿上來的menu總是長長一列，說明了維也納人對於咖啡的多樣主張。經年累月發展下來，各家的品名大同小異；然而即使是相同的名稱，各家也可能加入不同元素，而有了不同的口感和氣氛。

最道地的咖啡館，會使用銀盤子端上咖啡，盤子裡除了咖啡，還會附上一杯水，水杯上擺著一根匙口朝下的湯匙，以及一個專門裝小方糖的小器皿。

米朗奇
Melange

加了熱奶泡的咖啡。

艾斯班拿
Einspänner

加了鮮奶油的咖啡。

馬車夫咖啡
Fiaker

濃烈的黑咖啡，再加上一杯櫻桃酒或白蘭地或蘭姆酒，將酒倒入咖啡中攪拌後品飲，口齒間都是咖啡香和酒香，後勁十足，據說當時馬車夫在冬天驅車外出前，都會飲用這種咖啡來禦寒。

土耳其咖啡
Türkischer

把咖啡豆磨碎成粉放在咖啡壺內，直接加入熱開水，喝的時候切勿攪拌，底部會有咖啡粉沉澱，據說沉澱形成的圖案可以看出喝咖啡者最近的運勢。

52

維也納甜點的華麗冒險

維也納咖啡館裡另一個不可忽視的角色，就是各種甜點與蛋糕。有的咖啡館標榜出自皇家宮廷師傅的特製糕點，有的則是享有盛名如薩赫蛋糕(Sacherforte)，每家咖啡館也會用自己的店名推出特製咖啡或甜點，或以名人來包裝商品，如蘭特曼咖啡館的瑪麗亞·泰瑞莎咖啡(Maria Theresia Kaffee)、黑山咖啡館的莫札特咖啡(Mozart Caffee)和莫札特炸彈蛋糕(Mozart Bombe)等。

有的咖啡館擺放的是手工糕點，少了精緻的外表，多了媽媽的溫馨味道。像赫薩咖啡館的Gewürzgugelhupf，半圓形的蛋糕上灑滿了白色糖霜，裡面是鬆軟的海綿蛋糕，帶著核桃果肉的酸甜滋味；而哈維卡咖啡館著名的杏子餐包(Buchteln)，下午5點熱烘烘出爐，混著杏子的香甜口感，令人回味無窮；中央咖啡館的蘋果派，配上熱熱的香草醬，號稱全奧地利最好吃的蘋果派。

維也納的老牌咖啡館內，通常會有一個裝滿各式各樣甜點的玻璃櫃，直接到玻璃櫃前挑選想要的蛋糕或甜點，向服務人員告知桌次後點餐，侍者會把擺好的甜點送到桌前並與飲料共同結算。

薩赫蛋糕
Sacherforte(薩赫咖啡館)

莫札特炸彈蛋糕
Mozart Bombe(黑山咖啡館)

蘋果派
Apfelstrudel(中央咖啡館)

香草醬餐包
Buchteln mit Vanillesauce(蘭特曼咖啡館)

薩赫與德梅爾的「甜蜜戰爭」

一場25年的「甜蜜戰爭」(Sweet War)，把兩家公司的知名度推到頂峰，這場「甜蜜戰爭」打的是蛋糕的法律訴訟，因為蛋糕的名字叫「薩赫蛋糕」(Sacherforte)。

有一天，早已是薩赫金字招牌的Sachertorte，居然也出現在德梅爾的店中，甚至連外形和口味都一模一樣。薩赫的老闆法蘭茲·薩赫(Franz Sacher)在震驚之餘，立即向法院控告德梅爾涉嫌仿冒。經過長達25年的輾轉查證，1965年法院才做下判斷，還Hotel Sacher的清白美譽，但法院的判決書上並沒有說德梅爾是仿冒者，只含蓄地說Hotel Sacher是Sachertorte的「元祖」(Original)，而德梅爾的Sachertorte則是「真品」(Echte, Real)，兩家店都可以繼續販賣Sachertorte，不再有任何顧忌和限制。

原來鬧得滿城風雨、劍拔弩張的訴訟，各有各的支持者，在法院幽默而明智的手腕下，輕鬆愉快地化解，維也納又回復到「馬照跑，舞照跳」的平靜日子。對維也納人而言，這場把「維也納氣質」發揮得淋漓盡致的「甜蜜戰爭」，可能是自從「維也納會議」(The Congress of Vienns, 1814~1815)以來，大家都能滿意的結局吧。

德梅爾糕餅店

Café Demel

🔺P.72D2　🚇搭乘地鐵U1、U2、U4號線在Karlsplatz站下車,步行約7分鐘可達。　🏠Kohlmarkt 14　☎(01) 535 17 17-0　🕐10:00~19:00　🌐www.demel.com

　　德梅爾糕餅店創立於1785年,與薩赫咖啡館、中央咖啡館並稱為維也納三大咖啡館,至今已有300年歷史,過去是奧地利皇室的御用糕餅店,包辦各種皇室宴會與舞會的甜點。位在市場大街的店內,一樓為糕餅與禮品部,販賣各種包裝精美的果醬、巧克力、蛋糕、餅乾等。二樓則是保留19世紀風格的咖啡沙龍,掛滿了貴族畫像的古老空間內垂吊閃爍水晶燈,每個包廂都以不同顏色和主題裝飾,彷彿穿越百年以前。

　　咖啡店最知名的甜點,除了與薩赫咖啡館打了場「甜蜜戰爭」的薩赫蛋糕之外,外層酥鬆的蘋果派、水果塔,以及西西皇后鍾愛的紫羅蘭花糖,都是歷久不衰的經典美味。

卡斯特納糕餅店

Gerstner

📍P.72D4 🚇搭乘地鐵U1、U2、U4號線在Karlsplatz站下車，步行約3分鐘可達。 🏠Kärntner Straße 51 📞(01) 526 13 61 🕐08:00~22:00 🌐www.gerstner-konditorei.at

　創立於1847年的卡斯特納糕餅店與德梅爾相同，店名後掛著代表皇室御用甜點的「K. u. K. Hofzuckerbäcker」名號。卡斯特納最初由一對糕餅師夫妻所經營，香甜精美的手工蛋糕、巧克力深受包括西西皇后到無數維也納貴族名流的喜愛，逐漸擴張成今日的規模。坐落於歌劇院旁的店舖於2014年改裝，一樓是禮品店與咖啡店，二樓以上分別為咖啡店和餐廳，內部特別是用餐區設計極其富麗堂皇，說是全維也納最華麗的咖啡廳也不為過。除了精美鮮豔的手工蛋糕，包入像是桃子、櫻桃、香檳等各種內餡的松露巧克力也千萬別錯過。

維也納藝術史博物館咖啡

Café im Kunsthistorischen Museum Wien

📍P.72C4 🚇搭乘地鐵U2號線在Museumsquartier站下車，步行約3分鐘可達。 🏠Maria-Theresien-Platz 📞(01) 50 876 1001 🕐週二~日10:00~18:00(週四延長至21:00)。 💲需持博物館入場券方能入館。 🌐www.khm.at

　位於維也納藝術史博物館一樓的咖啡店，大面玻璃窗面對著瑪麗亞‧泰瑞莎廣場。挑高氣派的大廳由雕飾繁複的廊柱圍繞，幾何圖形的地板拼磚以放射狀擴散，光建築本身就是藝術傑作。咖啡廳內提供各種經典維也納咖啡與手工甜點，週末10點還會提供早餐，彷彿置身在奢華宮殿中享用餐點，無論平假日總是一位難求。

薩赫咖啡館
Café Sacher

📍P.72D4 🚇搭乘地鐵U1、U2、U4號線在Karlsplatz站下車，步行約4分鐘可達。 📍Philharmonikerstraße 4 📞(01) 51 456 661 🕐8:00~22:00 🌐www.sacher.com

開在五星級飯店裡的薩赫咖啡館，創立於1810年，外觀光鮮亮麗，還有穿著打扮稱頭的服務生，儼然上流社會人士進出之地。

這裡最著名的薩赫蛋糕已是拜訪維也納時必嘗的甜點。1832年，咖啡館老闆法蘭茲・薩赫(Franz Sacher)為當時的首相梅特涅(Prince Klemens Bon Metternich, 1773~1859)調製一種風味特殊的巧克力蛋糕，深得梅特涅激賞，梅特涅高興之餘，將他調製的蛋糕冠上Sacher的姓，成為薩赫蛋糕名稱的由來，薩赫蛋糕也在一夜之間風靡維也納。

薩赫蛋糕的外表就是巧克力蛋糕，最上層是布滿糖霜的巧克力片，巧克力海綿夾心裡有兩層香濃的杏桃醬，旁邊再擺上鮮奶油，所以吃起來不只有巧克力香，還帶著杏桃的酸甜，滋味很迷人。薩赫咖啡館表示，店裡平均每天賣出上千個薩赫蛋糕，若遇到耶誕節等特殊節日，一天甚至可賣出4、5千個薩赫蛋糕，受歡迎的程度不難想見。薩赫蛋糕由於甜度高，即使不放冰箱，在歐洲的氣候下也可以保存兩星期。

中央咖啡館
Café Central

📍P.74C2 🚇搭乘地鐵U3號線在Herrengasse站下車，步行約2分鐘可達。 📍Herrengasse 14 📞(01) 533 37 63-61 🕐週一至週六08:00~21:00，週日及假日10:00~21:00。鋼琴演奏17:00~22:00。 🌐www.cafecentral.wien/en

從1876年開始，這裡就成為眾多知名作家、藝術家終日流連的場所。據說在1913年的中央咖啡館竟然有多達250多種的報紙和雜誌供客人閱讀，人們在此討論時事、交換意見，儘管物換星移，這裡仍保留著當時舊時建築的格局，成為慕名而來的遊客最愛的場所。

這棟由費爾斯(Ferstel)公爵官邸所改建的咖啡館，連世界知名作家彼特・阿爾騰柏格(Peter Altenberg)也曾造訪，為了紀念他，一進門口就有一位如真人大小、坐在椅子上沉思的作家塑像，而音樂家貝多芬、舒伯特、約翰史特勞斯父子、畫家克林姆、席勒等，經常是咖啡館的座上賓。

哈維卡咖啡館
Café Hawelka

📍P.74D3 🚇搭乘地鐵U1、U3號線在Stephansplatz站下車,步行約3分鐘可達。
🏠Dorotheergasse 6 📞(01) 512 82 30 🕐週一至四8:00~24:00,週五、六8:00~凌晨1:00,週日和假日09:00~20:00。 🔗www.hawelka.at

哈維卡咖啡的名氣實在太響亮了,讓來到維也納的人都不得不在小巷中彎來繞去尋找它。這家被無數報章雜誌報導過的咖啡館,曾經是名作家亨利·米勒最愛的咖啡館,在煙霧瀰漫的屋子裡散發出維也納老咖啡館特有的韻味。

創辦人哈維卡先生(Leopold Hawelka)跟太太從下奧地利省移居維也納後,兩個人開始煮咖啡做糕點的日子,於1939年開設了這間咖啡廳。每天下午5點是咖啡館最溫暖的時刻,剛做好的手工杏子餐包從爐子裡端出來,擁擠的咖啡館裡早已擠滿了學生、觀光客、老客戶。

昏黃燈光下,柔軟且年代久遠的沙發上坐著吞雲吐霧、大聲交談的年輕人,自由的氣息充斥在貼滿海報與宣傳單的咖啡館裡,儘管哈維卡先生在門口熱情招呼客人的身影已不復在,他的故事與精神仍在此店繼續流傳,成為每個人心目中停格的永恆畫面。

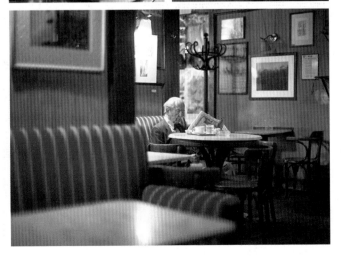

黑山咖啡館
Café Schwarzenberg

📍P.75E5 🚇搭乘地鐵U1、U2、U4號線在Karlsplatz站下車,步行約6~7分鐘可達。 🏠Kärntner Ring 17 📞(01)512 89 98 🕐週一至週五7:30~24:00,週六、日8:30~24:00。
🔗www.cafe-schwarzenberg.at/en

黑山咖啡館位於國家歌劇院、音樂協會大樓和演奏會大廳的中心點,自從1865年開張之後,一直是環城大道的咖啡館首席代表,也是維也納首屈一指的音樂咖啡館。

來到這裡,可品嘗著名的音樂家咖啡,例如以莫札特命名的莫札特咖啡(Mozart Kaffee),口味為添加櫻桃白蘭地的Espresso,上頭放上鮮奶油;而莫札特炸彈蛋糕(Mozart Bombe)以綠色、黃色、咖啡色等做成好幾層的蛋糕,豐富的色彩及口感層次,就像莫札特的音樂一樣令人回味無窮。

蘭特曼咖啡館
Café Landtmann

⚫P.74C1 🚇搭乘地鐵U3號線在Herrengasse站下車,步行約7~8分鐘可達。 ⌂Universitätsring 4 ☎(01) 24 100-120 ⏰7:30~22:00 🌐www.landtmann.at

　　蘭特曼咖啡自從1873年創立後,一直是上流社會人士出入的場所,也是維也納當時最優雅的咖啡館。由於鄰近市政廳及宮廷劇院,當王公貴族和上流社會人士觀賞演出後,都會聚集在此,討論剛欣賞完的劇情和演員演出,而名演員也會在卸妝後在咖啡館出現,參與討論。這樣的組合讓蘭特曼咖啡呈現出既高雅又豪華的氣氛,即使在今日,這裡仍是政商名流、演員、大學教授時常出沒的場所。

　　這裡的糕點比其他咖啡館更為精緻和多樣化,以創立人的名字法蘭茲‧蘭特曼(Franz Landmann)命名的咖啡,是將白蘭地加入咖啡中,再加入香甜的奶油,最後灑上一些肉桂粉,入口的香醇濃烈,正適合剛欣賞完歌劇者的熾熱心情。

　　除了現做的糕點可以挑選,特別推薦這裡的香草醬餐包(Buchteln mit Vanillesauce),以杏桃果醬作為內餡的蛋糕,看起來就像一頂灑上了糖粉的高帽子,底部放上奶油醬汁,經過加熱後端上桌來,口感滿分。

帝國咖啡館
Café Imperial

⚫P.75E5 🚇搭乘地鐵U1、U2、U4號線在Karlsplatz站下車,步行約6~7分鐘可達。 ⌂Kärntner Ring 16 ☎(01) 50 110 389 ⏰7:00~23:00,早餐供應至11:00。 🌐www.cafe-imperial.at/en

　　五星級帝國飯店(Hotel Imperial)附設的高級咖啡廳,自1873年開設至今已超過百年歷史,因鄰近音樂協會大樓,而讓這裡成為音樂愛好者最愛聚集的地方之一。高貴典雅的用餐空間與美味甜點同時也吸引許多藝術家、思想家前來,據說佛洛伊德(Sigmund Freud)與布魯克納(Anton Bruckner)亦時常在此流連。

　　帝國咖啡的悠久歷史營造出懷舊舒適的氛圍,但明亮乾淨的室內卻絲毫不顯老舊,反而多了點現代感,不過分鋪張的裝飾則流露出高雅質感。與帝國咖啡呈現的氛圍相呼應,提供的餐點從外觀與擺盤看來就已令人垂涎不已,品嘗過後更是讓人驚艷,從維也納炸肉排、燉牛肉到皇帝煎餅都是人氣招牌,甜點方面推薦蘋果派(Apfelstrudel)及帝國蛋糕(Imperial Torte),在舌尖化開的甜蜜滋味富有層次感,價格雖然嫌昂貴,但享受到的優雅氛圍卻讓人久久回味。

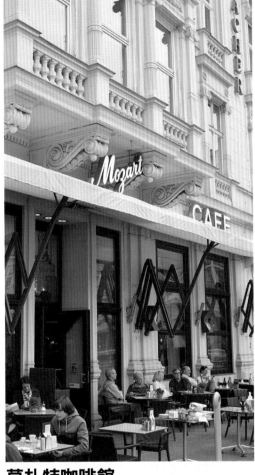

斯班咖啡館
Café Sperl

P.74C6　搭乘地鐵U2號線在Museumsquartier站下車，步行約5~6分鐘可達；或搭地鐵U1、U2、U4號線在Karlsplatz站下車，步行約10~12分鐘可達。　Gumpendorfer Straße 11　(01) 586 41 58　週一至週六7:00~22:00、週日假日10:00~20:00；7~8月的每週日公休。　www.cafesperl.at

一走進斯班咖啡館，時間彷彿就此停止了。老式的撞球台一字排開，挑高的窗邊有著舒適的沙發與傳統的大理石桌，老先生就著窗外灑進來的陽光看著報紙，鄰桌的人輕輕地在談著話，每個人都是一派的神態自若。斯班咖啡館從1880年創立至今，依然保留著維也納咖啡館的傳統，以銀盤子端上來的咖啡，旁邊放著一杯水，水杯上放著一根銀湯匙。

這裡有一種Oma Kaffee，意即祖母時代的咖啡，用的是雙層的咖啡壺，將熱水注入上層濾壺後必須等候20分鐘，等到咖啡都流到下層的壺中，再把上面的壺拿掉放在小碟子上才品嘗，可搭配這裡的手工糕點，風味絕佳。

莫札特咖啡館
Café Mozart

P.74D4　搭乘地鐵U1、U2、U4號線在Karlsplatz站下車，步行約5~6分鐘可達。　Albertinaplatz 2　(01) 24 100-200　8:00~23:00　www.cafe-mozart.at

莫札特咖啡館前身是於莫札特逝世後三年(1794年)開幕的小咖啡廳，是畢德麥爾時期(Biedermeier period)藝術家、作家及演員間的熱門聚會處所，1882年遭到拆除，直至1929年才於原址興建了這間咖啡館，至今也仍然是藝術家思考及汲取靈感的絕佳場所，劇作家格雷安‧葛林(Graham Green)最著名的作品之一《黑獄亡魂》(The Third Man)就是在此處催生，Anton Karas亦為電影編撰了配樂Café Mozart Waltz。

室內全面禁菸的莫札特咖啡館沒有惱人的煙味，只有濃醇的傳統風情與咖啡甜點的香氣在空中瀰漫，每年春末至初秋間，店外廣闊的廣場則化身為熱鬧的露天用餐區，只見座席間的顧客們或是享受暖意陽光、或是小憩閒聊、或是沉醉在美食的愉悅，感覺無比放鬆而享受。

Special Experience
體驗奧地利

在奧地利如果只是旅行，似乎少了一些深入了解當地文化，與當地人交流的機會，透過網路平台Airbnb提供的公寓住宿，以及參與各種精彩的文化體驗，換個角度貼近奧地利，增加和在地奧地利人對話、同樂的難得經驗。

入宿公寓，體驗一日維也納人

住在旅館飯店雖然舒適，但總覺得少了些生活滋味。透過共享型訂房網站Airbnb尋找維也納的特色公寓，住進奧地利人家中，可以獲得與飯店截然不同的在地經驗。

成軍10年的Airbnb在奧地利擁有豐富房源，其中維也納的房源就超過300家。上網搜尋房源時，首先針對個人旅行需求做篩選，我們搜尋的目標是不與房東同住，也不和其他房客分享空間的獨棟公寓，考量到住宿舒適度，特別挑選有兩間客房和兩間獨立浴室的公寓，讓旅伴之間保有充分隱私。

挑選住宿的過程中，除了房源類型和客房數之外，地理位置是最重要的考量，Airbnb不會顯示公寓的具體地址，因此必須靠屋主提供的交通資訊以及房客評價做判斷，在寸土寸金的維也納，與其在舊城區內尋找昂貴又必須拖行李步行的房源，選擇搭地鐵或路面電車15分鐘內可達、緊鄰車站旁的公寓，不僅價格較便宜，也容易找到設備好且寬敞的住宿。

我們在維也納的公寓有上下兩層樓，在挑選房源時就設定了要有電梯、洗衣機和廚房等條件，適合長時間久居。公寓位在頂層，有一個可以眺望市景的屋頂陽台，早晨起床泡一杯維也納咖啡，在陽台欣賞維也納的生活風光，真像是道地的維也納人一樣愜意極了。

屋主是一個英文流暢的奧地利女性，有豐富的Airbnb接待經驗，房子打掃得一塵不染，但和飯店不同的是，還可以從家具的使用痕跡中，感受到獨特的生活感。有些人會因為這種生活感而傾向住宿飯店，對我而言則是一窺奧地利住家的好機會，透過室內擺設想像在地生活，映入藍天的玻璃天窗，以及放滿烘焙器材的寬闊廚房，歐洲人優質愜意的生活住居讓人羨慕不已。

住宿Airbnb還有個特別的地方，就是入住時有時像在玩電動遊戲，必須和屋主相約見面拿鑰匙，或按照指示一步步按大樓密碼、找到大門鑰匙、解開密碼鎖等。有經驗的屋主會告知旅

維也納巧克力體驗

維也納巧克力博物館 (Chocolate Museum Vienna "BO-YO")，是結合購物、手作和展示的巧克力主題樂園。透過Airbnb可以預約巧克力製作體驗，親手製作造型巧克力與香料可可飲，非常受到親子旅客歡迎。

穿上圍裙，在講師指導下在巧克力模具中灌入黑巧克力或牛奶巧克力，再用各色各樣的堅果、軟糖做裝飾，放入冷藏櫃中等待約45分鐘即可成形。等待的過程中，講師會帶大家用調棒製作加了肉桂、丁香的香料可可飲，並可參觀博物館認識巧克力的前世今生，從感官到雙手感受維也納巧克力的魅力。

維也納巧克力博物館

📍 Schönbrunner Str. 99　📞 (660) 857 68 48　🕙 10:00~18:00

www.instagram.com/chocolatemuseumvienna/

共享型訂房網站 Airbnb

全球最大的共享型訂房網站Airbnb提供在線預訂民宿、酒店式公寓、度假別墅、合住房間等房源的預定平台，並透過第三方支付保障雙方權益。旅行者可以通過網站或手機、發掘和預訂世界各地的各種獨特房源，並與房東互動交友。除了住宿預訂，Airbnb也推出標榜更優質的Airbnb Plus.精選住宿，以及獨特體驗、探險行程等預訂服務，帶給旅行者不一樣的旅遊經驗。

🌐 www.airbnb.com.tw

客住房規矩，像是我們住的公寓就規定必須脫鞋。共享公寓畢竟不等於飯店，要抱持著到親友家住宿的想法，共同愛護住宿環境。一方面是做個不失格的旅人，另一方面在共享平台無論提供者或使用者，評價都至關重要，不僅房客會根據屋主評價挑房源，屋主也會視房客的評價，決定要不要把房子租出去。

我們在有著斜屋頂灑滿陽光的公寓住了將近一星期，早晨看著鄰近教堂的尖塔喝咖啡，有時想省晚餐錢，就自己買些食物回廚房料理，過著有如在地人的生活。退房時屋主的母親帶著愛犬來和我們打招呼同時清掃房間，和堆滿笑容的奧地利媽媽寒暄聊天，一起合影留念，感覺像是交了奧地利朋友，而陌生的維也納公寓，也彷彿成為了我在奧地利的第二個家。

獨特的文化體驗

在Airbnb平台不但可以入住奧地利人的家，還能參與各種深度文化體驗。體驗內容包羅萬象，除了城市散步、歷史、美食之旅等導覽行程，還可以學習跳芭蕾舞、參加攝影課，或者向奧地利媽媽學習正宗奧地利蘋果派的作法，精彩多樣的內容，充分反映了奧地利的文化能量。

©Tourismus Salzburg Gmbh

©Tourismus Salzburg Gmbh

©Tourismus Salzburg Gmbh

在奧地利參加音樂節

奧地利是享譽全球的音樂王國，每年各地舉辦大大小小的音樂節，不但從古典跨界到流行，參與演出的更是第一流的高手，古典樂迷千萬不可錯過。

所有音樂節中最具代表性的，莫過於薩爾斯堡音樂節(Salzburger Festspiele)。這個由詩人、劇作家胡戈馮霍夫曼斯塔爾(Hugo von Hofmannsthal)在1920年的創立的音樂節，到2020年適逢百年盛會。每年夏季從7月底到8月底，薩爾斯堡城內如薩爾斯堡音樂節大廳、薩爾斯堡莫扎特音樂大學、米拉貝爾宮等約20個場地，上演超過200場歌劇、音樂會、芭蕾等精彩演出，由於請來的都是頂尖樂手，成為樂迷一生一定要朝拜的音樂盛會。

音樂重鎮維也納最廣為人知的，除了每年元旦維也納愛樂在金色大廳舉辦的維也納新年音樂會(The Vienna New Year's Concert)，5月到6月的維也納藝術節(Wiener Festwochen)，以市政廳前舉辦的免費露天音樂會揭開序幕，吸引將近18萬樂迷共襄盛舉。

而在7月底奧地利波登湖(Bodensee)的布列根茨歌劇節(Bregenzer Festspiele)，節慶的重頭戲為漂浮於波登湖面、世界最大的水中舞台，由維也納交響樂團領銜的歌劇演出搭配極盡華麗之能事的舞台設計，創造視覺與聽覺的雙重盛宴。

薩爾斯堡音樂節 ⓤ www.salzburgerfestspiele.at
維也納新年音樂會(維也納愛樂) ⓤ www.wienerphilharmoniker.at
維也納藝術節 ⓤ www.festwochen.at
布列根茨歌劇節 ⓤ bregenzerfestspiele.com

分區導覽
Area Guide

How to Explore Austria
如何玩奧地利各地

薩爾斯堡Salzburg

薩爾斯堡主要的景點大都聚集於左岸的舊城區。先搭纜車上薩爾斯堡城堡遠眺，了解這個城市的大致輪廓，然後下山以步行的方式探索舊城區，然後再過河拜訪米拉貝爾花園等新城區的勝景。從薩爾斯堡可搭巴士前往鹽湖區遊覽湖光山色，若時間有限不妨報名參加觀光巴士的旅遊團，進行一趟真善美之旅。

施泰爾Steyr

施泰爾車站與舊城區隔恩斯河相對，徒步約13分鐘前往市政廳所在的城市廣場，以此為中心即可徒步探索施泰爾各大重要景點。

茵斯布魯克Innsbruck

茵斯布魯克的主要景點皆集中在舊城區內，最具代表性的黃金屋頂、霍夫堡皇宮及聖雅各教堂都在這裡。伊澤山坐落於舊城區南方，除了造型前衛的伊澤山跳台之外，Tirol Panorama和皇家軍隊博物館也位於此處。如果想去看看近郊的施華洛施奇水晶世界，可以搭乘付費的接駁專車。

格拉茲

格拉茲中央車站位在舊城區以西約2公里處，主要利用路面電車進入舊城區。格拉茲的主要觀光景點都位於舊城區內，以最熱鬧的郝普特廣場為中心向外延伸，步行的方式就能好好地探索這座城市。行有餘力，則可搭火車前往艾根堡或聖芭芭拉教堂；如果想造訪布魯茂溫泉，因為交通並沒有很方便，乾脆投宿在布魯茂百水溫泉度假飯店，由飯店幫忙安排交通接駁較為省事。

埃森施塔特Eisenstadt

先以步行的方式探索埃森施塔特各大重要勝景，然後以這裡為根據地，搭乘巴士前往佛赫登史坦城堡、魯斯特、莫畢許、普爾巴赫或諾吉勒湖周遭的其它地方。

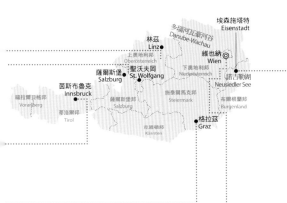

維也納Vienna

以舊城為核心，一層層往外擴展：第一天先以步行的方式探索內城區，然後可搭乘地鐵把觸角逐步伸向環城大道周邊、環城大道外圍、維也納森林，乃至於走一遭多瑙河谷。別忘了晚上至少安排一回欣賞音樂會或歌劇表演，感受「音樂之都」的獨特之處；造訪維也納森林時，也別忘了在格林琴找家新釀酒館吃飽喝足，然後盡興而歸喔！

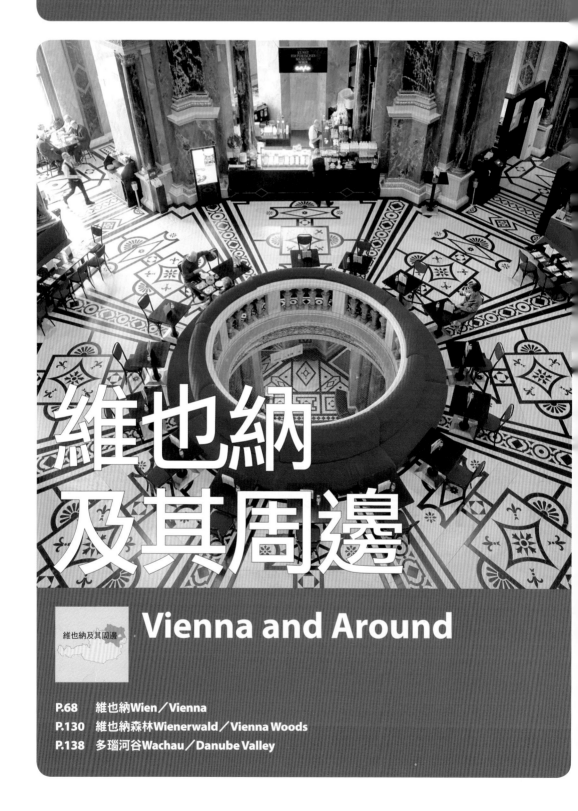

維也納
及其周邊

Vienna and Around

維也納及其周邊

昔日環繞著城牆的奧地利首都維也納，1857年時因為法蘭茲約瑟夫的一聲令下，城牆改建成圍繞並勾勒出維也納雛型的環城大道，並且在一流設計師的改造下，移植了全歐洲最氣派的建築！

今日的維也納由三個部分組成，由內而外依序為內城區(Innere Stadt)、環城大道(Ringstrasse)以及環城大道外圍(Ringstrasse Surrounds)。初次前往維也納的人可以以步行的方式，從內城區最負盛名的聖史蒂芬教堂為起點，沿途走訪格拉本大街、克爾特納大街以及霍夫堡皇宮、博物館區等最佳朝聖地。

逛完環城大道後不妨繼續前往外圍區域，欣賞百水先生如童書般的建築、收藏克林姆畫作的貝維德雷宮以及名列世界遺產的熊布朗宮。最後還可到維也納森林喝杯美酒、呼吸芬多精，然後前往瓦豪河谷一探多瑙河沿岸明媚的風光。

維也納及其周邊之最Top Highlights of Vienna and Around

熊布朗宮Schönbrunn
　　從18到20世紀初，一直是哈布斯堡王朝家族的官邸，建築內部裝潢美輪美奐，洋溢華麗的巴洛克風，是中歐宮廷建築的典範。(P.113)

霍夫堡皇宮Hofburg
　　奧匈帝國的統治核心，也是統治奧匈帝國長達700年的哈布斯堡王朝駐在地，約有18棟建築物、超過19個中庭和庭園，是名符其實的深宮內苑。(P.80)

音樂協會大樓
Musikverein
　　這棟文藝復興式建築裡頭的「金色大廳」，透過巧妙的建築原理讓聲音產生「黃金般的音色」，成為全世界愛樂者最嚮往的地方。(P.93)

維也納森林
Vienna Woods
　　維也納人得天獨厚地擁有這麼一片綠地，每到假日，維也納森林就成為人們出外踏青、品嘗美酒佳餚的熱門去處。(P.130)

多瑙河谷地
Danube Valley
　　從克雷姆斯到梅克這一段多瑙河谷，擁有一望無際的葡萄園、眾多古蹟、城堡、修道院與葡萄酒莊，吸引無數遊客前往。(P.138)

維也納
維也納
Wien/Vienna

起源於凱爾特人的村莊，維也納歷經各個民族的入侵，在西元978年才形成一座城市；直到哈布斯堡家族將根據地遷往維也納，才為這座城市帶來真正的繁榮與開發。

維也納的市中心坐落於聖史蒂芬教堂到霍夫堡之間，被環城大道與多瑙河所圍繞，由法蘭茲約瑟夫下令建造的環城大道是環繞市中心的一條大馬路，長4公里、寬56公尺，法蘭茲約瑟夫邀集了當時歐洲著名的建築師，在筆直寬敞的道路兩旁打造各式氣派建築，沿途哥德式、新古典式、新文藝復興式及巴洛克式等風格，一應俱全。

位於環城大道內的內城區，從維也納成為神聖羅馬帝國時期的貿易交通要塞開始，歷經18世紀的文藝黃金時期、19世紀中產階級興盛時期，詳細刻劃了維也納八百多年的歷史。

走出環城大道，藝術的發展擺脫了拘謹保守的桎梏，於是有了鑲金的分離派會館、彩繪的華格納大樓壁面等創意作品，庶民的、活潑的城市記憶開始延伸。

INFO

基本資訊

人口：約176萬5千人。
面積：414.65平方公里。
區域號碼：(01)
時區：歐洲中部時間，比台灣慢7小時，夏令時間(3月最後一個週日~10月最後一個週日)比台灣慢6小時。

如何到達──航空

從桃園國際機場可搭乘中華航空或長榮航空直飛維也納。

維也納國際機場(Flughafen Wien-Schwechat，機場代碼VIE)位於市中心東南方18公里處，有航廈1(B、C、D登機區)、航廈3(G、F登機區)兩個相連的主航站，與一座負責小型飛機起降的獨立航廈1A。維也納機場所營運的大部分是申根國家的航線，而非

申根國的航線則是利用D登機區起降。
ⓌＷ www.viennaairport.com

◎**機場快線 City Airport Train(CAT)**
CAT雙層列車每30分鐘就有一班，從機場直達市中心的Wien Mitte/Landstrasse火車站，中途不停站，全程只要16分鐘。車票可在車站內的售票機或售票窗口購買。
🕐每日05:36~23:39
💰成人單程€14.9(加購24小時維也納交通周遊券為€22.9)，來回€24.9。15歲以下免費，線上購票另有優惠。
Ｗ www.cityairporttrain.com
❗若上車後才買票，加收€2手續費

◎**S-Bahn**
從機場火車站(Flughafen Wien站)搭乘S-Bahn的S7進城，可於Wien Mitte/Landstrasse火車站轉乘地鐵。平均每30分鐘就有一班，車程約25分鐘。
🕐每日04:30~23:45 💰€4.2起 Ｗ www.oebb.at

◎**機場巴士Vienna Airport Lines**
機場巴士共有3條路線可前往維也納市區：1185線直達市區的Wien Morzinplatz/Schwedenplatz站，車程約20分鐘，每半小時一班；1187線停靠Meidling站與維也納西站，車程約30~45分鐘，每半小時一班；1183線開往U1的Kagran站，沿途停靠Kaisermühlen VIC、Donaumarina等地鐵站，車程約20~45分鐘，每小時一班。車票可在售票機或直接向司機購買。
💰單程票成人€9.5、兒童€5，來回票成人€16、兒童€9.5
Ｗ www.postbus.at

◎**計程車Taxi**
招呼站位於入境大廳出口右手邊。從機場前往市區大約30分鐘，可選擇一般計程車或機場計程車，車資大約€35~40。

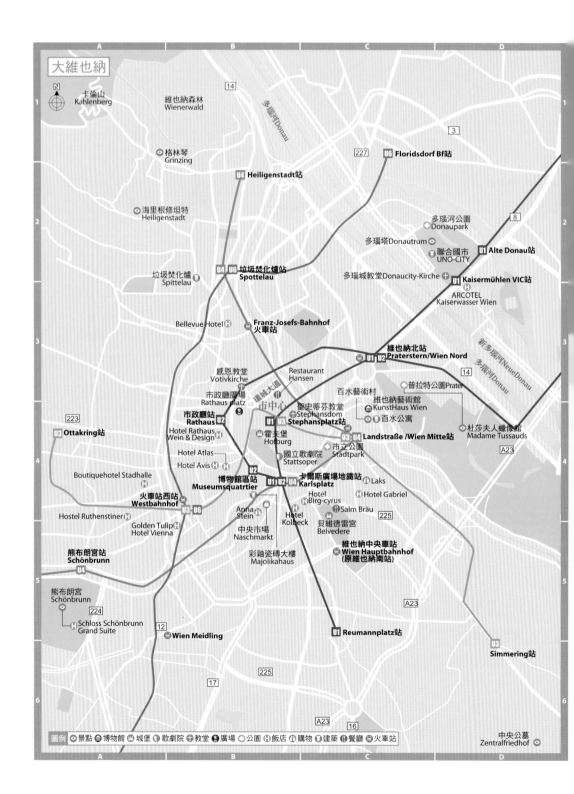

大維也納

N
卡倫山
Kahlenberg

維也納森林
Wienerwald

多瑙河Donau

格林琴
Grinzing

227
U6 Floridsdorf Bf站

3

U4 Heiligenstadt站

海里根修坦特
Heiligenstadt

多瑙河公園
Donaupark

8

多瑙塔Donauturm

垃圾焚化爐站
Spottelau
U4 U6

聯合國市
UNO-CITY

U1 Alte Donau站

垃圾焚化爐
Spittelau

多瑙城教堂Donaucity-Kirche

U1 Kaisermühlen VIC站

ARCOTEL
Kaiserwasser Wien

Bellevue Hotel

Franz-Josefs-Bahnhof
火車站

維也納北站
Praterstern/Wien Nord
U1 U2

新多瑙河NeueDonau

多瑙河Donau

感恩教堂
Votivkirche

Restaurant
Hansen

環城大道

市中心

普拉特公園Prater

14

市政廳廣場
Rathaus platz

聖史蒂芬教堂
Stephansdom

百水藝術村

維也納藝術館
KunstHaus Wien

Ottakring站
U3

223

市政廳站
Rathaus
U2

Hotel Rathaus
Wein & Design

霍夫堡
Hofburg

U1 U2 Stephansplatz站

百水公寓

杜莎夫人蠟像館
Madame Tussauds

Landstraße /Wien Mitte站
U3 U4

Hotel Atlas

國立歌劇院
Stattsoper

市立公園
Stadtpark

A23

Hotel Avis

Boutiquehotel Stadhalle

博物館區站
Museumsquatrtier
U2

卡爾斯廣場地鐵站
Karlsplatz
U1 U2 U4

Laks

Hotel Gabriel

Hostel Ruthenstiner

火車站西站
Westbahnhof
U3 U6

Anna
Stein

Hotel
Birg-cyrus

Salm Bräu

225

Golden Tulip
Hotel Vienna

中央市場
Naschmarkt

Hotel
Kolbeck

貝維德雷宮
Belvedere

熊布朗宮站
Schönbrunn
U4

彩釉瓷磚大樓
Majolikahaus

維也納中央車站
Wien Hauptbahnhof
(原維也納南站)
U1

熊布朗宮
Schönbrunn

224

Schloss Schönbrunn
Grand Suite

12

Wien Meidling

Reumannplatz站
U1

A23

Simmering站
U3

225

17

A23

16

中央公墓
Zentralfriedhof

圖例 ⊙景點 血博物館 ⛪城堡 ⓖ歌劇院 ✝教堂 ▤廣場 ⊙公園 ⊞飯店 ⛍購物 ⊞建築 ⛥餐廳 ⊛火車站

70

如何到達——火車

　　維也納市區內的主要火車站，包括維也納西站(Westbahnhof)、維也納Mitte站(Wien Mitte)、維也納北站(Wien Nord，現名Praterstern)、法蘭茲·約瑟夫車站(Franz-Josef-Bahnhof)，維也納邁德靈站(Wien Meidling)等，而原有的維也納南站(Südbahnhof)已改建成全新的維也納中央車站(Wien Hauptbahnhof)，從2015年底已全面通車，通往歐洲各國的國際列車主要在維也納中央車站和邁德靈站發車，而前往茵斯布魯克和薩爾斯堡等地則是由邁德靈站出發。

◎奧地利國鐵(OBB) ⓜwww.oebb.at

◎歐洲國鐵 ⓜwww.eurail.com

◎火車通行證

　　到奧地利旅遊除了可購買單國火車票外，亦可視自己的需求選購雙國或多國火車通行證，購票及詳細資訊可洽詢台灣歐鐵火車票總代理飛達旅遊或各大旅行社。

飛達旅遊

🏠台北市中山區南京東路三段168號10樓之6

📞02-8161-3456 ⓜwww.gobytrain.com.tw

◎@gobytrain

如何到達——長途巴士

　　隸屬於民營化奧地利鐵路集團的聯邦巴士（Bahnbus）和郵政巴士（Postbus），串聯起整個奧地利的交通網絡，綿密地連接於火車無法抵達的地方。維也納中央車站是長途國際巴士及維也納中長程巴士的總站。車票請上車向司機購買。

ⓜwww.postbus.at

市區交通

　　維也納的大眾交通工具包括地鐵、電車、巴士和國鐵，皆使用共通的票券，可以彼此轉乘。此外也有發售交通周遊券，分為24小時、48小時、72小時及8天等多種效期選擇。第一次使用周遊券時，必須在車上的打卡機打卡，上面會秀出有效的使用時間。月台閘門雖然不會驗票，但是如果被抽查到沒買票，則罰款數倍，千萬不要以身試法。另外，必須注意的是車票的有效範圍，像是前往機場等超過一個區段的地方則必須另補差額。

💰單程票：成人€2.4，6歲以下€1.2。交通周遊券：24小時€8，48小時€14.1，72小時€17.1，8天(日期任選)€17.1。

ⓜwww.wienerlinien.at

◎地鐵U-Bahn

　　地鐵是最適合往來於市中心和周邊區域的交通工具，以卡爾廣場和聖史蒂芬教堂為中心向外延伸，目前共有5條路線：紅色的U1線由北向南縱貫市中心；紫色的U2線由卡爾廣場繞行城區西面，到了維也納大學折向東北，最後越過多瑙河；黃色的U3線東西向橫貫過市區；綠色的U4線從維也納森林的海里根修坦特東南繞過城區東面，在卡爾廣場折而向西，經熊布朗宮前往市區西方的Hütteldorf火車站；棕色的U6線則是在城區的北側和西側行駛。

🕐05:00~24:00，約3~10分鐘一班。

◎路面電車Strassenbahn

　　地鐵無法抵達的地方，就由行駛在路面上的電車擔負起連結任務，由於密集如網，是前往市中心各景點最實用的交通工具。電車共有29條路線，不僅串連市中心景點，同時也通往格林琴、維也納森林等周邊地區。

🕐05:00~24:00，約5~10分鐘一班。

◎市區火車 S-bahn

　　市區火車是前往機場最便宜的交通工具，同時也是

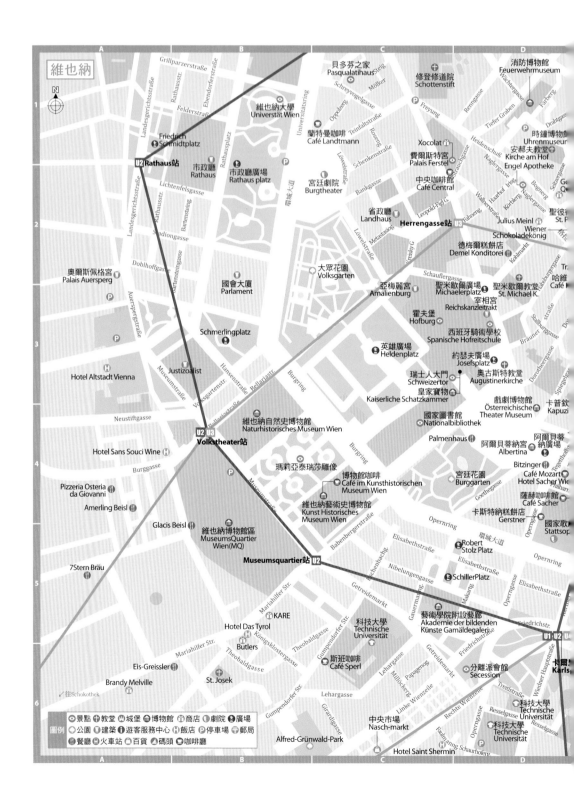

維也納

貝多芬之家 Pasqualatihaus
消防博物館 Feuerwehrmuseum
修登修道院 Schottenstift
時鐘博物館 Uhrenmuseum
安郝夫教堂 Kirche am Hof
Engel Apotheke
維也納大學 Universtät Wien
蘭特曼咖啡 Café Landtmann
Xocolat
費爾斯特宮 Palais Ferstel
中央咖啡館 Café Central
Friedrich Schmidtplatz
市政廳 Rathaus
市政廳廣場 Rathaus platz
宮廷劇院 Burgtheater
省政廳 Landhaus
Herrengasse站
Julius Meinl
Wiener Schokoladekönig
德梅爾糕餅店 Demel Konditorei
奧爾斯佩格宮 Palais Auersperg
國會大廈 Parlament
大眾花園 Volksgarten
亞梅麗宮 Amalienburg
聖米歇爾廣場 Michaelerplatz
聖米歇爾教堂 St. Michael K.
宰相宮 Reichskanzleitrakt
霍夫堡 Hofburg
哈維 Café
Schmerlingplatz
英雄廣場 Heldenplatz
西班牙騎術學校 Spanische Hofreitschule
約瑟夫廣場 Josefsplatz
奧古斯特教堂 Augustinerkirche
Hotel Altstadt Vienna
Justizpalast
瑞士大門 Schweizertor
皇家寶物館 Kaiserliche Schatzkammer
國家圖書館 Nationalbibliothek
戲劇博物館 Österreichische Theater Museum
卡普欽 Kapuzi
Hotel Sans Souci Wine
維也納自然史博物館 Naturhistorisches Museum Wien
Volkstheater站
Palmenhaus
阿爾貝蒂納宮 Albertina
阿爾貝蒂納廣場
Pizzeria Osteria da Giovanni
瑪莉亞泰瑞莎雕像
博物館咖啡 Café im Kunsthistorischen Museum Wien
宮廷花園 Burggarten
Bitzinger
Café Mozart
Hotel Sacher Wie
Amerling Beisl
維也納藝術史博物館 Kunst Historisches Museum Wien
薩赫咖啡館 Café Sacher
Glacis Beisl
維也納博物館區 MuseumsQuartier Wien(MQ)
卡斯特納糕餅店 Gerstner
國家歌 Stattsor.
Robert Stolz Platz
7Stern Bräu
Museumsquartier站
SchillerPlatz
KARE
藝術學院附設藝廊 Akademie der bildenden Künste Gamäldegaleri
U1 U2 U4
Hotel Das Tyrol
科技大學 Technische Universität
Butlers
卡爾 Karls
Eis-Greissler
斯班咖啡 Café Sperl
分離派會館 Secession
Brandy Melville
St. Josek
中央市場 Nasch-markt
科技大學 Technische Universität
科技大學 Technische Universität
往Schokothek
Alfred-Grünwald-Park
Hotel Saint Shermin

圖例
◉景點 ⊕教堂 ⛪城堡 🏛博物館 🏬商店 🎭劇院 🏟廣場
🌳公園 🏢建築 ℹ️遊客服務中心 🏨飯店 🅿️停車場 📮郵局
🍴餐廳 🚉火車站 🏬百貨 ⚓碼頭 ☕咖啡廳

魯普雷特教堂
Ruprechtskirche

Marienbrücke

Schwedenplatz站 U1,U4

Untere Donaustraße

多瑙運河
Danaukanal

Schwedenbrücke

Schwedenplatz

Franz-Josefs-Kai

Franz-Josefs-Kai

Herrmannpark

Jul.-Raab-Platz

Hofer Markt

音樂之鐘
Ankeruhr

Griechenbeisel

Wiesinger straße

郵政儲金局
Postspark

協同廳舍
Regierungsgebäude

Zanoni & Zanoni

Hollmann Beletage

Schmarren & Palatschinkenpfandl

中央郵局

Figlmüller

Marxergasse

聖史蒂芬教堂
Stephansdom

Dr.-Ig.-Seipel-Pl.

Dominik. K.

Stephansplatz站 U3 U1

聖史蒂芬廣場

Haas & Haas

莫札特紀念館
Mozarthaus Vienna

Oskar Kokoschka Büste

德意志騎士館
Österreichische Werkstätten

Plachutta Wollzeile

奧地利應用美術館
Österreichisches Museum für angewandte Kunst

Da Capo

Stubentor站 U3

Dr.-Karl-Lueger-Platz

Pürstner

Steffl

Franziskpl.

Mostly Mozart

Franzi sk. K.

Landstrasse /Wien Mitte站 U3, U4

Nordsee

Ribs of Vienna

舒伯特雕像

Mostly Mozart Austria Trend Hotel Europa

Heindl

布魯克納雕像

馬爾他騎士團教堂
Malteserkirche

賈伯辛德勒雕像

St. Anna

市立公園
Stadtpark

約翰史特勞斯雕像

Kinderspielpl.

BIPA

黑山咖啡館
Café SCHwarzen-berg

Stadtpark站 U4

貝多芬廣場
Beethoven-Pl.

帝國咖啡館
Café Imperial

Schwarzenberg -Denkmal

音樂會之家
Wiener Konzerthaus

音樂協會大樓
Musikverein

卡爾廣場維也納博物館
Wien Museum Karlsplatz

Am Modenapark

卡爾教堂
Karlskirche

前往下奧地利邦進行一日旅行的首選。火車路線開頭
以S表示，常用路線如 S1、S2、S7、S40等。在維也
納市區內搭乘，可以使用維也納卡或周遊券，但若是
前往郊外，則必須另外補票，計費方式是到售票口出
示票券，再支付從城市邊緣車站起算的車資。

巴士 Autobus

市區巴士約145條路線，搭乘方法與電車差不多。
週六和週日的凌晨也有加開夜間巴士，站牌以黑底黃
字的N（Nachtbus）來表示，不過夜間巴士並不適
用周遊券，必須另外收費。

◆市區巴士05:00~24:00，夜間巴士24:00~05:00。

計程車Taxi

維也納的計程車必須在招呼站搭乘或撥打電話叫
車，車資按表計費，起跳為€3.8，之後隨每公里或
幾分鐘跳表€1.42。此外，電話叫車、假日或夜間時
段，則另有加乘費用，從市區前往機場也須另付€10
附加費。至於小費行情，則是車資的10%。

租車Rental Car

除出發前上網預約外，國際機場大廳也有多個租
車櫃檯，提供現場租車服務。必須注意的是，維也納
市中心的停車場有時間限制，市區內的短時間停車場
「藍區」（Blauzonen），在第一區最多只能停放1
小時，在其他區域大約可停到2小時，在停車前務必
確認指示牌上的規定。停車費在繳費機支付，若沒有
繳費機，可向銀行或煙攤購買停車票。

優惠票券

維也納卡Vienna City Card

使用維也納卡可在效期內無限制搭
乘包括地鐵、市區火車、巴士、電
車在內的大眾交通工具，並於參觀
博物館和景點時享有折扣優惠。這
張票券可在遊客中心、地鐵自動售
票機，以及路邊的書報煙攤或各
大飯店櫃檯購得。購買時會附贈
一本小手冊，上面註明可享折扣的各
個景點或表演節目，甚至搭乘火車與遊船也有優惠，
不妨多加利用。

💲24小時卡€17，48小時卡€25，72小時卡€29

🌐www.wien.info/en/travel-info/vienna-card

❗首次使用時需填寫開始使用的日期，並於進站前在打
卡機打上使用時間。

維也納通行證Vienna Pass

如果打算參觀多處博物館或付費景點，最經濟的選
擇是購買一張維也納周遊券，持卡可在效期內參觀包
括霍夫堡皇宮、熊布朗宮、貝維德雷宮在內的皇家宮
殿，以及包括美術館、動物園、維也納摩天輪等超過

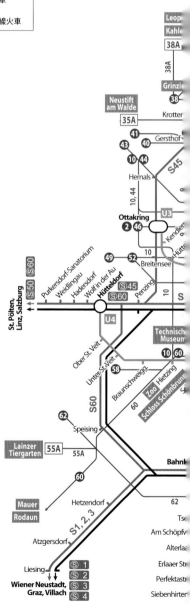

維也納交通圖

U1	地鐵
S8	市中心火車
18	電車
──	近郊火車
⛴	巴登線
CAT	機場快線火車

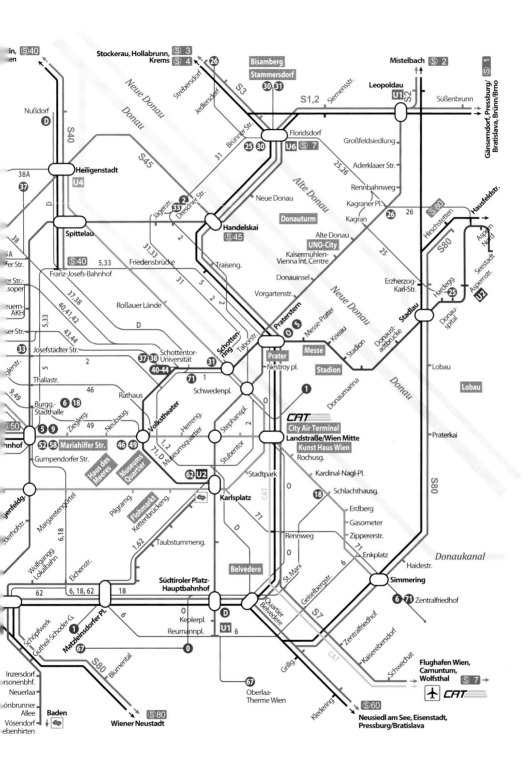

60個景點。此外還有無限制搭乘觀光巴士，快速通關、購物等優惠(不包含交通票券)。這張票券可下載專屬APP購買電子票券，或於維也納機場和市區內的販售中心購買實體票券，上網購買另有優惠。

購買時會附贈旅遊指南，以及觀光巴士路線圖、藝術與設計導覽等手冊，不妨多加利用。

💰1日通行證成人€87，6～18歲€45；2日通行證成人€123，6～18歲€63；3日通行證成人€153，6～18歲€77；6日通行證成人€189。6～18歲€95。

🔗www.viennapass.com

觀光行程
◎隨上隨下觀光巴士Hop-On Hop-Off
循環路線的觀光巴士，車票效期內可於50個站點自由上下車。車上不但有中文語音導覽，更有免費wifi訊號。其路線共有4條：紅線可到環城大道旁的皇宮、國家歌劇院等處；藍線為多瑙河路線，可至百水公寓、普拉特等地；黃線可前往熊布朗宮與貝維德雷宮；綠線則開往維也納森林，停靠格林琴、卡倫山等處。票價分為三種：其中72小時的帝國行程包含無限搭乘紅、黃、藍、綠4條路線巴士，徒步導覽、夜間導覽、路面電車、多瑙河遊船。另有兩大兩小的家庭票、任選3、4、5個景點的自選景點通票(Flexi Pass)等套票，車票可在官網或直接向司機購買，詳細路線及時刻表請上官網查詢。

💰24小時經典行程€29，兒童€18；48小時皇家行程€35，兒童€22；72小時帝國行程€40，兒童€27。
🔗www.viennasightseeing.at
維也納自選景點通票 Vienna Flexi Pass

可於24小時內自由搭乘隨上隨下觀光巴士，並包含40個合作景點中，2、3、4、5個任選景點門票。
💰2景點通票成人€47，6～18歲€25；3景點通票成人€63，6～18歲€33；4景點通票成人€75，6～18歲€39；5景點通票成人€89，6～18歲€49。
🔗www.viennasightseeing.at/flexi-pass

旅遊諮詢
◎維也納旅遊局
📞(01) 24 555　🔗www.vienna.info
◎遊客服務中心(內城區)
📍Vienna 1, Albertinaplatz / Maysedergasse(國家歌劇院後方)　🕐每日09:00~19:00
◎遊客服務中心(中央車站)
📍Vienna 10, Am Haupbahnhof 1
🕐每日09:00~19:00
◎遊客服務中心(機場)
📍入境大廳　🕐每日07:00~22:00

城市概略City Guideline

被環城大道(Ringstrasse)包圍在裡面的內城區(Innere Stadt)是維也納的市中心所在，許多值得一看的景點都位於這裡。最熱鬧的區域約略在聖史蒂芬教堂到霍夫堡皇宮之間，以散步方式穿梭其中，除了能體驗維也納不同時期的建築與文化之美外，更能感受到音樂和藝術對這座城市的影響。而以聖史蒂芬教堂為中心的周邊街道，每一條都被熙來攘往的人潮淹沒，沿路商店、餐廳、禮品店迤邐綿延，成為逛街購物與喝咖啡的好去處。

維也納散步地圖

N

② 格拉本大街 Graben
① 聖史蒂芬教堂 Stephansdom
霍夫堡 Hofburg ③
自然史博物館 Naturhistorisches Museum ⑤
維也納藝術史博物館 Kunsthistorisches Museum ④
維也納國家歌劇院 Wiener Staatsoper ⑪
博物館區 MuseumsQuartier(MQ) ⑥
音樂協會大樓 Musikverein ⑩
分離派會館 Secession ⑦
中央市場 Naschmarkt ⑧
卡爾教堂 Karlskirche ⑨

環城大道兩旁也聚集了不少知名景點，包括博物館區、國會大廈、分離派會館、市立公園等，皆可搭乘地鐵前往造訪。想要一睹大道風光的人，搭乘電車是最理想的方式，1號線以順時鐘方向沿著環城大道行駛，2號線則是以逆時鐘方向通行。

至於在市區更外圍的區域，東邊可欣賞百水如童話般的可愛建築，南方有收藏眾多藝術作品的貝維德雷宮，西南方是華麗無比的熊布朗宮，西北方則有綠意盎然的維也納森林，都是不容錯過的著名景點。

維也納行程建議
Itineraries in Vienna

如果你有3天

維也納市區雖然不大，卻聚集大量的博物館、教堂與宮殿，就算待上3天也只能走訪其中最著名的景點。第一天建議先在舊城區漫步，聖史蒂芬教堂是個不錯的起點，接著參觀音樂之鐘和聖彼得教堂，然後沿著格拉本大街與克爾特納大街遊逛，最後前往曾是哈布斯堡權力核心的霍夫堡皇宮。

第二天行程從感恩教堂與維也納大學開始，一路沿著環城大道來到博物館區，沿途經過的市政廳、宮廷劇院與國會大廈，都是環城大道上極負盛名的建築。由昔日養馬場改建成的博物館區，是維也納最生氣蓬勃的地方，一旁的國立美術館更是藝術愛好者們絕對

不能錯過的聖殿。參觀完博物館後若還有時間，不妨到卡爾廣場附近的分離派會館，或是到中央市場品嚐各國美食，作為這一天行程的完美結束。

第三天先到名列世界遺產的熊布朗宮，參加宮殿內的導覽行程，接著再去中央公墓或貝維德雷宮參觀。最後也別忘了到百水公寓朝聖，以快門向這位奧地利建築界的老頑童致敬，而在鄰近的維也納藝術館中，也展出不少這位大師的各類型作品。

如果你有5-7天

若能在維也納多待上幾天，還可到近郊的維也納森林走走。而想探訪多瑙河美景的人，自然不能錯過瓦豪河谷的遊船之旅。其他如薩爾斯堡、茵斯布魯克、格拉茲等重量級城鎮，也值得安排時間細細遊賞。

維也納散步路線
Walking Route in Vienna

環城大道和多瑙河緊緊擁抱維也納的舊市區，框架出這座城市不算大的核心，所有的重要景點幾乎都以霍夫堡為中心，環繞座落於它的四周，使得維也納非常適合徒步旅行。

不論怎麼安排，①**聖史蒂芬教堂**都是最好的起點，這座屋頂上裝飾著哈布斯堡家族雙鷲標誌的教堂，可說是維也納的地標和守護者。教堂廣場通往②**格拉本大街**，紀念品店、咖啡館、餐廳林立，沿著大街直走就能通往③**霍夫堡皇宮**。走出皇宮，④**國立美術館**和⑤**自然史博物館**在泰瑞莎雕像旁如雙胞胎般對稱聳立，哈布斯堡家族的歷史於此暫時畫下句點，開始進入維也納的藝術世界，到⑥**博物館區**的裝置藝術座椅和露天咖啡館，感受悠閒的藝術氣息。

沿著馬路往東南方走，就是展示著克林姆畫作的⑦**分離派會館**，旁邊的⑧**中央市場**可以一窺當地人的日常生活。

逛完市場，來到頂棚壁畫驚人的⑨**卡爾教堂**，搭電梯登上塔頂可近距離欣賞壁畫和城市景觀。卡爾教堂對面的⑩**音樂協會大樓**是古典樂迷不可錯過的天堂，最後抵達⑪**維也納國家歌劇院**，欣賞新文藝復興風格的建築外觀。

距離：2.5公里
所需時間：約1.5小時

內城區Innere Stadt

MAP ▶ P.73E2

聖史蒂芬教堂

MOOK Choice

Stephansdom

全球第二高的哥德式尖塔建築

掃地圖

🚇搭乘地鐵U1、U3號線在Stephansplatz站下車，步行約2分鐘可達。 🏠Stephansdomplatz 3 ☎(01) 515 52 3054 ⏰教堂：週一至週六6:00~22:00、週日和假日7:00~22:00；南塔：9:00~17:30；北塔9:00~17:30。 💲教堂導覽行程€6、地下墓園€6、北塔電梯€6、南塔階梯€5.5；全覽票成人€20，兒童€5 🌐www.stephanskirche.at

　　聖史蒂芬教堂是維也納的地標，高達137公尺，是全球第二高的哥德式尖塔教堂，僅次於德國科隆大教堂。

　　教堂歷經了數代整修，外觀大門與南北雙塔建於13世紀，屬於羅馬式建築；教堂內的中堂、唱詩班、兩旁的走道都是14~15世紀增建，還包括聳立於維也納天際線的哥德式尖塔。最特別的是教堂屋頂的琉璃瓦，尤其是拼成哈布斯堡王朝頭頂金冠、身配金羊毛勳章的雙頭鷲徽章。

　　教堂內部極盡繁複精美，包括主祭壇、皮格拉姆製作的傳教壇、描述聖母和基督一生的祭壇，都值得細細觀賞。體力許可的話，可以由教堂南面Sudturm登上尖塔頂，共計343級台階。

　　這座教堂甚少遭受戰火波及，除了1683年土耳其兵臨城下及1809年拿破崙破城而入之外，最大的損害是1945年二次大戰結束前幾天，遭砲火襲擊的教堂屋頂損傷慘重，整修的經費由奧地利9個聯邦州共同籌組，所以教堂等於是奧地利戰後全民重整的精神象徵。

內城區Innere Stadt

MAP ▶ P.72D2

格拉本大街

MOOK Choice

Graben

護城河變身美麗街道與廣場

🚇搭乘地鐵U1、U3號線在Stephansplatz站下車,步行約2分鐘可達。

掃地圖

　　維也納最漂亮的大街,擁有高級的精品店、名家設計的建築、宏偉壯麗的紀念柱,還有擠滿路旁的露天咖啡座、麵包與起司攤販,很難想像這裡過去是護城河,1225年之後才被填平成為廣場,18世紀的王宮貴族都在此舉辦各式活動。

　　街上有一座巴洛克式紀念柱──鼠疫災難紀念柱(Pestsäule),是為了感謝上帝遏止17世紀流行的鼠疫而建。當時的奧皇李奧波德一世(Leopold I)決定蓋一座還願柱獻給三位一體的聖神,於是紀念柱呈現了三神像與皇帝的跪拜像,旁邊一位天使把象徵鼠疫的老嫗推向地獄,紀念柱旁邊的塑像即是李奧波德。

內城區Innere Stadt

MAP ▶ P.72D2

黃金購物廣場

Goldenes Quartier

奢華流行中心

🚇搭乘地鐵U1、U3號線在Stephansplatz站下車,步行約4分鐘可達。 🏠Tuchlauben 3~7A, Bognergasse, Seitzergasse ⏰週一至週六10:00~19:00,週六10:00~18:00;週日休。 🌐goldenesquartier.com

掃地圖

　　維也納的奢華流行中心,占地約達11,500平方公尺,廣場上佇立著一座座外觀典雅華麗的建築,裡頭齊集各家精品名牌,囊括Louis Vuitton、Valentino、Prada、Emporio Armani等名牌旗艦店,無疑是奧地利的流行發信地。區域內更有改建自舊銀行的五星級飯店Park Hyatt Vienna,以及高級辦公空間和公寓等設施,集結時尚購物、住宿與辦公機能,成為維也納最強的商業中心。

內城區Innere Stadt

MAP ▶ P.73E3~E5

克爾特納大街

MOOK Choice

Kärntnerstrasse

繁華購物要道

掃地圖

🚇搭乘地鐵U1、U3號線在Stephansplatz站下車,步行約1分鐘可達。

　　與格拉本街並列為維也納著名的商店街,有精品店、餐廳、紀念品店及露天咖啡

座,觀光客在此川流不息,想買紀念品的人,在這條街上絕不會空手而返,像是手工精細的十字繡或栩栩如生的陶製人偶等;喜歡喝咖啡的人,也有瀰漫咖啡香的平價咖啡豆店,可以大肆採購。

內城區 Innere Stadt

MAP ▶ P.72C3~D4

霍夫堡皇宮

MOOK
Choice

Hofburg

哈布斯堡王朝輝煌700年

掃地圖 ⊞ 搭乘地鐵U3號線在Herrengasse站下車，步行約4分鐘可達聖米歇爾廣場。 ⏺ Michaelerkuppel ⓦ www.hofburg-wien.at

　　霍夫堡皇宮是奧匈帝國的統治核心，也是統治奧匈帝國長達700年的哈布斯堡王朝駐在地，更是19世紀曾經在文化政經上撼動歐陸的焦點。

　　皇宮約有18棟建築物、超過19個中庭和庭園、2,500間以上的房間，是名符其實的深宮內苑；由於每位統治者或多或少都進行過擴建，因此結構也反映了這7世紀間的建築風格轉變。主要建築由新、舊皇宮等大小宮殿組成，占地廣達24平方公里，大致分為舊王宮、新王宮、阿爾貝蒂納宮、瑞士宮(Schweizerhof)、英雄廣場等；瑞士宮、宰相宮、亞梅麗亞宮等屬於舊王宮，裡面目前設置了西西博物館、皇帝寢宮、銀器館、西班牙馬術學校等；新王宮裡面則坐落著國立圖書館和5間博物館。

　　皇宮過去是皇室居住的地方，裡面仍然保留著最後一任皇帝法蘭茲約瑟夫與其妻伊麗莎白的寢宮、皇室的辦公室、宴會廳及皇室禮拜堂等。其中最古老的是瑞士宮，建於13世紀，在15~16世紀以文藝復興式風格增建，門口是紅藍相間、色彩鮮豔的「瑞士人大門」；最晚興建的是新王宮，完成於19世紀中後期。

聖米歇爾廣場 Michaelerplatz

聖米歇爾廣場位居皇宮北側，由諸多知名建築所圍繞，廣場上最耀眼的當屬聖米歇爾門(Michaelertrakt)，右側的雕像象徵奧地利軍隊、左側象徵奧地利海軍軍力，分別由Edmund von Hellmer與Rudolf Weyr所設計。與其對望的是維也納第一棟現代化建築Looshaus。

宰相宮與亞梅麗宮 Reichskanzleitrakt & Amalienburg

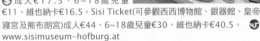

📍 Michaelerkuppel ☎ (01) 533 75 7015 🕐 9:00~17:30 💲 成人€17.5、6~18歲兒童€11、維也納卡€16.5。Sisi Ticket(可參觀西西博物館、銀器館、皇帝寢宮及熊布朗宮)成人€44、6~18歲兒童€30、維也納卡€40.5。 www.sisimuseum-hofburg.at

◎皇帝寢宮Kaiserappartements

1723年由巴洛克著名建築師所建的宰相宮，原為瑪麗亞泰瑞莎的宰相所居住，後來在1857~1916年，二樓變成法蘭茲約瑟夫的皇帝寢宮；旁邊是亞梅麗宮，早先是皇室中未亡的妃子寢宮，1854~1898年成為法蘭茲約瑟夫的皇后伊麗莎白——暱稱「西西」的寢宮。現在開放其中21間房間，分為三個陳列室：皇帝寢宮、西西博物館(位於亞梅麗宮)和銀器館。其中，最受歡迎的是西西博物館，可以看到大理石的小聖壇、路易十四的傢俱、名畫作品，還有機會端詳西西的畫像，看看這位備受奧地利人愛戴的皇后，是否真的美若天仙。

◎西西博物館Sisi Museum

美麗動人、受人民景仰的西西皇后，二八年華時即嫁給

由德國畫家溫德爾哈爾特(Franz Xaver Winterhalter, 1805~1873)繪於1865年，畫像中的伊麗莎白當時為28歲，身著白色洋裝、髮上配戴星鑽裝飾，留存下西西皇后最美麗的身影，目前收藏於西西博物館。

法蘭茲約瑟夫一世，內心自由奔放的靈魂受宮廷傳統而禁錮，最後遭逢刺殺，結束了美麗而哀愁的一生，故事性的際遇留給後世無窮想像，也因此有了這間博物館的誕生。

博物館收藏有許多珍貴的畫作、遺物與服飾，每個展館依西西皇后的生活階段精心打造；皇后的盥洗室內有一整套的健身器材，據說，「西西」皇后每天都要從事一系列的活動，包括體操、按摩、步行、騎馬等，所以，她一直保持著輕盈苗條的體態。這些展示投射出其內心世界，反映出她對繁瑣的宮廷禮儀的反抗，對瘦身、體操運動的狂熱，對其秀髮極盡呵護以及對詩歌的熱愛，刻畫出她真實而全面的樣貌。

◎銀器館Silberkammer

從廣場右側進入，這個展覽館於1995年開放，館中陳列了當年皇帝國宴時使用的餐具，包括中國的瓷器、義大利的銀器、法國宮廷的餽贈，精緻程度令人目不暇給。

西班牙馬術學校 Spanische Hofreitschule

🏠Michaelerplatz 1　📞(01) 533 90 31　🕐09:00~16:00，週五有夜間表演時開放至19:00，1月~2月週一休。晨訓為每週二~五10:00~11:00，詳細時間請上網查詢。　💲晨訓成人€16~27、兒童€9~16、維也納卡€14、表演€30~150。　🔗www.srs.at

1572年哈布斯堡王朝創立的最古老的馬術訓練學校，哈布斯堡王朝從1562年開始引進西班牙純種馬(因此稱為西班牙馬術學校)，培養出極為優秀的馬種，並在皇宮中開闢馴馬場，訓練高級的騎術，現在冬季馬場內常常都有例行的馴馬與精湛的馬術表演活動，表演全程約80分鐘，是全球屬一屬二的馬術訓練學校。

瑞士人大門 Schweizertor

這座紅底藍橫紋的門是舊王宮的正門，建於1522年，瑞士門上方是金色的哈布斯堡雙鷹家徽。取名瑞士人大門係因中世紀時，許多王宮都喜歡讓剽悍又忠誠的瑞士人把守城門，哈布斯堡王朝當然也不例外。

皇家寶物 Kaiserliche Schatzkammer

📞(01) 525 24-0　🕐週三~週一9:00~17:30；週二休。　💲成人€14、持維也納卡€13、19歲以下免費。　🔗www.kaiserliche-schatzkammer.at/en

皇家寶物的入口就位在瑞士人大門附近，展示著哈布斯堡及洛林家族的珍貴收藏，帶領觀者走入歐洲千年歷史的風華。館藏分為世俗與教會兩部分，前者展出華麗璀璨的王冠、寶石，後者則展出以巴洛克時期為主的宗教畫與祭壇。

宮廷花園 Burggarten

位於阿爾貝蒂納宮西側、新王宮的南側，昔日是皇室漫步的花園，如今成為維也納市民假日最佳的休閒場所，經常可見一家人或親朋友好前來野餐、約會，充滿熱鬧溫馨的氣息。花園中還有一座莫札特的雕像，前方的花壇以色彩繽紛的花朵妝點著音符的記號。

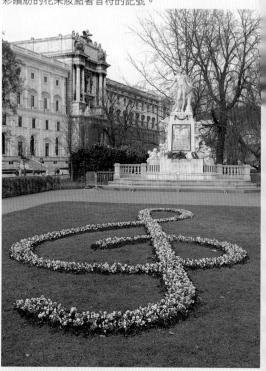

英雄廣場 Heldenplatz

從環城大道進去，首先會看到氣派非凡的廣場，騎馬聳立於皇宮前的雕像是19世紀時擊潰土耳其的英雄歐根親王(Prinz Eugen von Savoyen)，對面那位則是成功抵禦拿破崙的卡爾大公爵。

皇宮小教堂 Hofburgkapelle

週一至週二11:00~14:00、週五11:00~13:00，假日不開放。

進入瑞士人大門、穿過庭院，可以參觀皇宮小教堂，現在這裡是舉辦婚禮的熱門地點。值得推薦的是旁邊的宮廷樂室(Hofmusikkapelle)，這裡是維也納少年合唱團的搖籃，現在每逢週日9:15(9月中旬到6月)或宗教節日，維也納少年合唱團都會在此唱詩歌。有機會的話，可以免費來聆聽天籟般的歌聲。

新王宮 Neue Burg

Josefsplatz 1　(01)534 10　週二至週日10:00~18:00(週四延長至21:00)；10月~5月週一休。　國家大廳成人€10、優待票€7.5、持維也納卡€8；文學博物館成人€8、優待票€5.5、持維也納卡€6.5；地球、紙莎草、世界語三館聯票成人€5、優待票€4、持維也納卡€4.5。　www.onb.ac.at/en

新王宮是法蘭茲約瑟夫一世於1881年重建的，這座半圓形的新文藝復興式建築相當宏偉，二樓有一整排的廊柱，底層是栩栩如生的雕塑，是法蘭茲在哈布斯堡王朝留下的美麗句點。這些雕塑中有古奧地利民族、古羅馬兵團、日爾曼人、傳教士、斯拉夫人、十字軍士兵等，象徵組成奧地利歷史的元素。

新王宮裡目前規劃出5間博物館，包括國家大廳(State Hall)、文學博物館(Literature Museum)、地球博物館(Globe Museum)、紙莎草博物館(Papyrus Museum)和世界語博物館(Esperanto Museum)。其中的紙莎草博物館展出回溯到西元前15世紀的18萬件古文書。

◎國家圖書館 Nationalbibliothek

歷史非常悠久的國家圖書館規模相當大，也坐落在新王宮裡，其中遊客參訪的國家大廳，內部是木雕的天花板，氣派的大理石石柱、鑲金的裝飾，非常金碧輝煌，裡面有高達230萬冊的藏書，包括近4萬份的手稿，以及許多音樂家親筆填寫的樂譜。館內定期舉辦主題展，介紹館藏的珍貴善本書和手稿，非常值得一看。

奧古斯特教堂 Augustinerkirche

Augustinerstrasse 3　(01) 533 70 99　週一、三、五7:30~17:30，週二、四7:30~19:15，週六、日9:00~19:30。　www.augustinerkirche.at

位於約瑟夫廣場旁的奧古斯特教堂是哈布斯堡家族舉行婚禮和進行彌撒的皇室教堂，其中包括法蘭茲約瑟夫與伊麗莎白公主(後被暱稱為西西皇后)。最初興建於14世紀，屬於霍夫堡中最古老的一部分，擁有哥德式的挑高拱頂。最引人注目的是位於右邊側廊的大理石金字塔墓，1805年阿爾貝特公爵替他的妻子瑪莉亞．克莉詩汀而建，一群哀傷的送葬者走進開放的入口，然而瑪莉亞．克莉詩汀卻並未真正下葬於此。此外，這裡也是哈布斯堡家族的心臟納骨堂所在，裡頭共有54個銀壺收藏著多位皇帝的心臟。

阿爾貝蒂納宮 Albertina

⌂Albertinaplatz 1 ☎(01) 534 83-0 ◷10:00~18:00(週三、週五延長至21:00)。 💲成人€18.9、19歲以下免費、持維也納卡€14。
🌐www.albertina.at

　　阿爾貝蒂納宮屬於霍夫堡皇宮的一部分，自成獨立的建築體，如今成為對外開放的畫廊，既是氣派的昔日帝國皇室居所，更是收藏豐富的藝術殿堂。這裡所收藏的書寫藝術品，可說是世界之最，共有6.5萬幅畫、3.5萬冊藏書、約一百萬本印刷品，還有1920年收集的前奧匈帝國圖書館的版畫，以及魯道夫二世向藝術家後代收購而來的著名雕刻與畫作。

　　阿爾貝蒂納宮的名稱來自於收藏者阿爾貝特公爵(Albert of Saxe-Teschen, 1738~1822)，自從公爵和瑪莉亞‧泰瑞莎的女兒瑪莉亞‧克莉詩汀(Marie Christine)結婚後，收藏更增加許多。它的收藏從哥德時期、文藝復興時期、經典現代藝術到當代藝術創作，包括繪畫、圖像、版畫、書寫藝術、雕塑等，大師從杜勒、米開朗基羅、盧本斯、林布蘭、克林姆、席勒、莫內、畢卡索到安迪沃荷、安塞爾姆基佛等，無所不包，喜歡藝術的人，恐怕待在裡面一整天也出不來。

　　阿爾貝蒂納宮是歐洲收藏最多現代藝術畫家作品的美術館之一，印象派和後印象派，還有德國的表現主義派、1920年代興起的新即物主義派以及俄羅斯前衛(Avant-garde)現代藝術等，以及奧地利藝術家作品。

　　此外，宮內並開放20間廳室供大眾參觀，包括華麗的宴會廳、黃金廳、Wedgwood骨瓷廳等，和展出品同樣吸睛。

杜勒名畫《野兔》

　　德國畫家杜勒(Albrecht Dürer, 1471~1528)繪於1502年的水彩畫《野兔》(Feldhase，英文名The Hare)，以客觀的科學觀察精神，將野兔的神韻與姿態捕捉下來，極其精密細膩的線條如照片般寫實，是他最出名的傑作之一。目前和另一幅名畫《祈禱的手》(Betende Hände，英文名Praying Hands)同樣收藏於阿爾貝蒂納宮。

內城區Innere Stadt

MAP ▶ P.72D2

安郝夫教堂

Kirche am Hof

見證神聖羅馬帝國的瓦解

掃地圖

🚇搭乘地鐵U3號線在Herrengasse站下車，步行約3分鐘可達。 🏠Schulhof 1 ☎(01) 533 83 94 🕐平日8:00~12:00、16:00~18:00，週日16:00~18:00。

　　位於舊市區的安郝夫廣場旁，與廣場上的聖母紀念碑迎面相對，安郝夫教堂宏偉的建築立面頂端，聳立著一尊尊造型可愛的小天使，掩飾著這座教堂大部份出現於14世紀的結構。教堂內部有著哥德式的拱頂，以及許多後期添加的大量裝飾，不過真正讓這間教堂聲名大噪的，是它在1806年因為拿破崙佔領維也納，而讓神聖羅馬帝國皇帝法蘭茲二世在此露台宣布帝國從此瓦解。

內城區Innere Stadt

`MAP ▶ P.72D4`

卡普欽修會教堂

Kapuzinerkirche

哈布斯堡皇室的墓園

掃地圖

搭乘地鐵U1、U3號線在Stephansplatz站下車，步行約5分鐘可達。 Tegetthoffstraße 2 ☎(01) 512 68 53~88 教堂7:30~19:00；皇室墓園10:00~18:00。 $教堂免費，皇室墓園全票€8.5、18歲以下兒童€5。 www.kaisergruft.at

這棟外觀樸素的教堂由卡普欽修會創立於1617年，門口左側手持十字架的巨型雕像正是教堂的守護聖人。卡普欽修會教堂自1633年起成為哈布斯堡家族的墓園，在長達3個世紀的使用歷史中，位於地下室的皇室墓園(Kaisergruft)共容納了12位皇帝、17位皇后及數十位皇太子、大公的遺體，但其中並不包括末代皇帝卡爾一世。

這些靈柩中最顯眼的要屬瑪莉亞‧泰瑞莎女皇及其配偶的棺木，上方裝飾著華麗的巴洛克浮雕，夫妻兩人的雕像端坐上方彼此深情凝視，他們的孩子約瑟夫二世長眠於一旁。法蘭茲約瑟夫皇帝於1916年下葬於此，他的妻子伊麗莎白在1898年於日內瓦遭到暗殺後也安置在他身邊，至今仍有人到此為他們獻花。

哈布斯堡家族葬儀

面對族人的去世，哈布斯堡家族習慣將人的遺體分成三個地方下葬，他們先將往生者送往奧古斯特教堂，取出內臟與心臟分別放置於青銅匣和銀壺中，心臟放置於奧古斯特教堂的心臟禮拜堂(Herzgruft)中，內臟送往聖史蒂芬教堂的地下墓穴保存；遺體在聖史蒂芬教堂完成葬禮儀式後，移至卡普欽修會教堂長存。

內城區Innere Stadt

MAP ▶ P.72D2

聖彼得教堂

MOOK Choice

Peterskirche

內部裝飾華麗充滿戲劇性

🚇搭乘地鐵U1、U3號線在Stephansplatz站下車,步行約3分鐘可達。 🏠Petersplatz ☎(01) 533 64 33 🕐週一至週五8:00~19:00,週六、日和假日9:00~19:00。 💲免費 🌐www.peterskirche.at

這座綠色橢圓形圓頂的教堂位於格拉本大街延伸而出的小廣場上,擁有「環城大道內最美麗的巴洛克式教堂」的美譽,最初的歷史可回溯到西元9世紀卡爾大帝時期,不過教堂的興建歷史漫長,直到1733年才正式落成。

教堂內部裝飾華麗,高大的巴洛克式側道和採用偽眼法的頂棚繪畫,替聖彼得教堂的高度帶來戲劇性的效果。不過教堂內最引人注目的藝術品,還是位於華麗鍍金講道壇對面的St. John of Nepomuk雕刻,出自Lorenzo Matielli之手,描述聖約翰被幾名捷克惡霸拋下布拉格查理大橋的情景。

內城區Innere Stadt

MAP ▶ P.73E2

丁形廣場
Stock-im-Eisen-Platz
製鎖學徒插鐵釘傳說

掃地圖

🚇搭乘地鐵U1、U3號線在Stephansplatz站下車，步行約1分鐘可達。

位於聖史蒂芬廣場、格拉本大街、克爾特納大街的交會處，據說過去要到德國學製鎖的學徒路過此處，都會在這裡插一根鐵釘，因此而得名。

廣場旁有一座哈斯大廈(Haas-Haus)，於

1990年由奧地利建築師霍連恩(Hans Hollein)所設計完成，這棟由玻璃與大理石組成不規則外型的建築物，恰巧與對面的聖史蒂芬教堂大異其趣，當時完成後，曾經引起維也納人的公憤，不過，現在維也納人也慢慢接受衝突的美感了。

內城區Innere Stadt

MAP ▶ P.72C1

費爾斯特宮
Palais Ferstel
古典風格拱頂購物街道

掃地圖

🚇搭乘地鐵U3號線在Herrengasse站下車，步行約2分鐘可達。 🏠Strauchgasse 2-4, Herrengasse 14, Freyung 2 🌐www.ferstel-passage.at

費爾斯特宮的歷史可追溯至1651年，現今的樣貌由奧地利建築設計師Heinrich von Ferstel所打

造，於1860年開始啟用，作為奧匈帝國的國家銀行與證券交易所之用，更設有中央咖啡廳、沙龍與交際舞廳，成為上流社會的社交場合。

宮內的拱廊現在成為富有華麗歷史風的購物街道Ferstel Passage，巧克力專賣店、咖啡廳、小型商店林立，可以盡情享受歐風購物樂趣。漫步至中庭可欣賞到優雅的多瑙河人魚噴泉(Donaunixenbrunnen)，底層是三位愉悅起舞的美人魚，中層造有商人、漁夫及造船者，最頂端則站立了手持小魚的多瑙河女性，沐浴於從天井灑落的自然光中，格外優美。

內城區 Innere Stadt

MAP ▶ P.73E1

尼哈特濕壁畫博物館

Neidhart Fresken

中世紀市民生活的古老壁畫

掃地圖

🚇 搭乘地鐵U1、U3號線在Stephansplatz站下車，步行約6分鐘可達。 🏠 Tuchlauben 19 ☎ (01) 535 90 65 🕐 週二至週日、假日10:00~13:00、14:00~18:00；週一、1月1日、5月1日、12月25日休。 💲 成人€5、學生和維也納卡€4、19歲以下免費。 ⊕ www. wienmuseum.at

外觀毫不起眼的公寓，在1979年因為整修而發現了一幅裝飾著昔日儀式廳、歷史回溯到西元1400年左右的壁畫，由於它是維也納目前發現最古老的世俗壁畫，因而誕生了這間迷你博物館。

壁畫題材來自12~13世紀傳奇遊唱詩人Neidhart von Reuentha的歌曲，內容描述中世紀的小市民生活，包括工作、節慶、婚禮等，甚至有些男女調情等在當時歸類為略顯「粗俗」的場景描述。由於公寓大門有時會關閉，因此參觀者不妨尋找入口處的博物館門鈴，要求服務人員開門。

內城區Innere Stadt

MAP ▶ P.73E1

音樂之鐘

Ankeruhr

人偶伴隨音樂現身整點報時

掃地圖

🚇搭乘地鐵U1、U3號線在Stephansplatz站下車,步行約5分鐘可達。 🏠Hoher Markt

　　這座音樂鐘每逢整點報時,會隨著鐘聲出現奧地利歷史人物的人偶,1點出現一個、2點出現兩個,中午12點會出現12個人偶一起報時,觀光客紛紛聚集在此,屏氣凝神等待人偶一一現身,每個人偶現身時伴隨的都是那個時代的音樂。

　　這座由青銅和銅作成的時鐘,就位於連接安卡保險公司兩棟大樓間的迴廊上,在1911年由安卡保險公司委託法蘭茲・瑪丘(Franz Matsch)所設計,出現的人偶有羅馬皇帝、聖史蒂芬教堂建築師、吟遊詩人、維也納市長、打敗土耳其的英雄、瑪麗亞・泰瑞莎、海頓等人,背景音樂也從十字軍東征的號角聲,一直變換到海頓的交響曲。

內城區Innere Stadt

MAP ▶ P.73F2

美麗的燈街

Schönlaterngasse

傳奇色彩的可愛小巷

掃地圖

🚇搭乘地鐵U1、U3號線在Stephansplatz站下車,步行約10分鐘可達。

　　這條洋溢著巴洛克情調的蜿蜒小巷通往聖十字堂(Heiligenkreuzer Hof),在中世紀原被稱作「聖十字紳士街」,在1780年才正式取名為美麗的燈街,其名稱的由來源自6號地址上的街燈,原物收藏在維也納博物館(Wien Museum),現在上頭所設置的為1971年製作的複製品。

　　燈街上最知名的建築就位在街燈正對面,壁面上的壁畫描述著當地廣為流傳的傳說:據說1212年6月26日的早晨,在原為麵包坊的現址井中,發現了能以眼神致人石化的翼蜥(Basilisk),正當群眾不知所措之時,麵包師傅勇敢地將鏡子對向井口,最後終於順利地讓牠石化,牆上的文字與壁畫分別製於1577年及1932年,記錄著這位少年的英勇功績。在小巷中還有多處值得一看的建築,亦有多間餐飲店進駐其中,可享受美麗燈街上的浪漫用餐時光。

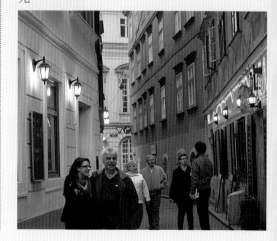

內城區Innere Stadt

MAP ▶ P.73F3

莫札特紀念館

Mozarthaus Vienna

費加洛婚禮的創作誕生地

掃地圖

🚇搭乘地鐵U1、U3號線在Stephansplatz站下車，步行約5分鐘可達。 ⬆Domgasse 5 ☎(01) 512 17 91 ⏰10:00~19:00 💲成人€12、學生和維也納卡€10、19歲以下€4.5。 🌐www.mozarthausvienna.at

位於隱密巷內的莫札特紀念館，又暱稱為「費加洛之家」，是莫札特1784~1787年的居所，這段期間是他經濟比較安定的時期，也因此譜出眾多樂曲，膾炙人口的《費加洛婚禮》(The Marriage of Figaro)就是在此時完成的。

目前幽靜的居所已經改建為莫札特紀念館，開放遊客參觀，裡面收藏了莫札特的樂譜、親筆信、肖像等。

內城區Innere Stadt

MAP ▶ P.72C1

修登修道院

Schottenstift

禱告傳教兼備的知識寶庫

掃地圖

🚇搭乘地鐵U3號線在Herrengasse站下車，步行約4分鐘可達。 ⬆Freyung 6 ☎(01) 534 98 ⏰修道院僅限週六導覽參觀、博物館週二至週六11:00~17:00，詳細時間請上網查詢或電洽。 💲修道院導覽€10起，博物館成人€8、持維也納卡€4。 🌐www.schotten.wien/stift

修登修道院創立於1155年，名稱原意為「蘇格蘭修道院」，當時亨利二世將住所搬到維也納，也帶來了愛爾蘭僧侶，不過他們並非來自愛爾蘭，而是來自德國的St Jakob's蘇格蘭修道院。當時的愛爾蘭僧侶活躍於傳教工作，他們在拉丁文中稱為「Scotia Major」，因此在德文中被稱為「修登」(Schotten)。修道院中至今仍保有一間私立高中，這些「修登」曾經影響了維也納大學的創立。

最初創立的羅馬式修道院於1276年的維也納大火中受損，1683年因為閃電導致塔樓崩壞，讓修道院有了重建機會，由於新建教堂的長度縮減，使得塔樓不再聳立於教堂邊，今日的巴洛克式西側塔樓是土耳其人圍城後重建的部份，至於面對Freyung路上的附屬建築則是1880年代整修的結果。

修道院中有一座博物館開放參觀，內部收藏15~19世紀的壁畫與祭壇畫，在這些傑作中，只有1470年的《Schottenmeisteraltar》是唯一一件晚哥 時期藝術的代表作，除此之外，它更擁有歷史價值，得以一探維也納的昔日城市風貌。

內城區Innere Stadt

MAP ▶ P.72D5

MOOK Choice

維也納國家歌劇院

Wiener Staatsoper

國際級大師的榮耀殿堂

掃地圖

🚇搭乘地鐵U1、U2、U4號線在Karlsplatz站下車，步行約3分鐘可達。 🏠Opernring 2 ☎(01) 514 44 2250 🕐每天下午約有兩場導覽行程(沒有排演時)，詳情請上網再確認。 💲導覽行程成人€9、學生€4。音樂會門票視內容而異。 🌐www.wiener-staatsoper.at

　　這是全球公認第一流的歌劇院，國際知名的作曲家、指揮家、演奏家、歌唱家、舞蹈家等，莫不以在此表演為畢生榮幸。每年有將近300場演出，包括古典歌劇中的所有劇目，最了不起的是：節目沒有一天是重覆的。

　　國立歌劇院屬於新文藝復興風格建築，1869年5月25日首場演出是莫札特的《唐‧喬凡尼》(Don Giovanni)，從此揭開璀璨的音樂聖殿時代。歌劇院平時開放遊客參觀，可以欣賞到內部豪華的樓梯、貴賓接待室及有14座著名作曲家半身雕像的藝術走廊。

在維也納聽音樂會

　　維也納以音樂之都聞名，來到這裡當然要接受世界頂尖樂團的洗禮。想參加音樂會，首先要到遊客服務中心索取免費的「Wien Programm」節目表，然後在印MV符號的音樂中挑選自己喜歡的音樂，再到遊客服務中心或購票中心(Bundestyeaten Kassen)買票。

　　如果是臨時起意，可以直接到音樂會場的票亭買票，如國家歌劇院大約在開幕前半小時(旅遊旺季時約2~3小時)，就可以排隊買剩餘票或站票。如果沒時間排隊，也不懂如何買票，可向戴著假髮、穿著像18世紀宮廷服飾的人詢問，他會一一講解兜售的音樂會內容及不同等級的票，最棒的是還可以殺價。

環城大道周邊Around Ringstrasse

MAP ▶ P.73E6

音樂協會大樓

MOOK Choice

Musikverein

一票難求的金色大廳

掃地圖

🚇搭乘地鐵U1、U2、U4號線在Karlsplatz站下車，步行約5分鐘可達。 🏠Bösendorferstraße 12 ☎(01) 505 86 81 ⏱英語導覽行程每天平均一~二梯次，詳情請上網查詢。 💲導覽行程成人€10、12歲以下免費。音樂會門票，視內容而定。 🌐www.musikverein.at

這棟文藝復興式建築可說是愛樂者的天堂，頂棚繪有阿波羅和 斯女神，裡頭有多個音樂廳，包括可容納1,745個座位的金色大廳（Goldener Saal），以及可容納601個座位的布拉姆斯廳(Brahms Saal)等，和國家歌劇院一樣都是維也納最受歡迎的音樂藝術表演殿堂，經常一票難求。

1867年由「音樂之友」(Friend of Music/ Gesellscheft der Musikfreunde)協會所創建的音樂協會大樓，是維也納愛樂管弦樂團(Wienen Philharnonkier Drehester/Veinna Philharmonie Orchesfra)和維也納莫札特樂團(Wienen Mozart Orchester)的總部所在，也是每年維也納元旦音樂會(Neujahrskonzert in Wien/ New Year's Concert in Vienna)舉行的地點。

音樂協會大樓裡最大的音樂廳，因為包廂是用塗上金箔的18根柱子所支撐，故稱為「金色大廳」，因為透過巧妙的建築原理，能夠讓聲音產生「黃金般的音色」，所以成為全世界音樂之友們最嚮往的地方。

維也納莫札特樂團Wienen Mozart Orchester

維也納莫札特樂團創立於1986年，由當代維也納最好的樂手組合而成，以莫札特的音樂和歌劇為主題，是世界上唯一固定在維也納國家歌劇院和音樂協會大樓兩大維也納藝術殿堂演出的專業樂團。

節目反映出18世紀末的氛圍，演出時，團員們會配合氣氛穿上古裝，讓聆聽者立刻融入莫札特所生長的時代。除了純粹聆聽音樂外，遊客也可以選擇晚餐加音樂會的套裝行程。

購票方式非常簡單，只要透過網站，即可清楚看到每天表演的內容、場地、價格，挑好自己喜歡的日期、場次和座位，先搶先贏。

🌐www.mozart.wien

環城大道周邊Around Ringstrasse
MAP ▶ P.73E6

卡爾廣場地鐵站

Karlsplatz Stadtbahn-Pavillons

分離派大師的代表作

掃地圖

🚇搭乘地鐵U1、U2、U4號線在Karlsplatz站下車，步行約3分鐘可達。 🏠Karlsplatz 1 ☎(01) 505 87 47 🕐10:00~13:00、14:00~18:00；週一休。💰成人€5、優待票€4，19歲以下免費；每月第一個週日免費。🌐www.wienmuseum.at

　這個地鐵站是19世紀末相當重要的作品，以玻璃和金屬組成的閣樓式建築可以看到分離派細膩的裝飾藝術功力，採用與克林姆相似的金黃色系，帶著世紀末的華麗與蒼涼。

　入口處的巴洛克風格花飾護板為奧圖華格納(Otto Wagner)以工廠成批生產後，再裝配到金屬架上，取代過去以手工來製造。地鐵站西側是奧圖華格納紀念館(Otto Wagner Pavillon Karlsplatz)，東側則是一間小咖啡館。

環城大道周邊Around Ringstrasse
MAP ▶ P.73E6

卡爾廣場
維也納博物館

Wien Museum Karlsplatz

羅馬時期至今的名家藝術品

掃地圖

🚇搭乘地鐵U1、U2、U4號線在Karlsplatz站下車，步行約6分鐘可達。 🏠Karlsplatz 8 ☎(01) 505 87 47 🕐週二至週日10:00~18:00；週一休。💰成人€10、優待票€7，19歲以下免費；持維也納卡€7；每月第一個週日免費。🌐www.wienmuseum.a　❗博物館目前關閉中，詳情請上官網確認。

　位於卡爾教堂右前方的卡爾廣場維也納博物館，外觀看來極不起眼，內部卻收藏了眾多源自羅馬時代的藝術品、日耳曼時期的盾牌、聖史蒂芬教堂的彩繪玻璃、熊布朗宮的建築藍圖、奧圖華格納的設計圖、克林姆和席勒等知名藝術家的畫作以及家具設計等。走一趟卡爾廣場維也納博物館，等於認識了維也納從羅馬時期一路演變至現代的歷史。

環城大道周邊Around Ringstrasse

MAP ▶ P.73E6

卡爾教堂

MOOK Choice

Karlskirche

華麗的巴洛克建築

🚇 搭乘地鐵U1、U2、U4號線在Karlsplatz站下車，步行約8分鐘可達。 🏠 Kreuzherrengasse 1 📞(01) 505 62 94 🕐 週一至週六9:00~18:00，週日及假日11:00~19:00。 💲 成人€9.5、優待票€7.5。 🌐 www.karlskirche.at

掃地圖

卡爾教堂是維也納最重要的巴洛克式建築，起建於1713年，當時的奧皇卡爾六世為了感謝鼠疫結束酬神而建。鼠疫流行時，卡爾六世曾立下重誓要蓋一座華麗教堂，獻給制服鼠疫的聖人聖查理波洛美(St. Charles Borromeo)，卡爾六世還公開競標，最後由當紅設計師埃拉什父子(Johann Bernhard Fischer von Erlach)取得設計資格，埃拉什的作品在維也納頗受歡迎，但他還來不及完成卡爾教堂就過世了，由他兒子接續完成。

卡爾教堂耗時25年，完成於1737年，長80公尺、寬60公尺、高72公尺，風格相當多元化，正面是古希臘神廟風格，在門口柱廊三角檐頂端的正是聖查理波洛美的雕像，兩個邊廂是義大利文藝復興風格，青色的圓頂類似中國的圓亭，最特別的是教堂兩旁的凱旋柱，靈感來自羅馬皇帝圖拉真的紀念柱，上方鏤刻著聖查理波洛美的一生行蹟。

教堂內處處都是名家傑作，祭壇上的浮雕是描繪聖查理波洛美死後上天堂，他踩著雲朵，有天使們伴隨。拱頂的壁畫繪於1725~1730年，這是畫家Johann Michael Rottmayr生前最後一件作品，同樣讚美著向三位一體祈求鼠疫消失的聖查理波洛美。內部設有一道賞景電梯能直達圓頂，可就近欣賞壁畫，還能爬上階梯前往頂端一探維也納市區風光。

MAP ▶ P.72D6

分離派會館

Secession

與古典分道揚鑣的藝術革新

掃地圖

🚇搭乘地鐵U1、U2、U4號線在Karlsplatz站下車，步行約5分鐘可達。 🏠Friedrichstraße 12 ☎(01) 587 53 07 🕐週二至週日10:00~18:00；週一休。 💲成人€12、優待票€7.5(含臨時展)，另有導覽行程請上網查詢。 🌐www.secession.at

　1898年，由一群對抗舊派建築師與宮廷貴族的藝術家所建，會館由奧布里希(Joseph Maria Olbrich)設計，大的特徵就是那顆金色圓頂，以一片片金色月桂葉組成。當時曾遭保守勢力取笑為「鍍金的大白菜」，白色四方形的會館外牆有淺浮雕花飾壁，立面飾有貓頭鷹與女妖美杜沙的頭像，三角楣上刻著分離派運動的主張：「每個時期都有它自己的藝術，藝術有它的自由」。

　分離派會館曾在二次大戰期間遭到破壞，於1973年才又翻新，內部有克林姆著名的壁畫展示，以及維也納新銳藝術家的作品展。

　關於分離派的運動，最為人所知的就是1902年的分離派第14屆藝展，這次展覽是分離派成員表現的顛峰，展覽主題是「天才音樂家貝多芬」，展出內容包括克林姆的壁畫、德國藝術家克林格(Max Klinger)的雕塑、建築師約瑟夫‧霍夫曼(Josef Hoffmann)的室內設計，還有音樂家馬勒(Gustav Mahler)改編了貝多芬第9號交響曲第4樂章，在揭幕式當天指揮演奏。目前遺留在分離派會館的只有克林姆的壁畫，至於克林格的雕塑現存於德國萊比錫音樂廳。

　克林姆於大廳的四面牆上繪製壁畫，總長度達34公尺，壁畫共有5個重點，分列於兩邊牆壁的上方：一是「渴望幸福」，以飛翔的人為象徵；二是「弱者的苦難」，跪在地上的夫妻哀求著全副武裝的騎士；三是「敵對力量」，畫著巨人迪飛(Giant Typhoeu)與3個蛇髮魔女(Gorgons)，他們象徵著疾病、瘋狂與死亡；第二道牆上繪著第4個重點：飛翔的人與彈豎琴的女人，象徵詩與音樂把人類帶向幸福；最後是一群婦女與天使唱詩班簇擁著一對夫妻，表現人類在藝術的殿堂中發現了喜悅、快樂與愛，這是從貝多芬第9交響曲「快樂頌」的大合唱中引申出來的：「愉悅而美麗的火花，親吻整個世界」。

維也納分離派

所謂「維也納分離派」開始於1897~1907年，由當時一群畫家、建築師、設計所組成，其中以建築師奧圖華格納為首，後來設計分離派會館的奧布里希就是華格納的學生，這位中年轉型的建築師，在建築史具有舉足輕重的地位，講究理性的「現代建築」就是從奧圖華格納手中建立雛形。

這群揭竿而起的藝術家包括奧圖華格納、克林姆等人，取名「分離派」有兩種意義，一是宣布與官方的藝術協會分道揚鑣，一是自外於奧皇法蘭茲約瑟夫塑造的復古主義。當時整個歐陸都延燒著對復古的反動潮流，後代通稱這時期的主張為「新藝術」(Art Nouveau)或「青年風格」(Jugendstil)。他們在建築上要求物品的結構、型態必須合理，所用材料要合乎邏輯，並提倡誠實的表現手法。

維也納分離派在這一波新藝術浪潮中具有更積極的創作企圖，決裂地背棄古典建築教條，洛斯(Adolf Loos)以簡單素樸的風格獨樹一幟，當時，極前衛的主張「裝飾是一種罪惡」也繼續影響後代建築師。

環城大道周邊Around Ringstrasse

MAP ▶ P.70B4

彩釉瓷磚大樓

Majolikahaus

分離派風格樓房

掃地圖

🚇 搭乘地鐵 U 4 號線在Kettenbrückengasse站下車，步行約1分鐘可達。 🏠Linke Wienzeile 38 & 40

這兩棟位於中央市場對街的公寓，於1899年由奧圖華格納所設計，最大特色是色彩鮮麗的彩釉瓷磚立面，非常典型地呈現維也納分離派在裝飾上的功力。位於38號的公寓(完成時間與分離派會館同年)，立面以女頭像、金棕櫚葉、金藤蔓裝飾，而40號則貼滿了紅花、綠葉、欄杆等彩釉瓷磚，構成兩幅美麗的圖案，立在街上分外亮麗搶眼。

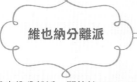

環城大道周邊Around Ringstrasse

MAP ▶ P.72C6

中央市場

Naschmarkt

物美價廉的食物採買天堂

掃地圖

🚇搭乘地鐵U1、U2、U4號線在Karlsplatz站下車，步行約5分鐘可達；或搭地鐵U4號線在Kettenbrückengasse站下車，步行約1分鐘可達。🚶從分離派會館前一路延伸到地鐵U4號線的Kettenbrückengasse站前。🕐各店家不一，大致週一至週五6:00~19:30、週六6:00~17:00；週日休。🌐www.naschmarkt-vienna.com

　距離分離派會館不遠處的中央市場，夾在兩條大道之間呈長條形，規模相當大，以販售豐富多樣的食品著稱，可以買到各種新鮮蔬果、醃製橄欖、鮮魚、烤雞、葡萄酒等。許多土耳其人或中國人都會在此販售傳統食物，如沙威瑪、中東烤雞等，便宜又味美。市場上還林立多間餐廳、咖啡館和啤酒屋，走道上設置露天座位，洋溢悠閒氣氛。

環城大道周邊Around Ringstrasse

MAP ▶ P.72C5

藝術學院附設藝廊

Akademie der bildenden Künste Wien

MOOK Choice

培育知名畫家的搖籃

🚇搭乘地鐵U1、U2、U4號線在Karlsplatz站下車，步行約6分鐘可達。🏠Schillerplatz 2 ☎(01) 588 16 2201 🕐10:00~18:00；週一休。💲成人€9、25歲以下學生€5、19歲以下免費、持維也納卡€6。🌐www.akademiegalerie.at

掃地圖

　位於分離派會館後方，這棟龐大的新文藝復興式建築於1876年由建築師Theophil von Hansen設計，大門正對著德國著名詩人兼劇作家Johann Christoph Friedrich von Schiller的雕像。

　藝術學院創立於1692年，目的在於維護傳統、培育優秀的藝術人才，因為得到拿破崙一世的資助，成為奧地利著名的藝術教育機構，許多奧地利知名的畫家均畢業自該校，包括分離派精神人物克林姆和表現主義代表者席勒，就連希特勒也曾報考此校。

　藝術學院內附設一座小型藝廊，展出昔日教材繪畫以及畢業生作品，收藏從14世紀橫跨到19世紀，最引人注目的包括波希的三聯祭壇畫《最後的審判》，由左到右分別描繪《樂園》、《地獄》以及《最後的審判》的情景，筆法幽默獨特。其他大師級作品還包括林布蘭、提香和波提切利等人。

環城大道周邊Around Ringstrasse

MAP ▶ P.72A6~B5

瑪莉亞希爾夫大道

Mariahilfer Strasse

維也納規模最大的購物街

掃地圖

🚇搭乘地鐵U2號線在Museumsquartier站下車，步行約1分鐘可達；亦可搭乘地鐵U3、U6號線在Westbahnhof站下車，步行約2分鐘可達。🌐www.mariahilferstrasse.at

一路從博物館區延伸至近郊Penzing的瑪莉亞希爾夫大道，總計超過3公里的規模使其名列維也納最長的購物大街，中間以Mariahilfer Gürtel為劃分，靠近內城區與外側的路段分別稱為裡、外瑪莉亞希爾夫大道，其中以長達1.8公里的裡瑪莉亞希爾夫大道上店家最為集中，寬敞的道路兩側集結數以百計的商店、百貨及餐廳，流行服飾、人氣美食與咖啡廳、繽紛家飾等一應俱全，可以逛上一整個下午。

環城大道周邊Around Ringstrasse

MAP ▶ P.70B3

感恩教堂

Votivkirche

哥德式雙塔高聳入雲

掃地圖

🚇搭乘地鐵U2號線在Schottentor站下車，步行約5~7分鐘可達。🏠Rooseveltplatz 8 ☎(01) 406 11 92 ⏰博物館週二至週五15:00~17:00；週六14:00~17:00；週日、週一休，需事先預約。💶成人€8、優惠票€7，14歲以下兒童免費。🌐www.votivkirche.at

感恩教堂又稱為「雙塔教堂」，完成於1879年，由費茲斯特(Heinrich von Ferstel)所設計，擁有兩座獨特的哥德式尖塔，裡面的禮拜堂供奉著奧地利的聖人與戰爭英雄，其中最重要的是一名對抗土耳其的將軍Niklas Slam的石棺。

話說1853年2月18日，奧皇法蘭茲·約瑟夫一世(Franz Josef)在附近散步時遇上刺客，危急之際，一名路過的屠夫當場制服刺客救了奧皇一命。為感謝上帝拯救皇帝的恩典，奧皇的弟弟費迪南大公開始籌資興建教堂，這就是感恩教堂的由來。

環城大道周邊Around Ringstrasse

MAP ▶ P.72C4

維也納藝術史博物館

Kunst Historisches Museum Wien

哈布斯堡家族藝術寶庫

掃地圖

🚇搭乘地鐵U2號線在Museumsquartier站下車，步行約3分鐘可達。 ⚲Maria-Theresien-Platz ☎(01) 525 24 2500 ⏰週二~日10:00~18:00(週四延長至21:00)。 💰成人€21、優待票€18、19歲以下免費；持維也納卡€20。 🌐www.khm.at

這是全世界第四大藝術博物館，於1891年開幕，館裡陳列著哈布斯堡王朝數百年來的歐洲藝術珍品，完整地保留從古希臘、羅馬、埃及文化到文藝復興時期的雕塑與畫作，其中包括席勒、拉斐爾、提香等藝術家作品。

維也納藝術史博物館與對面的自然史博物館像是建築孿生子，都由建築師Gottfried Semper所設計，同屬新文藝復興式風格。館內大廳中央由一座階梯連結所有樓層；天花板上的壁畫由Mihály von Munkácsy所繪製，師法文藝復興時期風格；三角楣與石柱旁的繪畫則由克林姆兄弟Gustav與Ernst Klimt完成。走上2樓就是哈布斯堡王朝珍藏品的主要展示廳。

在「希臘羅馬館」裡，涵蓋了西元前3000年至1000年的瑪瑙、貝殼裝飾品與考古文物，其中包括來自塞普勒斯的Votive雕像、亞馬遜河石棺、Bacchanalibus的青銅桌，以及薩爾斯堡的Theseus馬賽克拼貼畫等。走進「雕刻裝飾藝術館」，最值得觀賞的是魯道夫二世(Rudolf II)的收藏，因為他在三十年戰爭(1618~1648年，歐洲北方新教與南方天主教聯盟的戰爭)的混亂中，把珍品從布拉格千里迢迢運往維也納。

「繪畫館」展示了利奧波德威西姆大公的重要收藏，這是17世紀他擔任尼德蘭(現在的荷蘭)首長時收集的1,400幅畫作，以文藝復興時期威斯畫派的作品為主，包括提香、維絡那、提托雷，以及布勒哲爾的《農民的婚禮》和《雪中獵人》；此外，也有15~17世紀法蘭德斯(今日比利時與法國東北邊)時期，魯本斯、林布蘭、梅維爾等人的作品。「埃及&中東館」的文物多是19~20世紀開挖出來的古王國時期遺跡，涵蓋了埃及象形字、壁畫、女神畫像、石棺等，約12,000件典藏。

MAP ▶ P.72B4

泰瑞莎雕像
Statue of Maria-Theresia

眾星拱月女皇至上

掃地圖 🚇搭乘地鐵U2號線在Museumsquartier站下車，或在地鐵U2、U3號線的Volkstheater站下車，步行皆約4分鐘可達。 ⓐMaria-Theresien-Platz

　　位於維也納藝術史博物館與自然史博物館之間，是德國雕塑家宗布什(Zumbusch)的作品，泰瑞莎女皇端坐在上方，在基座的群雕中，騎馬的是將軍、中間是首相，以高浮雕表現的16位人物中則有海頓與莫札特，象徵泰瑞莎全盛時期的風雲人物。

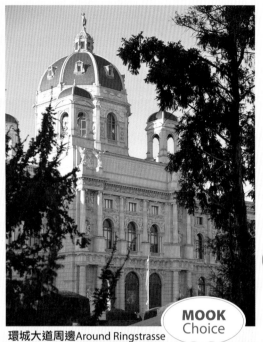

MAP ▶ P.72B4

MOOK Choice

維也納自然史博物館
Naturhistorisches Museum Wien

礦石與標本的豐富收藏

掃地圖 🚇搭乘地鐵U2號線在Museumsquartier站下車，步行約4分鐘可達；或在地鐵U2、U3號線的Volkstheater站下車，步行約2分鐘可達。 ⓐBurgring 7 ☎(01)521 77 0 🕐9:00~18:00(週四延長至20:00)；週二休。 💲成人€16、優待票€12、19歲以下免費；持維也納卡€12。 🌐www.nhm-wien.ac.at

　　博物館成立於1889年，館 的展出品原是位於霍夫堡皇宮與貝維德雷宮內、專供王公貴族把玩的自然收藏，在環城大道建立後，才將這些物品移出，置於此處。館藏以歷史文物、礦物學、古生物學、人類學、動植物學的化石與標本為主，分為6個展示區，包括全世界最大的人類頭蓋骨、重達100多公斤的黃玉原石、以1,500顆鑽石和1,200顆寶石打造的花束、約24,000年歷史的維納斯塑像，以及150年前的巴西鳥標本等。

MOOK Choice

維也納博物館區

MuseumsQuartier Wien(MQ)

小型藝術城中城

掃地圖

🚇搭乘地鐵U2號線在Museumsquartier站下車，或在地鐵U2、U3號線的Volkstheater站下車，步行皆約2分鐘可達。⚐ Museumplatz 1 ☎導覽行程諮詢與預約：(01) 522 31 15 💲除了個別門票外，亦有針對區內不同館廳組合的聯票，可上網查詢。🌐www.mqw.at

　　這是歐洲最大的博物館區，成立於2001年，佔地6萬平方公尺，規劃有藝術廳、劇院、美術館、建築中心、兒童博物館等，宛如一處綜合性的社區，提供了藝文音樂娛樂中心。整個博物館區由建築師Laurids與Manfred Ornter主導，設計成一座小型的都市，讓遊客親身體驗各種藝術的創作歷史與內涵。

維也納藝術廳 Kunsthalle Wien

☎(01)521 89 0 ⏰每日11:00~19:00(週四延長至21:00) 💲成人€8、優待票€6、19歲以下免費；持維也納卡€6。🌐www.kunsthallewien.at

　　蒐集國際當代作品，展現了橫跨各學科之間的藝術表現方式，尤其是擴大了20世紀以來快速發展的科技藝術，如攝影、錄影機、電影與實驗建築等。維也納藝術廳致力於陳列現代藝術與現代流行的風格，期望在摩登與傳統的藝術手法上提供一個連結空間。除了上述的幾個藝術展示重點，另外還有表演廳、音樂會、電影欣賞室等設備。

李奧波特藝術館 Leopold Museum

📞(01)525 70 0　🕐週三~週一10:00~18:00；週二休館。　💲成人€15、優待票€11、19歲以下免費；持維也納卡€12.5。　🔗www.eopoldmuseum.org

這棟挑高的藝術館，由眼科醫生李奧波特(Leopold)所建，展覽的全是他的收藏。進到館內，會發現所有照明都使用自然採光，背景顏色也是讓眼睛不會疲勞的大理石材，明亮柔和的光線讓人在欣賞畫作時更加舒適。

館中最精華的奧地利藝術家作品包括了全世界最大規模的席勒收藏，在多達38幅的席勒畫作中，包括了多幅《自畫像》及備受爭議的情色作品。館中另有克林姆的《死與生》以及Oskar Kokoschka的《坐著的少女》等名畫。

現代美術館 mumok (Museum moderner Kunst Stiftung Ludwig Wien)

📞(01)525 00 0　🕐10:00~18:00；週一休。　💲成人€15、優待票€11、19歲以下免費；持維也納卡€11。　🔗www.mumok.at/en

現代美術館的建築物本身就是一個傑作，立面由灰色的玄武岩築成，內部則以鑄鐵、玄武岩、鋼鐵、玻璃組成，極具未來感設計，館藏包括經典的現代主義作品、普普藝術、照片寫實作品、維也納行動主義，是中歐最大的當代藝術展示場。

兒童博物館 ZOOM Kindermuseum

📞(01)52 247 908　🕐8:30~16:00、週六週日9:00~16:30；週一休。　💲需上網登錄預約。　🔗www.kindermuseum.at

這是維也納第一個專為兒童設計的博物館，設有永久展示廳與全年度的活動空間，提供親子可以共同參與、探索的活動，並有一個給幼兒遊戲的區域稱為「海洋」。除了隨時變化的展覽，也設有許多小實驗室與工作室，讓兒童盡情玩樂、培養創意。

建築中心 Architekturzentrum Wien

📞(01)522 31 15　🕐每日10:00~19:00。　💲成人€9、優待票€7；持維也納卡€7。　🔗www.azw.at

這個地區每年約提供4到6次展覽，還有一些較小規模的展覽，分別以介紹建築的演變軌跡，以及新興的建築作品給一般民眾；其他還有建築講座、演講、建築導覽之旅、相關出版品等，建築中心內還附設一個圖書館。

MAP ▶ P.72C2

宮廷劇院

Burgtheater

世界級演員的表演榮譽殿堂

掃地圖

🚇搭乘地鐵U2號線在Schottentor站下車，步行約5~6分鐘可達。　Ⓖ Universitätsring 2　☎(01) 514 44 4545　🕐德文導覽行程（提供各國語言簡介）：每天15:00、週六週日11:00。（7~8月有英文導覽）。時間易有變動，請上網查詢確認。　💲導覽行程成人€8、學生票€4。音樂會門票視內容而定。　ⓌＷwww.burgtheater.at

　維也納號稱「音樂與戲劇的聖殿」，大小劇院分布在維也納各地，其中最著名的就是宮廷劇院。據說，宮廷劇院的德語是德語地區最標準的，有許多世界級的演員在此擔任客座演出，而能夠在宮廷劇院演出，就是對其藝術表現最高的評價。

　宮廷劇院原是泰瑞莎女皇於1741年所建，原址在聖米歇爾廣場。1888年之後，改建為現在的義大利文藝復興式建築，並躋身環城大道的其中一份子。宮廷劇院位於市政廳的正對面，入口上方的雕塑是「太陽神阿波羅與悲劇中的繆斯」。

MAP ▶ P.72B2

國會大廈

Parliament

古希臘建築風格的議會殿堂

掃地圖

🚇搭乘地鐵U2號線在Rathaus站下車，或搭地鐵U2、U3號線在Volkstheater站下車，步行皆約5~6分鐘可達。　Ⓖ Dr. Karl Renner-Ring 3　☎(01) 401 10-0　🕐英語導覽行程：平日10:45~15:45之間約每小時一梯次，導覽時長約55分，15:45最後梯次約85分鐘；週六10:45~15:45之間導覽時長約85分鐘，最後梯次為55分鐘；週日與公共假日休。　💲免費　Ⓦwww.parlament.gv.at

　現在是奧地利國民議會與奧地利聯邦議會所在地，1874年由建築師奧費爾・漢森(Theophil Hansen)設計，由於漢森在希臘雅典接收建築教育，為了象徵其民主來自希臘，他大量引用古希臘的建築風格，如立面使用柯林斯式柱頭，三角形的屋頂雕刻則是法蘭茲・約瑟夫一世(Franz Josef)向17個民族頒發憲法的場景。

　國會大廈原是哈布斯堡王朝的奧地利國會，在1919年奧地利共和國建立後，即成為共和國的國會，奧地利國會分為上議院與下議院，下議院每4年改選一次，真正主導法案訂立，上議院則由奧地利9個省份的代表組成。

　廣場前高達4公尺的噴泉雕塑由設計師卡爾・庫德曼(Carl Kundmann)所設計，噴泉雕塑的頂端矗立著象徵智慧的雅典娜女神，基座上的四尊塑像分別象徵奧匈帝國的四大河流——多瑙河、萊茵河、易北河、摩爾多瓦河。

環城大道周邊Around Ringstrasse

`MAP ▶ P.72A2`

奧爾斯佩格宮

MOOK Choice

Palais Auersperg

在宮殿聆聽

🚇 搭乘地鐵U2號線在Rathaus站下車，或搭地鐵U2、U3號線在Volkstheater站下車，步行皆約5~6分鐘可達。 🏠 Auerspergstraße 1 ☎(01)587 25 52 ⏰晚間20:15或20:30起。 🌐www.hofburgorchester.at

掃地圖

外觀平實、內部呈華麗巴洛克式的奧爾斯佩格宮，由熊布朗宮的主要設計師費雪(Johann Bernhard Fischer von Erlach)與盧卡斯(Johann Lukas von Hildebrandt)所設計。1754到1761年間，在此避冬的皇親貴族們每周固定在這裡舉辦音樂教室：1777年，奧爾斯佩格親王買下這座宮殿，1786年才開始以他的名字為這座宮殿命名，此後也常常成為舉辦重要音樂會的場所，包括演出莫札特的歌劇《伊多美尼歐》、海頓的《基督十架七言》等，可說與音樂的淵源深厚。

目前，奧爾斯佩格宮為維也納霍夫堡管弦樂團(Vienna Hofburg Orchestra)的表演基地之一，平常不對外開放，藉著聽音樂之便也能欣賞一下建築的內部。維也納霍夫堡管弦樂團由36位專職的音樂家和6位演唱家所組成，最擅長演繹約翰史特勞斯和莫札特的作品，每年五月到十月中，會固定在奧爾斯佩格宮、霍夫堡皇宮或維也納其它歷史建築裡演出，幾乎每天都有表演。部分曲目音樂家們也會穿著古裝登場，嘗試讓聆賞者感受哈布斯堡王朝時代的氛圍、場景。

環城大道周邊Around Ringstrasse

MAP ▶ P.72B1B2

市政廳

Rathaus

塔頂鐵人雕塑純手工打造

🚇搭乘地鐵U2號線在Rathaus站下車,步行約2分鐘可達。 📍Friedrich-Schmidt-Platz 1 ☎(01) 40 00 40 05 ⏱導覽行程:週一、三、五13:00。 💲免費。 🌐www.wien.gv.at

維也納市政廳建於1872~1883年,法蘭茲・約瑟夫一世(Franz Josef I)邀請德國建築師施密特(Friedrich von Schmidt)負責設計。這座新哥德式建築高達99公尺,據說因為不遠處的感恩教堂高達100公尺,基於不能高過對上帝敬意的原則,所以矮了1公尺。不過卻在建築尖塔頂端加上一尊「市政廳鐵人」雕塑,高3.4公尺,這座鐵人全副武裝、手持長矛,以純手工完成。

市政廳前的廣場全年舉辦各種活動,其中,以5月初的維也納藝術節與年終的音樂會最為精彩。

環城大道周邊Around Ringstrasse

MAP ▶ P.72B1

維也納大學

MOOK Choice

Universität Wien

人才輩出的德語教育聖殿

🚇搭乘地鐵U2號線在Schottentor站下車,步行約3分鐘可達。 📍Universitätsring 1 ☎(01) 4277 0 🌐www.univie.ac.at

維也納大學成立於1365年,是繼布拉格大學之後全世界第二所德語大學,培育出如佛洛伊德、孟德爾等眾多名人。新文藝復興風

格校舍於1884年改建完成。維也納大學與感恩教堂均由建築師費茲斯特(Ferstel)所設計,以義大利文藝復興時期的風格為基礎,隱含人文科學取代中世紀宗教統治的意義。

克林姆曾經替大學的天花板進行多幅畫作設計,其中一幅《哲學》(Philosophy)在 1990年3月揭幕,卻因為交織的裸體人像而遭到87位保守派教授抨擊,他們連署請願書取下這幅壁畫,反而在兩個月內吸引了上萬名觀眾前來欣賞,後來克林姆收回這幅畫並退回酬勞,《哲學》也在1945年的第二次世界大戰戰火中遭到燒毀。

環城大道周邊Around Ringstrasse

MAP ▶ P.72C1

貝多芬之家

Beethoven Pasqualatihaus

創作無數知名樂曲的住所

🚇搭乘地鐵U2號線在Schottentor站下車，步行約3分鐘可達。 🏠Mölker Bastei 8 ☎(01) 535 89 05 🕐週二至週日10:00~13:00、14:00~18:00；週一休。 💶成人€5、優待票€4；持維也納卡€4。 🌐www.wienmuseum.at/en

掃地圖

　　這棟屋子建於1791~1798年，位於維也納大學附近，穿過幽靜的古老樓梯就能抵達，是貝多芬譜出眾多著名樂曲的所在地。在樓頂往窗外眺望，最遠可以見到維也納森林。

　　生性暴躁孤癖的貝多芬因為許多怪異的生活習慣，讓他常被房東驅趕，光是在維也納就曾換過30處居所，其中這處是貝多芬居住時間較長的一處住所。貝多芬雖然數次離開，最後卻又返回此地，他曾於1804~1808及1810~1815年居住在此，並譜出第4、5、7、8號交響曲及歌劇《費德里奧》，可以說是創作的顛峰期。也因此這裡還保留相當多知名的琴譜，以及貝多芬贊助者的畫像；展示樂曲的架子拉開後可以看到樂譜，也可以拿起耳機欣賞著名的旋律，在他創作的樂音中更能想像貝多芬當年在此居住的情景。

維也納及其周邊…**維** 也納 Wien / Vienna

環城大道周邊Around Ringstrasse

MAP ▶ P.73F4~G5

市立公園

MOOK Choice

Stadtpark

奧國名人塑像齊聚

掃地圖

🚇搭乘地鐵U4號線在Stadtpark站下車，下車即達。 ☎(01)400 08 042 💶免費 🌐www.wien.gv.at/english/environment/parks/stadtpark.html

　　這座公園建於1862年，寬廣的綠地中有噴泉和水池，12尊維也納著名的藝術家、音樂家塑像就環繞在園裡。從入口處進去向左走，首先遇到的是漆上金身的小約翰史特勞斯(Johann Strauss Denkmal)站在花圃間拉小提琴，據說當初這座雕像是灰色的，但因為日本人極為喜愛小約翰，特別出資為圓舞曲之王漆上金身，現在這裡成了遊客拍攝紀念照的經典景地，4~10月每天下午都有樂團在音樂亭表演華爾滋舞曲。

　　往湖邊走，會看到維也納畫家賈伯辛德勒(Jakob Schindler)坐在草地上；繼續向前走過橋，就是創作過600多首樂曲的舒伯特(Franz

Schubert,1797~1828)；從入口處向右走則是《風流寡婦》的作曲家雷哈爾(Franz Lehár)。

環城大道外圍Outer the Ringstrasse

MAP ▶ P.70C4

百水公寓

Hunderwasserhaus

宛如童話的彩色建築

🚇搭乘地鐵U1、U4號線至Schwedenplatz站，再轉搭電車1號至Hetzgasse站下車，步行約3分鐘可達。 🏠Kegelgasse 36-38 🕸www.das-hundertwasser-haus.at ❶私人公寓，僅供外部參觀，內部不對外開放。

掃地圖

百水公寓又被稱為漢德瓦薩之家，是奧地利藝術家百水 (Friedensreich Hundertwasser) 的代表創作，沒有一扇窗戶的形狀是相同的，沒有一塊牆壁是直線的，屋頂戴上了金色洋蔥帽，兩百多位居民就住在這棟充滿驚奇的房子中，他們也參與了畫家的大型創作，在蓋房子的過程中決定自己窗子的顏色、大小和形狀。

雖然沒法進到公寓裡，但在外面就可以體驗百水的創作精神，大量使用磚瓦和木材的建築，綠樹在每座獨一無二的陽台和窗台上盡情伸展身軀，地板是彎曲不平的，而百水最愛的「水」，則是以公寓前的12星座金色噴泉來表現。

環城大道外圍Outer the Ringstrasse

MAP ▶ P.70C4

百水藝術村

Hundertwasser Village

從百水的童趣風格汲取能量

🚇搭乘地鐵U1、U4號線至Schwedenplatz站，再轉搭電車1號至Hetzgasse站下車，步行約3分鐘可達。 🏠Kegelgasse 37-39 ☎(01) 710 41 16 🕘9:00~18:00 💲免費 🕸www.hundertwasser-village.com

掃地圖

在公寓的對街設有仿百水風格的百水藝術村，於1990~1991年間由輪胎工廠改建，在原建築的結構中加入百水的色彩、線條及綠意等元素，賦予其全新的生命力，達成人與自然的調和。來到這裡，不論是買紀念品或到吧台喝杯飲料，甚至是到地下室花€0.5上個廁所，都讓人有朝聖的感覺，似乎離百水的創意更近了些。

環城大道外圍Outer the Ringstrasse

MAP ▶ P.70C4

維也納藝術館

Kunst Haus/Yeşil Camii

收藏百水創作的專屬空間

掃地圖

🚇搭乘地鐵U1、U4號線至Schwedenplatz站，再轉搭電車1號至Radetzkyplatz站下車，步行約4分鐘可達。 🏠Untere Weissgerberstrasse 13 ☎(01) 712 04 91 🕐10:00~18:00 💲11~18歲€5，10歲以下免費；持維也納卡€8.4。 🌐www.kunsthauswien.at

距離百水公寓不遠處，有棟專門展覽百水畫作的維也納藝術館。三層樓高的藝術館從外到內都是百分百的百水，展出從他的畫作到廢物利用的作品，或是他設計的各種產品如奧地利的車牌、德國百科全書的書皮、紐西蘭國旗等，還收藏了百水另一種畫風的宣紙畫，署名是他的日籍妻子幫他取的日本名字「丰和百水」。欣賞展覽，可以發現百水的創意永不枯竭，像是以30天的傳真紙拼貼而成，在上頭作畫，充滿童真與活潑的筆觸。如果時間夠多的話，可以在放映室中觀賞百水的影片，可以從影片中看到百水隨興不羈的真實生活。另外位於一樓的禮品店內，百水的創意化成各種商品，穿的、用的、裝飾的，通通都有。

這棟藝術館在改建之前曾經是維也納著名的家具行，因此樓下綠意盎然的餐廳使用的都是之前的家具，每張桌椅都不一樣，當然連地板也是起伏不平的。這裡可以品嘗到典型的奧地利食物，像是南瓜湯、維也納豬排或匈牙利水煮牛肉，通常每套餐會以主食配上沙拉，足夠飽餐一頓。

`MAP ▶ P.70C4~D5`

普拉特

Prater

昔日狩獵場變身主題樂園

掃地圖

🚇搭乘地鐵U1、U2號線在Praterstern站下車，步行3分鐘可達。 ☎(01) 728 05 16 ⏰各項遊樂設施開放時間不一，基本上3月中~10月10:00~凌晨1:00，其他時間部分設施依舊開放。 💲入園免費，各項設施費用不一，約€3~10。 🌐www.prater.at

這片位於多瑙河運河東岸的區域，名稱來自於

西班牙文「Prado」(綠地)的普拉特，是昔日哈布斯堡家族的狩獵場，1766年時約瑟夫二世開放給一般民眾使用，如今是一座結合了娛樂設施、博物館、天文館、商店和餐廳的主題樂園，同時也是當地居民慢跑、散步、野餐的好去處。

摩天輪Riesenrad是主題樂園中的明星，由英國工程師Walter Basset興建於1897年，是園區內唯一碩果僅存的早期遊戲設施。園區內還有一間受到大小朋友喜愛的巧克力博物館(Chocolate Museum Vienna)，提供製作巧克力的體驗。

`MAP ▶ P.70D4`

杜莎夫人蠟像館

Madame Tussauds Wien

古今名人齊聚一堂

掃地圖

🚇搭乘地鐵U1、U2號線在Praterstern站下車，步行約5分鐘可達。 🚏Riesenradplatz 1 ☎(01) 890 33 66 ⏰10:00~18:00(入場至17:00) 💲成人€26、4~14歲兒童€20；持維也納卡€18.2；官網上提供多種優惠，可事先上網購買。 🌐www.madametussauds.com/vienna/en

2011年4月，全球第11間杜莎夫人蠟像館於普拉特內開幕，這處展館在規模上雖不比其他分館，但論起精采度卻毫不遜色，展出的70餘尊蠟像中，除了必備的經典電影明星、好萊塢巨星、享譽國際的歌手之外，更增添了奧地利當地豐富的人文歷史色彩：備受愛戴的皇室人物法蘭茲・約瑟夫、西西皇后、瑪莉亞・泰瑞莎，三大作曲家莫札特、海頓、貝多芬，當地出身的藝術家及思想家克林姆、佛洛伊德等，諸多歷史名人身列其中，再加上充滿玩心的互動式及扮裝遊戲，趣味性十足。

環城大道外圍Outer the Ringstrasse

MAP ▶ P.70C2

多瑙塔

Donauturm

登塔眺望維也納市區景觀

🚇搭乘地鐵U1號線在Kaisermühlen VIC(Vienna International Centre) 站下車，步行15~20分鐘可達。 🏠 Donauturmstrasse 4 ☎(01) 263 35 72 🕐觀景台與咖啡廳10:00~22:30，餐廳 11:30~16:00、18:00~24:00(上塔至23:30)。 💲觀景台成 人€18、6~14歲兒童€10.8；持維也納卡€14.4。 🌐www. donauturm.at/en

　　位於維也納國際中心後方，多瑙塔是1964 年維也納國際園藝展(International Viennese Gardening Show)時的建物，樓高252公尺， 擁有高155公尺的觀景台、景觀餐廳和咖啡館，塔內階梯多達將近800階，有兩部每秒6.2公尺 的快速電梯帶領遊客登塔，天氣晴朗且能見度高 時，可以眺望一望無際的維也納市區和近郊景 色，每年吸引了大約45萬名遊客前往賞景。

環城大道外圍Outer the Ringstrasse

MAP ▶ P.70D2

多瑙城教堂

Donaucitykirche

設計新穎的天主教教堂

🚇搭乘地鐵U1號線在Kaisermühlen- VIC(Vienna International Centre)站下車， 步行約1分鐘可達。 🏠Donau-City-Straße 2 ☎(01) 263 09 52 🕐8:30~18:00 💲免 費。 🌐www.donaucitykirche.at

　　位在維也納國際中心 (VIC)旁的多瑙城教堂落 成於2000年，建造前 特地邀請6位知名奧地 利建築師舉行競賽，其 中Heinz Tesar的獨特 設計讓教堂從高樓環伺 的背景中跳脫而出，因 而雀屏中選。

　　以不鏽鋼材質築造的黝黑外觀上沒有多餘的裝 飾，只有一個高掛其上的白色十字架，建築上方的 四個邊角改造成天窗，壁面上更有許多大小不一 的圓窗，白天為室內引入自然光，入夜後則由室內 燈光向外投射而出，低調莊嚴的氛圍中少了死板 與銳利感，多了一份靈活的獨創性。進入教堂後則 是截然不同的風格，白樺木拼裝的壁面與地板讓 室內空間顯得明亮寬敞，座椅以花崗岩造的祭壇 為中心向外放射，天花板上造型扭曲的天窗象徵 耶穌的傷口，祂的生命從窗口照亮民眾，前方壁面 上的曼朵拉(Mandorla)則象徵耶穌復活。

環城大道外圍Outer the Ringstrasse

MAP ▶ P.70C4

貝維德雷宮
Schloss Belvedere
17世紀維也納最美宮殿

掃地圖

🚋搭乘電車D號線在Schloss Belvedere站下車，步行約6分鐘可達。 ⑦Prinz–Eugen–Straße 27 ☎(01) 795 57 0 ⏰上貝維德雷宮：10:00~18:00；下貝維德雷宮：9:00~18:00；貝維德雷21 11:00~18:00(週四延長至21:00)，週一休。 💲上貝維德雷宮成人€15.9、持維也納卡€14.4；下貝維德雷宮和橘園成人€13.9、持維也納卡€12.4；貝維德雷21€8.9、持維也納卡€7；上下宮聯票成人€22.9、持維也納卡€20.4；三館聯票成人€24.9。三館均19歲以下免費。 🌐www.belvedere.at

　　貝維德雷宮分為上、下兩區，是17世紀末奧地利抗土耳其名將尤金大公(Prince Eugene)的府邸，中間以對稱、整齊的法式花園連接，由當時著名的建築師希德布蘭特(Heldebrandt)所設計。

　　走進上貝維德雷宮，會先看到巴洛克風格的鐵門，以鐵線纏繞著象徵大公出身的Savoy家族的S，上貝維德雷宮分為三層樓，現在是19和20世紀美術館，收藏了克林姆、梵谷、席勒等現代藝術家的作品，還有奧地利平民藝術最蓬勃的畢德邁雅時期(Biedermeier)作品，而克林姆最著名的作品《吻》就典藏於此。此外，大廳中以大公為題材的頂棚壁畫也相當引人注目。

　　走過遼闊的法式花園來到下貝維德雷宮，這裡原是尤金大公私人活動場所，現在設立了巴洛克藝術與中世紀藝術博物館，最知名的是大理石廳(The Marble Hall)，臉部扭曲的雕像是最大特色，尤其是玻璃廳(Hall of Mirrors)及怪誕廳(Hall of Grotesques)的怪誕壁畫，絕對必看。

拿破崙穿越大聖伯納山口

　　拿破崙為了提高自己的形象並美化武力進犯，因此向法國畫家賈克-路易‧大衛(Jacques-Louis David, 1748~1825)訂購繪上自己英姿的巨幅畫作，這幅畫展現出拿破崙於1800年穿山越嶺、揮軍前往義大利時的英勇果決，相當美化，是上貝維德雷宮最重要的展出之一。

環城大道外圍Outer the Ringstrasse

MAP ▶ P.70A5

熊布朗宮

MOOK Choice

Schönbrunn

哈布斯堡家族的華麗夏宮

掃地圖

搭乘地鐵U4號線在Schönbrunn站下，步行約10分鐘可達。 Schönbrunner Schlossstraße (01) 811 13 239 8:30~17:30，9~4月9:00~17:00。通票(Class Pass)成人€34、6~18歲兒童€27、維也納卡€32。茜茜票(Sisi Ticket，可參觀西西博物館、銀器館、皇帝寢宮及熊布朗宮)成人€44、6~18歲兒童€30、維也納卡€40.5。帝國路線(Imperial Tour，可參觀皇帝寢宮)成人€24、6~18歲兒童€17。全覽(Grand Tour，含皇帝寢宮及其他寢宮)成人€29、6~18歲兒童€21。 www.schoenbrunn.at

從18到20世紀初的1918年之間，熊布朗宮一直是奧地利最強盛的哈布斯堡王朝家族的官邸，由Johann Bernhard Fischer von Erlach和Nicolaus Pacassi兩位建築師設計，希望成為一座超越法國凡爾賽宮的宮殿，建築風格融合了瑪莉亞・泰瑞莎式外觀，以及充滿巴洛克華麗裝飾的內部，成為中歐宮廷建築的典範。

這座哈布斯堡家族的「夏宮」曾經因為財力問題而停止興建，後來在瑪莉亞・泰瑞莎刪減規模下完成，建築本身加上庭園及1752年設立的世界第一座動物園，讓熊布朗宮成為奧地利最熱門的觀光勝地之一。為了仔細保存這個反映中歐最強盛時期的輝煌史蹟，從1972年起設立基金會從事修建維護的工作，1996年列入世界遺產名單之後，每年吸引670萬遊客前往參觀。

名稱意思為「美泉宮」的熊布朗宮，總房間數多達上千間，如今只開放一小部分供遊客參觀，包括莫札特7歲時曾向瑪莉亞・泰瑞莎一家人獻藝的「鏡廳」、裝飾著鍍金粉飾灰泥以4千根蠟燭點燃的「大廳」、被當成謁見廳的「藍色中國廳」、裝飾著美麗黑金雙色亮漆嵌板的「漆廳」、高掛奧地利軍隊出兵義大利織毯畫的「拿破崙廳」、耗資百萬裝飾成為熊布朗宮最貴廳房的「百萬之廳」，以及瑪莉亞・泰瑞莎、法蘭茲・約瑟夫一世等人的寢宮。

宮殿後方的庭園佔地1.7平方公里，林蔭道和花壇切割出對稱的幾何圖案，位於正中央的海神噴泉充滿磅礴氣勢，由此登上後方山丘，可以抵達猶如希臘神殿的Gloriette樓閣，新古典主義的立面裝飾著象徵哈布斯堡皇帝的鷲，這裡擁有欣賞熊布朗宮和維也納市區的極佳角度。此外，花園中還有一座法蘭茲・約瑟夫一世時期全世界最大的溫室，裡頭種植著美麗的植物。

雕像 Skulpturen

數不清的美麗雕像將熊布朗宮點綴得更加華美動人，這些雕像製作於1773年至1780年之間，由德國雕刻家兼庭園設計師的Johann Wilhelm Beyer所率領打造。在大花壇(Great Parterre)兩側佇立有32座真人大小的雕像，代表神話中的眾女神與美德。在樓閣底下的海神噴泉(Neptunbrunnen)上也造有多具精緻人像，其他則設置在宮內各處，維妙維肖的神情、自然優雅的動作與精雕細琢的精緻度，值得細細欣賞。

大廳 Große Galerie

位居熊布朗宮建築的最中心，也是宮殿內最豪華絢爛的處所，長約40公尺、寬約10公尺的規模相當撼動人心，過去主要作為接待賓客以及舞廳、宴會之用，甚至也會在此舉行豪華餐會，在近代亦不時會用於演奏會與接待貴賓，1961年美國總統約翰•甘迺迪(John F. Kennedy)與蘇聯最高領導人赫魯雪夫(Nikita Khrushchev)就曾在此會面。

大廳壁面上裝飾著洛可可風格的塗金及純白色灰泥，營造出極致奢華感，天井則繪有三幅巨大彩色畫像，皆出自義大利畫家Gregorio Guglielmi之手，中間的畫作描繪出瑪麗亞•泰瑞莎(Maria Theresia)統治下的幸福生活，正中間為瑪麗亞•泰瑞莎及法蘭茲一世(Franz I)，周邊則圍繞著對其歌功頌德的圖畫。

駿馬房 Rösselzimmer

在19世紀作為餐廳之用，房內擺置著晚宴餐具的桌子稱為將軍桌(Marshal's Table)，為軍隊高級統領及官員等人用餐的地方，依照法蘭茲•約瑟夫一世(Franz Joseph I)之時的傳統，帝王並沒有與他們同席用餐。牆上掛飾著多幅馬畫，這些皆來自法蘭茲•約瑟夫一世第二任妻子Wilhelmine Amalia的時期，駿馬房也因此得名。

羅莎房 Rosa-Zimmer

三間相連的羅莎房，名稱來自藝術家Joseph Rosa，牆上精緻細膩的風景畫皆出自他手，其中也有哈布斯堡王朝發源地——瑞士南部鷹堡(Habichtsburg)的繪畫以及瑪麗亞·泰瑞莎肖像畫。在大羅莎房中掛有Joseph Rosa繪製的法蘭茲一世(Franz I)全身肖像畫，身旁桌上擺放的物品反映出他對藝術、歷史與自然科學的濃厚興趣。

橘園 Orangerie

於Wilhelmine Amalia時期興建的橘園，裡頭擁有可讓橘樹度冬的溫室，總計189公尺長、10公尺寬的廣闊空間，讓它與凡爾賽宮(Versailles)並稱為全球最大的巴洛克式橘園。除了原有功能，橘園也常被皇室用於舉辦各式活動，尤其是約瑟夫二世相當喜愛在裡頭舉辦慶典，現在也仍是果樹種植地及活動舉辦場所。

樓閣 Gloriette

這座閣樓因規模為全世界最大而相當知名，1775年依Johann Ferdinand Hetzendorf von Hohenberg的設計所打造，建造之時，瑪麗亞·泰瑞莎要求要做出讚頌哈布斯堡權力及正義戰爭的建築，並下令使用Schloss Neugebäude城堡廢墟的石頭為建材。而後成為法蘭茲·約瑟夫一世(Franz Joseph I)的用餐處兼舞廳，在第二次世界大戰時遭受嚴重毀損，於1947年及1995年經兩度大幅修建。現在頂層有觀景台可俯瞰維也納，裡面則設有咖啡廳，提供旅客放鬆小憩的空間。

樓閣咖啡廳 Café Gloriette

(01)879 13 11　每日9:00~日落。　西西自助早餐成人€39、13~17歲€26、2~12歲€16。www.gloriette-cafe.at/en

樓閣自從1995年再度大幅整修後，便設立了樓閣咖啡廳，好讓人人有機會在這難得的地點一邊品啜香濃的咖啡、一邊感受奧匈帝國曾經有過的輝煌。此外，由於法蘭茲·約瑟夫一世經常在此用早餐，Café Gloriette特地推出「西西自助早餐」(Sisi Buffet Breakfast)，每逢週六、日和假日的早上供應，內容相當豐盛。座位非常搶手，如果旺季前往，最好提前1個月左右訂位。

MAP ▶ P.70B2

垃圾焚化爐

Spittelau

讓垃圾處理變得生意盎然

掃地圖

🚇搭乘地鐵U4、U6號線在Spittelau站下車，步行約1分鐘可達。 🏠Spittelauer Lände 45 ☎(800)500 700

　　垃圾焚化爐(Spittelau)是維也納市區另一個著名景觀，這座以高科技建造的現代化設備，經過最新的過濾技術，垃圾焚化時會產生大量熱能，供應周圍居民和學校使用。

　　這座垃圾焚化爐是強調環保的藝術家百水在他的好友擔任維也納市長時完成的，維也納有三分之一的垃圾都是經過這座彩色焚化爐來處理，每年約可處理約25萬噸垃圾。

　　在百水的巧思包裝下，為了讓運送垃圾的工作者，也能享受到大自然的綠意，灰暗的外牆上生出了冒著圈圈的紅色蘋果，窗戶頂多了加冕的王冠，陽台在綠樹掩映下生機蓬勃，位於100公尺高、金黃色的圓球煙囪是焚化爐的控制中心，絢麗的色彩和前衛的外型，讓觀光客還以為是間旋轉餐廳。

MAP ▶ P.70D6

中央公墓

Zentralfriedhof

知名畫家音樂家在此安息

🚋搭乘電車6、71號線在Zentralfriedhof 2.Tor站下車，步行約10分鐘可達。 🏠Simmeringer Hauptstrasse 234 📠 (01) 534 69-28405 🕐11月3日~2月底8:00~17:00、3月7:00~18:00、4月和9月7:00~19:00、10月~11月2日7:00~18:00。

　　這座綠意盎然、充滿美麗大理石雕塑的墓園，從1874年開始，成為許多知名藝術家、畫家、

掃地圖

詩人、雕塑家、音樂家最後的埋葬之所，裡面分為新猶太人、新教徒、回教徒、舊猶太人、第一次世界大戰紀念碑等區域，墓園正中央則是1907年為了紀念維也納市長卡爾·魯艾加(Karl Lueger,1844~1910)的魯艾加教堂。

　　從第二門口進入後、往教堂的方向走一小段路，左手邊就是第32A區，這裡是著名的音樂家墓地的集中地，如貝多芬、舒伯特、布拉姆斯、史特勞斯父子，中央還立著未能葬在此處的莫札特紀念碑，每座墓上都擺著前來緬懷音樂家的知音獻上的鮮花。

Where to Eat in Vienna
吃在維也納

內城區 Innere Stadt

MAP ▶ P.73E2　Figlmüller

🚇搭乘地鐵U1、U3號線在Stephansplatz站下車,步行約4~5分鐘可達。 🏠Wollzeile 5 📞(01) 512 61 77 ⏰11:00~22:30(熱食提供至21:30) 🌐www.figlmueller.at

創立於1905年,這家百年餐廳已傳承4代,是維也納最著名的炸肉排專賣店,每到用餐時間,門口總是大排長龍,通常必須等上1個小時,儘管餐廳已在附近另開分店,人潮依然洶湧。

招牌菜炸肉排使用上等肉品,油煎30秒後迅速起鍋,雖然薄卻非常大片。最正統的維也納炸肉排應該採用上等牛肉,不過為了迎合顧客口味,Figlmüller提供豬肉、羊肉和雞肉等選擇。此外,在這裡也吃得到清燉牛肉和匈牙利燉牛肉(Gulasch)。

內城區 Innere Stadt

MAP ▶ P.73F1　Griechenbeisel

🚇搭乘地鐵U1、U4號線在Schwedenplatz站下,步行約2~3分鐘可達;或搭乘地鐵U1、U3號線在Stephansplatz站下車,步行約7~10分鐘可達。 🏠Fleischmarkt 11 📞(01) 533 19 77 ⏰12:00~23:00;全年無休。 🌐www.griechenbeisl.at

創立於15世紀的Griechenbeisel,是維也納最古老的餐廳之一,拜訪過這裡的名人無數,包括貝多芬、舒伯特、馬克吐溫、華格納等人,在它其中一間餐室裡將牆壁到天花板填滿了名人的親筆簽名,仔細觀察可以發現許多令人意想不到的名字!而這裡同時也是17世紀情歌歌手Augustin譜寫和歌唱世界知名歌曲《Oh du lieber Augustin, alles is'hin》的地方。

內城區 Innere Stadt

MAP ▶ P.72D4　Palmenhaus

🚇搭乘地鐵U1、U2、U4號線在Karlsplatz站下車,步行約7~8分鐘可達;或搭地鐵U1、U3號線在Stephansplatz站下車,步行約9~10分鐘可達。 🏠Burggarten 1 📞(01) 533 10 33 ⏰週一至週五10:00~23:00、週六週日9:00~23:00;時間依季節會有異動,冬季週一、週二休。 🌐www.palmenhaus.at

1822年,霍夫堡的花園中出現一座立面長達128公尺的玻璃溫室;1901年,建築師Friedrich Ohman受命將它改建為一座棕櫚屋,成為今日同名餐廳的前身。落成後深受維也納市民喜愛的棕櫚屋,卻在1988年因崩塌而關閉,直到10年後才重新整修並成為今日的餐廳。

如今,在挑高的圓拱屋頂下依舊裝點著充滿異國風情的棕櫚樹和熱帶植物,人們喜歡前來這裡享用美味餐點,或是喝杯咖啡、葡萄酒,至於面對皇宮花園的露天座位,擁有欣賞池塘和綠意的景觀,每當天氣晴朗時總是座無虛席。

Griechenbeisel高塔狀的建築是舊城牆的一部分,在它入口旁的街道上還可以看見昔日為避免酒醉馬車夫撞上房屋或磨損建築外牆而設立的突石,餐廳的露天座位設立於小廣場,一旁聳立著見證前希臘教區歷史的東正教教堂。

內城區Innere Stadt

MAP ► P.73F3 **Plachutta Wollzeile**

🚇搭乘地鐵U3號線在Stubentor站下，步行約1分鐘可達。 🏠Wollzeile 38 ☎(01) 512 15 77 🕐11:30~23:30 www.plachutta-wollzeile.at

維也納最著名的精緻餐廳，提供道地的奧地利料理，包括必嚐的招牌菜清燉牛肉。強調不過度烹調的Plachutta Wollzeile在食材上嚴格把關，不但認識

飼養牛隻的農人，同時採用在奧地利出生、百分之百以自然方式養成的牛隻，也因此才做出一道道美味的牛肉料理。

專業的服務人員會隨時到桌邊，幫忙掌握火候以確保食物展現最佳的口感，鮮美的湯頭很有家鄉的味道。被稱為「牛肉天堂」的它，其清燉牛肉細緻的肉質口感，將會在你的口中慢慢化開，在腦海中回味無窮。

奧地利餐廳種類

維也納的飲食選擇相當多樣化，餐廳的種類也不少，若在路上臨時想用餐，除了看店內用餐人數、設計裝潢等條件來篩選之外，如果想以餐廳等級或種類來挑選的話，有時從店家的名稱就可看出些端倪：Bräu指的是英文的brew，也就是有提供自家釀酒的餐廳，氣氛往往較為熱鬧放鬆，喜愛飲酒的人可以來此嘗嘗此店獨門的口味；Keller為「地窖」之意，Weinkeller則為葡萄酒窖，這類的餐廳大多由歷史悠久的老建物改建，擁有濃濃懷舊的獨特韻味。

Beisl與Gasthaus普遍為大眾化餐館，價格較為平實，提供的則多為奧地利家庭料理，充滿家庭的溫馨親切氛圍；而一般來說，Restaurant則是較為高級的餐廳，菜色也更為多元；Bäckerei、Eis與Konditorei分別用於麵包店、冰店及糕點店，其他在維也納市區內較不容易看到的還有Heurige(新釀酒館)、stiftskeller(由修道院地窖改裝)等。上述的幾個都常見於店名中，認識了這些，未來就不需再對一大堆不認識的德文招牌感到不知所措。

內城區Innere Stadt

MAP ► P.73E3 **Ribs of Vienna**

🚇搭乘地鐵U1、U3號線在Stephansplatz站下車，步行約5~6分鐘可達；或搭地鐵U3號線在Stubentor站下，步行約6~8分鐘可達。 🏠Weihburggasse 22 ☎(01)513-85-19 🕐週一至週五12:00~15:00、17:00~24:00，週六、日及假日12:00~24:00(供餐至22:30)。 🌐www.ribsofvienna.at

在網路上一片盛譽的Ribs of Vienna，由於交通便利CP值高，成為許多亞洲背包客極為推薦的餐廳。利用1591年建造的地窖空間改裝，一磚一牆都透

露著悠久歷史，昏黃復古相當有味道。餐廳提供奧地利經典菜餚，其中最推薦的就是肋排，菜單上光是肋排的口味就洋洋灑灑列了近20種，有辣勁十足的Chili、酸甜開胃的Orange等，隨餐還會附上炸薯條。最推薦的點法就是來個Mixed一次享用3種自選口味，上菜後就豪邁地以手拿起大口吃，鮮美而濃郁的滋味，連指尖上的醬料也捨不得留下，再點杯Kaiser Premium或Gösser Naturradler，止渴又解膩。

內城區Innere Stadt

MAP ► P.73E3 **Trześniewski**

🚇搭乘地鐵U1、U3到Stephansplatz下車，步行約1分鐘可達。 🏠Dorotheergasse 1 ☎(01) 512 32 91 🕐週一至週五9:00~19:30，週六9:00~18:00；週日休。 🌐www.trzesniewski.at

Trześniewski是維也納知名的連鎖餐廳，於1902年由克拉科夫出身的Franciszek Trześniewski所開設，人氣持續百年不墜。店內專賣開口三明治(Brötchen)與麵包塗醬、甜點，每日販售的20餘種口味中，最受歡迎的就是培根蛋(Speck mit Ei)、鯡魚洋蔥等口味，佐料的鹹香與底層的黑麵包甚是絕配，搭配的飲料Pfiff則為1/8公升的啤酒或伏特加，是為店裡的名物。

內城區Innere Stadt

MAP ▶ P.73F3 **Pürstner**

🚇搭乘地鐵U3號線到Stubentor站下車，步行約4分鐘可達。 🏠Riemergasse 10 ☎(01) 512 63 57 🕐11:30~23:30 🌐www.puerstner.com

掃地圖

提供奧地利傳統菜餚的Pürstner，廣闊的用餐區以鋪木地板及木造桌椅裝潢，再加上充滿歷史感與當地風情、色彩的裝飾物，流露出最為道地濃厚的蒂洛爾風格，區隔為5個用餐區的空間共可容納近120人。Pürstner充份展現出家庭餐館的熱情友善，餐點價格相當平實，份量也很實在，再點上一杯地產啤酒暢快下肚，就是飽足而心滿意足的一餐。

內城區Innere Stadt

MAP ▶ P.73F2 **Schmarren & Palatschinkenkuchl**

🚇搭乘地鐵U1、U3號線到Stephansplatz站下車，步行約6~8分鐘可達。 🏠Köllnerhofgasse 4 ☎(01) 513 82 18 🕐11:00~23:00 🌐www.palatschinken.at

掃地圖

這裡是維也納薄煎餅(Palatschiken)專賣店，可說是全維也納口味最多變的店家，菜單上滿滿的列出豐富的傳統與創新搭配，且鹹味與甜味兼備，像是以磨菇、蘆筍、炸蝦、番茄等食材組合入菜，諸多創新的口味讓人驚嘆。煎餅嘗來的感覺就像法式可麗餅般，但更為厚實綿密，厚度與口感約介於可麗餅與鬆餅之間，熱熱地吃甚是美味，推薦可以嘗嘗看這當地風味。

維也納街頭小吃

在人潮熙來攘往的維也納街頭，特別是內城區克爾特納大街至霍夫堡皇宮一帶，為了讓沒時間慢慢進餐的人能快速解決饑餓問題，而設有許多路邊小吃攤，種類包括西式三明治、中東沙威瑪、中式炒麵等。其中又以奧地利香腸最具代表性，現烤香腸皮脆汁多，搭配帶有嚼勁的歐式麵包和奧地利啤酒，就是豐盛的一餐。位在阿爾貝蒂納宮(Albertina)外、國家歌劇院斜對角巷內的Bitzinger是城內超人氣香腸攤，最受歡迎的口味為起司香腸(Käsekrainer)與原味香腸(Bratwurst)，還有豐富的啤酒與葡調酒可供選擇，深受當地民眾及遊客喜愛。

內城區Innere Stadt

MAP ▶ P.73E2 **Zanoni & Zanoni**

🚇搭乘地鐵U1、U3到Stephansplatz下車，步行約4~5分鐘可達。 🏠Lugeck 7 ☎(01) 512 79 79 🕐7:00~24:00，冬季休業。 🌐www.zanoni.co.at

臨近熙來攘往的史蒂芬廣場，以義式冰淇淋為主打的Zanoni & Zanoni也總是聚集了滿滿人潮，這間維也納名店中的名店，從冰淇淋點餐櫃台前的列隊長龍

掃地圖

以及坐滿顧客的附設用餐區，就可馬上感受到其超高人氣。全年無休的Zanoni & Zanoni，經典的冰淇淋口感綿密、滋味細膩，每日約有35種口味供顧客選擇，另外還可在此享用早餐、點心及咖啡飲料，能在此充分感受到當地的生活風格。

環城大道周邊Around the Ringstrasse

MAP ▶ P.70B3 ## Hansen im Börsegebäude

🚇 搭乘地鐵U2號線在Schottentor站下，步行約5分鐘可達。 🏠 Wipplinger Strasse 34 📞(01) 532 05 42 🕐 週一至週五9:00~23:00、週六9:00~16:00；週日和假日休。 ⓤ www.hansen.co.at

這間位於環城大道旁、證券交易所(Börse)地下室的餐廳，和維也納最精緻的盆栽店和園藝師合作無間，因而提供顧客非常舒適且愉悅的綠色用餐空間。整間餐廳洋溢著地中海般的悠閒氣氛，然而Hansen最受歡迎的還是它的早餐，各式各樣的麵包、果醬、蛋、火腿、乳酪、沙拉、希臘優格、漢堡等，豐富的選擇讓人食指大動，幾乎所有餐點都能選擇份量大小，難怪深得當地居民的心。

環城大道周邊Around the Ringstrasse

MAP ▶ P.72A5 ## 7 Stern Bräu

🚇 搭乘地鐵U2、U3號線到Volkstheater站下車，步行約8分鐘可達。 🏠 Siebensterngasse 19 📞(01) 523 86 97 🕐 11:00~24:00(餐點製作時間為11:30~23:00) ⓤ www.7stern.at

位於維也納市中心的傳統風味啤酒餐廳，地窖式的建築空間相當開闊，吧台區中央擺有釀酒銅鍋，引誘著來客盡情暢飲。一直都人聲鼎沸、越夜越熱鬧的7 Stern Bräu，從人潮就可看出它的高人氣，是當地人相約小酌的最佳聚會場所，自家啤酒採用頂級麥芽、啤酒花(hop)及維也納高品質水源，以天然工法釀製，是當店最自豪的產品，除了招牌啤酒，餐點的美味也讓人讚譽有加，是能全面享受維也納美食與情調的絕佳餐廳。

奧地利美味麵包店

便宜方便的麵包是旅途中的好伴侶，在奧地利有多間知名的連鎖麵包坊，在市街、車站等處都隨處可見，像是ANKER、Felber、Ströck及Der Mann，更別說還有數不清的老牌傳統麵包坊及新興的生機麵包店，另外，在飯店的早餐也可品嘗到多種麵包。麵包坊各式各樣的經典口味中，有夾上火腿的凱薩麵包(Kaisersemmel)、具有嚼勁的扭結麵包(Brezel)、捲成漩渦狀的Nussschnecke等，形形色色琳瑯滿目，愛吃麵包的人，一定會立刻愛上奧地利的麵包店，就連平時對麵包沒什麼興趣的人，也很容易墜入其魅力之中。

環城大道周邊Around the Ringstrasse

MAP ▶ P.72A4 ## Amerling Beisl

🚇 搭乘地鐵U2、U3號線到Volkstheater站下車，步行約6~8分鐘可達。 🏠 Stiftgasse 8 📞(01) 526 16 60 🕐 週一至週五17:00~02:00、週六日12:00~02:00。 ⓤ www.amerlingbeisl.at

Amerling Beisl位在維也納第7區的Spittelberg，這處浪漫小巷交錯的地區造有許多畢德麥爾式(Biedermeier)建築，也就是當時中產階級發展出的藝術品味，散發出的獨特情調吸引許多咖啡館、酒吧與餐廳等店家進駐，Amerling Beisl正是其一。

選在Amerlinghaus落腳的Amerling Beisl，是許多年輕人聚會、約會的首選場所，裡頭充滿老房子的韻味，最具風情的就是中庭的露天用餐空間，每到夏季滿滿綠意染上枝葉，成為最美麗的天然遮陽棚；冬天雖只剩枯枝，但仍然風情獨具，日夜間更是呈現出截然不同的氛圍。菜單的選擇十分多樣化，在這裡，無論是想品嚐正統奧地利菜餚，還是想小酌一杯，都可滿足需求。

環城大道周邊Around the Ringstrasse

MAP ▶ P.72A4 **Pizzeria Osteria da Giovanni**

🚇搭乘地鐵U2、U4號線到Volkstheater站下車,步行約6分鐘可達。 📍Sigmundsgasse 14 ☎(01) 523 77 78 🕐週一至週日16:00~23:00,週六12:00~23:00。 🌐 giovanniwien.com

在奧地利若不想跟隨當地的緩慢用餐步調,那麼這間義式餐館會是不錯的選擇。隱身在小巷中的Pizzeria Osteria da Giovanni,是處氣氛溫馨樸實的小餐館,最便宜的比薩從€4.9開始起跳,價格也相當親民。料理使用馬茲瑞拉起司(Mozzarella Cheese)、芝麻葉(Rucola)等傳統義式素材,加以正統義式烹調法製作,成就出桌上一道道色香味俱全的比薩、沙拉與義大利麵。

環城大道周邊Around the Ringstrasse

MAP ▶ P.72B4 **Glacis Beisl**

🚇搭乘地鐵U3號線到Volkstheater站下車,步行約3分鐘可達。 📍Zugang Breite Gasse 4 ☎(01) 526 56 6 🕐12:00~24:00 🌐www.glacisbeisl.at

當代藝術家聚集的維也納博物館區,附近巷弄內隱藏了許多時尚餐廳和酒吧。受到當地人好評的Glacis Beisl擁有

一片綠意盎然的小庭園,溫室設計引入天光和綠景,氣氛悠閒舒適。餐廳提供融合現代烹調風格的奧地利菜餚,像是做成厚切版的維也納炸肉排佐沙拉,肉餅佐蘋果辣根等,此外酒款也相當豐富,用餐之餘也可以感受維也納年輕潮流的另一面。

環城大道周邊Around the Ringstrasse

MAP ▶ P.70C4 **Eis-Greissler**

🚇搭乘地鐵U2號線到Museumsquartier站下車,步行約6分鐘可達。 📍Mariahilfer Straße 33 ☎(664)3119195 🕐11:00~23:00,冬季休業 🌐www.eis-greissler.at

Eis-Greissler在維也納及格拉希共有約8間分店,位在瑪利亞希爾夫大道上的這間分店,裝潢風格是一貫的藍白格子與白色壁面,清爽的設計與色調予人清新涼爽的感受。

Eis-Greissler健康有機的又兼顧美味的冰淇淋,相當受到民眾喜愛,屏除一切人工添加物,亦不使用雞蛋,原料嚴選自家有機牧場產的新鮮牛奶及本地水果製作,讓顧客每口都嘗到最天然無負擔的美味。這裡每日提供近20種口味選擇,味道濃郁不膩、口感細緻,店門前不時可見排隊人潮,路過時別忘了加入當地人的行列,嘗嘗這風靡的滋味。

環城大道外圍Outer the Ringstrasse

MAP ▶ P.72B6 **Salm Bräu**

🚇搭乘路面電車71號至Unteres Belvedere站下車,步行約1分可達。或從貝維德雷宮下宮的側門出去右轉,步行約2分鐘可達。 📍Rennweg 8 ☎(01) 799 599 2 🕐11:00~23:30 🌐www.salmbraeu.com

緊鄰貝維德雷宮(Belvedere)下宮的Salm Bräu,是當地的美食名店之一,好口碑在網路上廣為流傳,因此座席間

也可見許多海外遊客,人氣之高往往在開店不久後就會客滿,建議儘量避免用餐尖峰時段造訪或事先預約,才不至於等待太久。

從Salm Bräu名稱中的Bräu就知道是一間啤酒餐廳,其釀酒廠與啤酒餐廳分別開設於1924及1994年,改建自Wilhelmina Amalia的修道院的建築相當有歷史情調,夏季則會開放露天用餐區,綠意點綴的環境、觥籌交錯的歡暢氛圍,讓人感到十分放鬆舒暢。除了必點的自家釀造啤酒之外,菜單的內容也相當豐富,其中尤以豬腳及肋排最為經典,超大份量的豬腳皮酥脆肉鮮嫩,肋排則令人吮指回味,再點個清爽的沙拉平衡一下味蕾,就是完美的一餐。

內城區 Innere Stadt

MAP ▶ P.73E3 **Österreichische Werkstätten**

🚇搭乘地鐵U1、U3號線在Stephansplatz站下車，步行約2分鐘可達。 ⌂Kärntner Straße 6 ☎(01) 512 24 18 ⏰10:00~18:30；週日休。 www.austrianarts.com

想要將維也納的藝術氣息帶回家嗎？走一趟這家店就沒錯了。Österreichische Werkstätten店名的意思是「Form+Function」，為了延續「維也納藝術工坊」(Wiener Werkstätte)的精神，將藝術融入生活，

在1948由創立「維也納手工藝作坊」之一的約瑟夫·霍夫曼(Josef Hoffmann)開設了這家店，他創作的椅子、沙發和玻璃器皿，至今仍是膾炙人口的藝術珍品。總共三層樓的店裡，不僅展示著1903年以來的眾多藝術創作品供遊客免費參觀，還有新開發的商品，讓使用者可以盡情地在生活中體驗新藝術的簡約與精巧。

內城區 Innere Stadt

MAP ▶ P.73E4 **Confiserie Heindl**

🚇搭乘地鐵U1、U3號線在Stephansplatz站下車，步行約5分鐘可達。 ⌂Kärntnerstrasse 35 ☎(01)512 82 41 ⏰週一至週六10:00~19:00、週日11:00~18:00。 www.heindl.co.at

在奧地利擁有超過30間分店的Heindl，是採購奧地利風格巧克力的好去處。堅持品質與新鮮，使用頂級原料，同時更著重產品的創新與傳統兼容，以經驗結合技術不求新求變，研發出各種美味巧

克力，店內不只有販售知名的莫札特巧克力，還可見到西西皇后巧克力及外盒印有精緻圖案的各款商品；不同季節還會推出當季口味的商品，例如秋天的栗子口味巧克力，滋味獨特。適合做為伴手禮贈送親友。

內城區 Innere Stadt

MAP ▶ P.72D2 **Julius Meinl**

🚇搭乘地鐵U1、U3號線在Stephansplatz站下車，步行約4分鐘可達。 ⌂Graben 19 ☎(01) 532 33 34 ⏰週一至週五8:00~19:30、週六9:00~18:00；週日和假日休。 www.meinlamgraben.at

1862年，Julius Meinl在維也納市區開設了第一家雜貨店，出售綠咖啡和香料，它是第一家創造出綜合豆咖啡，同時提供新鮮烘烤咖啡豆的店家，也因為

商品可信賴的品質，讓它成為高品質商品的代名詞。如今這個專門出售高級食材的大型食品店，在全世界超過70多個國家設立了無數分店。

這間位於格拉本大街和菜市場大街交會口的Julius Meinl，是遊客必訪的朝聖地點，堆滿貨架的巧克力、葡萄酒、咖啡豆、香料等，沒有人能夠抵抗其魅力空手離開。

內城區 Innere Stadt

MAP ▶ P.72D2 **德梅爾糕餅店Demel**

🚇搭乘地鐵U1、U3號線在Stephansplatz站下車，步行約5分鐘可達。 ⌂Kohlmarkt 14 ☎(01) 535 171 70 ⏰10:00~19:00 www.demel.at

位於菜市場大街的德梅爾糕餅店已變成維也納歷史的一部份。這家店於1785年在米歇爾廣場創立，1857年由麵包師傅德梅爾(Christoph Demel)發揚光大，直到1888年才搬到現在這個地址。

德梅爾糕餅店過去是哈布斯堡皇室指定的御用糕餅店，專門生產著名且價格昂貴的糕點，它的櫥窗每隔幾週就會更換，其中展示的蛋糕是以糖作成的真實產品而非僅供展示的假商品。糕餅店內還有一個小商店，出售各式各樣的巧克力和甜點，以及西西皇后最喜歡吃的紫羅蘭花糖。

內城區Innere Stadt

MAP ▶ P.73E4 **J.& L.Lobmeyr**

搭乘地鐵U1、U3號線在Stephansplatz站下車，步行約5分鐘可達；或搭地鐵U1、U2、U4號線在Karlsplatz站下車，步行約6分鐘可達。
Kärntner Straße 26
(01) 512 05 08 88
10:00~18:00；週日及假日休。
www.lobmeyr.at

奧地利生產的水晶舉世聞名，許多世界知名的歌劇院和宮殿的水晶吊燈都是來自於此，金碧輝煌的店面裡販售著高價位的水晶產品，不過也有打折的精緻葡萄酒杯，有機會可以挖到物美價廉的寶貝。

店裡三樓設有一座小型的水晶博物館，收藏了眾多閃亮的水晶，開放遊客免費參觀，陳設雖然有些雜亂，但卻收藏了以嶄新手法呈現的青年風格藝術作品，以及極具歷史價值的波西米亞玻璃水晶製品。

內城區Innere Stadt

MAP ▶ P.73E2 **Manner**

搭乘地鐵U1、U3號線在Stephansplatz站下車，步行約2分鐘可達。Stephansplatz 7 (01) 513 70 18
10:00~21:00 www.manner.com

奧地利人從小吃到大的Manner巧克力夾心餅乾，起源可追溯自1890年Josef Manner I所建立的點心王朝，當時巧克力還是奢侈品，一般工作階層要花兩天的薪水才買得起一片，為了讓所有人都可輕鬆享用，而有了Manner品牌的誕生。

1898年，Manner推出了巧克力夾心餅乾，至今已超過110年，到現在依舊是奧地利人從小吃到大的人氣點心。現在在維也納與薩爾斯堡都有其實體店鋪，店內放眼望去一片粉紅，除了自家招牌點心與他牌Dragee Keksi等當地巧克力點心外，Manner更在店鋪中販售自家品牌服飾與包包，人氣可見一斑。

內城區Innere Stadt

MAP ▶ P.73E2 **Haas & Haas**

搭乘地鐵U1、U3號線在Stephansplatz站下車，步行約3分鐘可達。Stephansplatz 4 (01)512 97 70 週一至週五9:00~18:30，週六9:00~18:00；週日和假日休。www.haas-haas.at/en

位在史蒂芬教堂後方的Haas & Haas，擁有超過30年的歷史，是由Eva與Peter Haas夫妻倆所創立的茶葉品牌，店內散發淡雅的芬芳茶香，商品以紅茶及花草茶為主，偌大的空間擺售了大吉嶺、錫蘭、阿薩姆等各式茶葉，輔以與茶相關的各類商品，像是果醬、茶壺、茶杯、糖果等，還有特殊的莫札特茶，種類多樣且包裝典雅，不管是自用或是送禮都相當合適。一旁則有附設餐廳，可來段優雅的午茶時光。

內城區Innere Stadt

MAP ▶ P.73E3 **Steffl**

搭乘地鐵U1、U3號線在Stephansplatz站下車，步行約3分鐘可達。Kärntner Straße 19 (01) 930 56 0 週一至週五10:00~20:00，週六10:00~18:00；週日及假日休。www.steffl-vienna.at

高級品牌齊聚的Steffl百貨，是克爾特納大街上最具現代感的建築，外觀大量運用玻璃與不銹鋼元素，夜晚點上燈火更是璀璨奪目。共計8層樓的館內，享譽國際的設計師品牌分佔各樓層，7樓頂樓則是景觀酒吧Sky Bar，可將維也納市區的活絡城市脈動盡收眼底，另一面還可遠眺到郊區山嶺綿延、葡萄莊園處處的田園景色。值得一提的是，因Steffl建築在莫札特故居的舊址之上，館內還可見到其設立的銅像與紀念區。

內城區Innere Stadt

MAP ▶ P.73E2　**Wiener Schokoladekönig**

🚇搭乘地鐵U1、U3號線在Stephansplatz站下車，步行約3分鐘可達。 🏠Freisingergasse 1 📞(01) 596 78 77 ⏰10:00~19:00，週六10:00~18:00；週日及假日休。 🌐www.leschanz.at

從其店名代表的意思「維也納巧克力之王」，就知道這是間對自家產品相當自豪的巧克力店，原址本來是皇家御用的衣釦專賣店，後來由這間巧克力店改裝為自己的店面，也因此店內飄著濃濃的舊日風情，當初裝衣釦的櫃子也完整保存下來，一格格的抽屜就像珠寶盒一般，充滿了尋寶的樂趣。店家老闆曾在薩赫咖啡及德梅爾咖啡任職，因此販賣的巧克力也相當有質感，最具特色的就是鈕釦巧克力及醃紫羅蘭巧克力，各種巧克力不僅看來秀色可餐，嘗來更是綿密細滑，也讓人認同它的確是頂級美味。

美妝&紀念品哪裡買

美妝產品除了可在BIPA購買外，也可從連鎖店Müller及dm入手，前者販售的種類相當多元，有化妝品、文具及玩具等生活用品，後者則可見到許多有機食品與醫療保健產品。人氣美妝產品與品牌包括德國卡蜜兒(Kamill)護手霜、克奈圃(Kneipp)、薇莉達(Weleda)等，都可在上述的店鋪中找到。

而說起紀念品，那就非克爾特納大街莫屬，街道上聚集了數不清的莫札特、克林姆周邊設計商品，還有具有紀念價值的名畫與風景明信片，連鄰國的知名品牌如雙人牌等也可以在這裡找到。

內城區Innere Stadt

MAP ▶ P.73E5　**Ringstrassen Galerien**

🚇搭乘地鐵U1、U2、U4號線在Karlsplatz站下車，步行約5分鐘可達。 🏠Kärntner Ring 5-7, 9-13 📞(01) 512 51 81 ⏰購物週一至週五10:00~19:00、週六10:00~18:00；週日休；用餐週一至週日7:00~24:00。 🌐www.ringstrassengalerien.com

Ringstrassen Galerien就位在國家歌劇院附近，請來國際級建築大師Wilhelm Holzbauer與Georg Lippert，設計出將維也納魅力、現代美學、先進技術等元素融合一起的購物百貨，中間的玻璃橋樑將分屬兩棟建築內的館區銜接在一起，裡頭齊聚了超市、藥妝、雜貨、家飾、服飾等各類商家，可以一舉買齊所有想要的東西。

內城區Innere Stadt

MAP ▶ P.73E5　**BIPA**

🚇搭乘地鐵U1、U2、U4號線在Karlsplatz站下車，步行約5分鐘可達。 🏠Kärntner Ring 9-13 📞(01) 513 86 68 ⏰週一至週五9:00~19:00，週六9:00~18:00。 🌐www.bipa.at

超過30年歷史的BIPA在奧地利擁有超過500間的分店，是國內規模最大的藥妝連鎖店，粉紅色的亮眼外觀內，集結超過14,000項的國際品牌與自有品牌產品，從化妝品、香水、保養品到生機食品都有，提供愛美的女性、男性全方位的完美呵護。

內城區Innere Stadt

MAP ▶ P.73E3 **Petit Point**

🚇搭乘地鐵U1、U3號線在Stephansplatz站下車，步行約3~4分鐘可達。 🏠Kärntner Straße 16 📞(01) 512 48 36 ⏰週一至週五10:30~18:00，週六10:30~17:00。 🕐
www.petitpoint.eu

克爾特納大街上這一處店面顯得狹小而不甚起眼的Petit Point，若不特別注意很容易就會錯過，原來這間店已在此佇立近百年的時光，是這條大道上最古老的店家之一，現在傳承到第三代的手上。Petit Point專賣「點刺繡」商品，這個流傳數世紀的手工藝是於巴洛克時期所衍生出來，在奧地利各地廣為流行，就連瑪麗亞‧泰瑞莎也於閒暇之時從事這項精細工藝。店內販售的點刺繡種類包含晚宴包、錢包、手鏡與畫作等適合收藏家或上流社會的商品，精美的用色與細膩的做工讓人驚艷不已，但因為相當耗費心力與時間，所以售價也不便宜，可以從櫥窗純欣賞，沾染一下高貴的藝術氣息。

內城區Innere Stadt

MAP ▶ P.72D2 **Engel Apotheke**

🚇搭乘地鐵U3號線在Herrengasse站下車，步行約2分鐘可達。 🏠Bognergasse 11 📞(01) 533 44 81 ⏰週一至週六8:00~18:00、週六8:00~12:00；週日及假日休。

Engel Apotheke為「天使藥局」之意，是從16世紀營業至今的藥局老舖，然而比起購物，更吸引眾人目光的是它的觀光價值，1902年為遷至現址而拆除重建，由奧地利建築設計師Oskar Laske操刀改裝重建，成為現在維也納分離派的樣貌，上頭的天使壁畫尤其出名，成為遊客拍照留影的重要景點。

內城區Innere Stadt

MAP ▶ P.73E3 **Billa Corso**

🚇搭乘地鐵U1、U3號線在Stephansplatz站下車，步行約2~3分鐘可達。 🏠Neuer Markt 17 📞(01) 513 04 81 0 ⏰週一至週六8:00~20:00，週日10:00~20:00。 🕐www.billa.at

奧地利連鎖超市BILLA旗下的高階版店舖Billa Corso，寬廣開闊的空間以玻璃及不銹鋼構築而成，乾淨明亮且具有高度時尚感，加上從入口一進去就是水果與蔬菜區，翠綠與鮮豔的色彩，讓這裡更顯明亮而生氣十足，也營造出舒適的購物空間。除了生鮮蔬果，其他還有熟食區、麵包糕點、調味料等分類專區，好逛又好買。

內城區Innere Stadt

MAP ▶ P.72C2 **Xocolat**

🚇搭乘地鐵U3至Herrengasse站下車，步行約3~4分鐘可達。 🏠Freyung 2 📞(01)535 43 63 ⏰週一至週六10:00~18:00；週日及假日休。 🕐www.xocolat.at

費爾斯特宮(Palais Ferstel)內的拱廊購物街，富含宮殿般的優雅華美風格，兩側林立許多精緻小店，巧克力專賣店Xocolat也身列其中。Xocolat被喻為是維也納最美味的巧克力店之一，店內的大型木櫃上陳列了超過400種品項，囊括歐洲各地及自家手工製作的巧克力，超越想像的店家規模讓愛好甜食的人感到意外的驚喜與雀躍，除了玻璃櫃內那一顆顆飽滿的巧克力球、店內的貓舌巧克力、擁有趣味包裝的商品等也值得一嘗。

內城區Inner Stadt

MAP ▶ P.73E3 **Augarten**

📍Spiegelgasse 3 🚇搭乘地鐵U1、U3號線在Stephansplatz站下車，步行約1分鐘可達。 ☎(01) 512 14 94 🕐週一至週六10:00~18:00；週日休。 ⓊInfowww.augarten.at/en

掃地圖

Augarten瓷器餐具擁有近3世紀的歷史，奢華的設計風格歷久不衰，加上由職人以傳統工法一筆一筆地彩繪而成的精細做工，讓它深受歷代貴族的喜愛，製作的瓷

器從餐具延伸到花瓶、燈具，一直都是民眾夢寐以求的高級餐具。Augarten請來Philipp Bruni為其操刀設計，運用木頭、鋼鐵、玻璃與皮革等不同材質組合出匠心獨具的商店環境，櫃上擺置著藝術品般精美的陶瓷品，雖然價格並不便宜，但其中飽含的點滴心血及跨越世代的經典設計，即使花大筆錢也想收藏。

環城大道周邊Around the Ringstrasse

MAP ▶ P.72B5 **Butlers**

🚇搭乘地鐵U2號線在Museumsquartier站下車，步行約4分鐘可達。 🏠Mariahilfer Straße 17 ☎(01) 58 57 108 🕐週一至週五9:00~20:00，週四至週五9:00~20:30，週六9:00~18:00；週日休。 ⓊInfowww.butlers.at

源自德國的家居雜貨店，販售各種家飾、家具、廚房用品、居家雜貨等多元化商品，在歐洲擁有160間以上的分店，是規模相當龐大的企業。Butlers明

掃地圖

亮彩色的招牌彷彿具有魔力般，不僅吸睛，整個人更是不自覺地被吸引過去，商品的陳列方式相當能勾起購買慾，可愛繽紛的商品羅列架上，即使大型家具跟電器都帶不走，但光是各式生活雜貨就能讓人挑選許久，可以在此大肆挖寶。

環城大道周邊Around the Ringstrasse

MAP ▶ P.72B5 **KARE Cityhaus**

🚇搭乘地鐵U2號線在Museumsquartier站下車，步行約3分鐘可達。 🏠Mariahilfer Straße 5 ☎(01) 585 62 11 ⏰週一至週五9:30~19:00，週六9:30~18:00；週日休。🔗www.kare.at/kare-wien-cityhaus

相當有個性的KARE為國際連鎖品牌店，從1981年的小小店鋪起步，到現在擁有陣容堅強的設計團隊，每年平均可生產出約1,500項創作，發展速度相當快速。KARE以「More taste than money!」作為其標語，著重店內商品的獨特與創新，從門口迎接來客的紅色塑像及裡頭各種風格混雜的商品來看就可略窺一二。店內從復古風、可愛風、到搞怪搞笑的商品都應有盡有，不走平凡中庸路線，引領顧客走出自己的生活風格。

掃地圖

奧地利超市

在物價昂貴的奧地利，能以最划算的價格入手商品的地方當屬超市，而且各種茶包、點心零食、調味包、當地飲料等商品集中，可在此找到許多好物。在奧地利當地有許多連鎖超市，如分店數量最多的BILLA、販售許多點心類商品並賣有小菜的SPAR、售價普遍較便宜的Hofer與Zielpunkt等，是旅途上最佳的補給站。

另外，超市的營業時間與一般商店相同，通常是週一至週五約營業至晚上8點，週六約至下午6點，週日則休假；但在車站內的超市為了服務來往的大量人潮，往往營業時間都會較長，其中還有週日也會營業的超市，像是Praterstern站內的BILLA，週日臨時需採買東西的話可以多加利用。

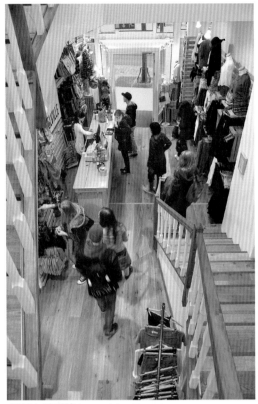

環城大道周邊Around the Ringstrasse

MAP ▶ P.72A6 **Brandy Melville**

🚇搭乘地鐵U2號線在Museumsquartier站下車，步行約5分鐘可達。 🏠Mariahilfer Straße 29 ☎(0664) 329 37 50 ⏰週一至週三10:30~19:00，週四~週五10:00~19:30，週六10:00~18:00。🔗brandymelville.at

掃地圖

瑪利亞希爾夫大道上可見許多知名服飾品牌，像是Forever 21、H&M等，而這間來自義大利的Brandy Melville，人氣比起其他大廠牌可是一點都不遜色，兩層的空間以樓中樓的方式呈現，讓占地不大的店面也能擁有開闊感；木質地板營造出鄉村樸實風情，服飾則走L.A.的美式簡單率性風，是Miley Cyrus、Audrina Patridge等眾多好萊塢女星愛穿的品牌之一。

Where to Stay in Vienna
住在維也納

內城區Innere Stadt

MAP ▶ P.73E4 **Austria Trend Hotel Europa Wien**

搭乘地鐵U1、U3號線在Stephansplatz站下車,步行約3分鐘可達。 Kärntnerstrasse 18 (01)515 94 austria-trend.at/en/hotels/europa-wien

Austria Trend Hotels是奧地利當地知名的連鎖系統,在維也納有多達15家飯店,這間飯店就位在繁華的克爾特納大街上,佔盡地理優勢,霍夫堡皇宮或聖史蒂芬教堂等景點都在步行可達的距離。飯店共有160間客房或套房,裝潢簡潔、明亮,並配備大螢幕平面衛星電視。早餐內容豐富,接待大廳旁還有一間Europa Bar酒吧,從早上營業到凌晨,提供多樣的飲料和鬧中取靜的輕鬆空間。

掃地圖

內城區Innere Stadt

MAP ▶ P.72D4 **維也納薩赫飯店 Hotel Sacher Wien**

搭乘地鐵U1、U2、U4號線在Karlsplatz站下車,或搭地鐵U1、U3號線在Stephansplatz站下車,步行皆約5~7分鐘可達。 Philharmoniker Str. 4 (01)514 560 www.sacher.com/hotel-sacher-wien

由薩赫咖啡館經營的維也納薩赫飯店在1876年落成,是維也納市中心最豪華的飯店,光是步入接待大廳,就可以感受到哈布斯堡王朝時代尊貴的氣勢。維也納薩赫飯店共有149間客房或套房,分成數種裝潢風格,皆配備優雅的家具、珍貴的骨董和繪畫擺飾,以及先進的現代化設施。此外,因為座落內城核心地帶,經常一房難求。

掃地圖

內城區Innere Stadt

MAP ▶ P.73E5 **Hotel Bristol**

搭乘地鐵U1、U2、U4號線在Karlsplatz站下車,步行約2分鐘可達。 Kärntner Ring 1 (01)515 16 0 www.hotelbristolwien.com

位於國家歌劇院旁、開幕於19世紀末的Hotel Bristol,散發一股懷舊的奢華氛圍。四處高掛的肖像畫、懸掛著枝狀吊燈的挑高天花板、以華麗織品為材質的扶手椅、大理石地板、擺設古董家具的客房等,整座飯店猶如皇宮般精緻,大廳中不時傳來的現場鋼琴演奏,讓人想起維也納之所以稱為「音樂之都」的原因。打從營業開始,這裡就是維也納藝文界和商務人士最優雅的會面場所。

掃地圖

環城大道周邊Around the Ringstrasse

MAP ▶ P.72A4 **Hotel Sans Souci Wien**

搭乘地鐵U2、U3至Volkstheater站下車,從Burggasse出口出站步行約1分鐘可達。 Burggasse 2 (01)522 25 20 www.sanssouci-wien.com

座落在傳統的第1區及現代化的第7區之間,飯店本身的風格也是兩者的綜合,改建自1872年的百年建築,外觀保留歷史古典原貌,內部裝潢則請來飯店及住宅專業設計團隊yoo操刀。在這裡全63間客房及套房都是不同的設計,寬闊優雅的空間風格與明快的用色,並裝飾有藝術家的原畫,富含城市的現代時尚感,流洩著沉靜平和的氛圍。

掃地圖

環城大道周邊Around the Ringstrasse

MAP ▶ P.72B5　Hotel Das Tyrol

🚇搭乘地鐵U2號線在Museumsquartier站下車，步行約3分鐘可達。 🏠Mariahilfer Straße 15 ☎(01) 587 54 15 🌐www.das-tyrol.at

　位於維也納最長的購物大道Mariahilfer Strasse上，Hotel Das Tyrol無論博物館區、霍夫堡、國家歌劇院、藝術史博物館等著名景點，都在步行範圍之內。30間客房中融合了維也納地方特色與現代風格，特別是裝飾空間的現代維也納藝術作品全都是出自當地藝術家的手筆，讓飯店充滿迷人的魅力。

環城大道周邊Around the Ringstrasse

MAP ▶ P.70B4　Hotel Rathaus Wein & Design

🚇搭乘地鐵U2、U3號線在Volkstheater站下車，步行約7~8分鐘可達。 🏠Lange Gasse 13 ☎(01) 400 11 22 🌐www.hotel-rathaus-wien.at

　Hotel Rathaus展現了主人Fleischhaker家族「葡萄酒愛好者」哲學的概念，在舒適且設計現代的空間中，隨處可以看見與酒相關的主題：自助式早餐中的葡萄酒乳酪、搭配咖啡的葡萄酒空心圓蛋糕guglhupf、房間裡含有葡萄酒成分的美容用品等。在39間客房中，每間都獨具特色，並且各以奧地利頂尖釀酒師作為命名。當然，飯店也樂意替房客安排前往酒鄉的一日遊。

環城大道外圍Outer the Ringstrasse

MAP ▶ P.70A5　Schloss Schönbrunn Grand Suite

🚇搭乘地鐵U4號線在Schönbrunn站下，步行約10分鐘可達。 🏠Schönbrunner Schlossstraße 47 ☎(01)878 04 0 🌐www.austria-trend.at/en/hotels/schloss-schonbrunn-suite

　Schloss Schönbrunn Grand Suite屬於Austria Trend Hotels的一員，就設立在熊布朗宮頂樓的一隅，只有2間套房，享有管家式的尊榮服務，而且位置非常隱密，連在宮裡工作的服務人員都不一定知道。至於早餐和晚餐，可以選擇到不遠處的同系統飯店Parkhotel Schönbrunn內享用，也可安排專人到府服務(套房裡附設專屬的廚房)。

環城大道外圍Outer the Ringstrasse

MAP ▶ P.70A4　Boutiquehotel Stadthalle

🚇搭乘地鐵U3、U6號線在Westbahnhof站下車，步行約5~10分鐘可達。 🏠Hackengasse 20 ☎(01) 982 42 72 🌐www.hotelstadthalle.at

　Stadthalle採用太陽能板、收集雨水灌溉植物和提供廁所馬桶沖水、在屋頂平台上種植薰衣草、走道採用燈光感應開關，立志成為全世界第一家零能源消耗的市區飯店。客房改建自昔日公寓，每間的格局與裝潢均不同，其中有兩間客房擺設著百年古董家具。另外搭火車和騎腳踏車前來的房客，Stadthalle還提供更優惠的房價。

環城大道外圍Outer the Ringstrasse

MAP ▶ P.70D3　ARCOTEL Kaiserwasser Wien

🚇搭乘地鐵U1號線在Kaisermühlen-VIC(Vienna International Centre)站下，步行約3分鐘可達。 🏠Wagramer Straße 8 ☎(01) 224 24 0 🌐www.arcotelhotels.com/en

　位於維也納西北郊多瑙河畔，除了緊鄰地鐵站之外，更能將聯合國市(UNO City)和維也納國際中心(VIC)盡收眼底，感受和舊城截然不同的現代氣氛。飯店擁有282間客房與公寓，提供現代舒適的住宿環境，除餐廳和酒吧外，Kaiserwasser還有蒸汽浴、三溫暖及健身房等設施。

維也納森林
Wienerwald / Vienna Woods

看盡了奧匈帝國的風華、聆聽了音樂之都的絕美樂音，除了精緻動人的建築和豐富的藝文活動之外，維也納的週邊更是品嘗葡萄酒和親炙大自然的最佳場所之一，只需要1~2小時的車程，就能巡遊於景色優美的多瑙河，或穿梭於維也納森林的盎然綠意之間。

維也納森林是阿爾卑斯山的山腳所形成的一片丘陵地，由維也納西北邊的山丘(Leopoldsberg)，到西南邊的溫泉勝地巴登(Baden)，總長約40公里，環繞著維也納市區，面積是維也納的三倍之大。

打從11世紀開始，維也納森林就是皇家的狩獵場，1955年開始，劃為維也納景觀保護區。維也納人得天獨厚地擁有這麼一片綠地，每到假日，維也納森林就成為人們出外踏青、品嚐美酒佳餚的熱門去處。

維也納森林

格林琴Grinzing
海里根施塔特 Heiligenstadt
維也納Wien
Pukersdorf
Inzersdorf
Kalksburg
Perchtoldsdorf
Knoten Vösendorf
Hinterbrühl
西妥會修道院 Stift Heiligenkreuz
Sparbach
莫德林Mödling
地底湖 Seegrotte
Laxenburg
海利根克洛茲 Heiligenkreuz
Gumpoldskirchen
梅耶林Mayerling
Knoten Guntramsdorf
巴登Baden
圖例 ◉景點

INFO

基本資訊
生態：超過2千種植物、150種鳥類。
面積：約1,350平方公里。

優惠票券
◎**下奧地利卡Niederösterreich-CARD**

持下奧地利卡可在一年效期內(4月1日至隔年3月31日)，單次進入維也納周邊城市，包括下奧地利邦、以及上奧地利邦、布爾根蘭邦、施泰爾馬克邦共超過300個景點。合作景點有維也納市區的國家圖書館、西班牙馬術學校，維也納森林的梅耶林、登山纜車，多瑙河谷的河輪以及梅克修道院都包含在內，是遊覽維也納周邊的好幫手。

下奧地利卡可透過官網購買，並配合APP線上使用。也可在合作的觀光景點、OMV加油站等地購買。
💰成人€65，6~17歲青少年€34；再購成人€60，6~17歲青少年€31
🌐www.niederoesterreich-card.at (僅限德文)
❗購買後需在48小時內上網開卡。

旅遊諮詢
◎**維也納森林遊客服務中心**
📍Hauptplatz 11, Purkersdorf
📞(02231) 621 76　🌐www.wienerwald.info

MAP ▶ P.130B1

格林琴

Grinzing

MOOK Choice

新釀酒館聚集的小村莊

掃地圖

搭乘38號市電到Grinzing站下車即達；或搭乘地鐵U4到Heiligenstadt站下，再轉乘開往Kahlenberg方向的38A巴士，在Grinzing站下。

格林琴是維也納近郊新釀酒館集中的小村莊，每到黃昏，從維也納森林散步回來的維也納人和慕名而來的觀光客，就開始穿梭在街道上，尋找門口綁著松樹枝的酒館。每家酒館都有著種滿葡萄的庭園，有時候服務生還會穿著奧地利傳統服飾，在門口邀請你一起入內同樂。

酒館裡的裝潢充滿著懷舊及鄉村的氛圍，木頭桌子、花桌布、泛黃的照片，在溫馨的空間裡可以點杯沁涼爽口的新酒，再搭配鄉村口味的料理，度過一個微醺的夜晚。

某些酒館裡面，會有演奏手風琴的樂師表演，這些穿著傳統服飾的樂師，一邊演奏一邊高聲歌唱，還會邀請客人同樂，或是專為你演奏一首，唱到興起時，全體跟著節拍一搭一唱，沉浸在音樂、歌聲與酒香中，氣氛分外迷人。

Alter Bach Hengl

從Grinzing電車站步行約3分鐘可達。 Sandgasse 7~9 (01)320 24 39 每日15:00~22:30。 www.bach-hengl.at

Alter Bach Hengl是格林琴眾多庭園酒館之一，歷史甚至可追溯到第8世紀，裝潢與布置到處可看到歷史的痕跡。這裡不但有自家釀造的新酒、相當美味的奧地利傳統佳餚，也有頗能帶動氣氛的手風琴樂團，晚上到此，最能全面體會到格林琴新酒酒館的真實風貌，見識平常看起來道貌岸然的維也納人輕鬆活潑的另一面。

新釀酒館Heuriger

「Heuriger」意思是葡萄酒新釀酒館，這是奧地利特有的葡萄酒莊，源自於1784年，皇帝約瑟夫二世體諒當時酒農生活清苦，特別下旨允許沒有餐廳營業執照的酒農開設酒肆，出售當年釀造的新酒。所謂新酒期限從8月底到9月初開始，到翌年的馬丁節(Fesat of the Martins，11月11日)，過了這個日期，去年的酒就不能再銷售了，而讓今年的葡萄酒取代登場。

MAP ▶ P.130B1

海里根施塔特

Heiligenstadt

追尋貝多芬的足跡

掃地圖

🚇搭乘地鐵U4號線可直達Heiligenstadt站

　　海里根施塔特德語是「聖城」的意思，位於維也納市區北方，曾經是個溫泉小鎮，19世紀末溫泉逐漸乾涸，1892年被劃歸維也納的轄區之一。

　　1802年，貝多芬曾經在此居住，當時他正遭逢耳聾日趨嚴重的痛苦，所以寫下遺書給他的兄弟，心情沮喪甚至提到自殺的念頭。不過在此修養了半年之後，又恢復了活力，邁向他創作的另一階段。

海里根施塔特

往卡倫山 Kahlenberg

梅耶・安姆・普法爾普拉茲
Mayer amPfarrplatz

Schreiberweg

貝多芬廣場
Beethoven-Ruhe

Nußberggasse

Frimmelg

貝多芬小徑Beethovengang
Zahnradbahnstraße

往格林琴
Grinzing

Unterer Schreiberweg

英雄巷Eroicagasse

Langackergasse

Kahlenberger Str.

Hammerschmidtgasse

Cobenzlgasse

Grinzinger Allee

Straßergasse

Sandgasse

格林琴街
Grinzinger Str.

貝多芬遺囑之家
Beethoven Wohnung
Heiligenstadt

Armbrustergasse

普羅布斯巷
Probusgasse

格林琴街
Grinzinger Str.

貝多芬夏屋
Beethovenhaus

Hohe Warte Döblinger Hauptstr.

海里根施塔特街
Heiligenstadt Str.

Heiligenstadt站

N

圖例　◎景點　🍴餐廳　🏛博物館
　　　Ⓢ廣場　🚉火車站

貝多芬博物館 Beethoven Museum

搭乘地鐵U4到Heiligenstadt站，再轉搭開往Kahlenberg方向的38A巴士，在Armbrustergasse站下。 Probusgasse 6 (01) 370 54 08 週二至週日、假日10:00~13:00、14:00~18:00，12月24~31日10:00~13:00；週一休。 成人€8，優惠票€6，19歲以下免費；持維也納卡€6。 www.wienmuseum.at

西元1802年，深為耳疾所苦的音樂家貝多芬，在醫生建議下遷到幽靜的海里根施塔特居住，在這裡，貝多芬一方面為田園的美麗與寧靜所吸引，另一方面，由於逐漸喪失聽力，悲憤之餘，留下一封他寫給兩個兄弟的信；這封信從來就沒有寄出過，如今仍然完好地被保存在這裏。

穿過小巧的中庭上到2樓，這間還保留著他居住原貌的房子，已經被闢為貝多芬的紀念館之一，收藏著當初貝多芬的親筆遺囑及樂譜。

貝多芬小徑 Beethovengang

搭乘地鐵U4到Heiligenstadt站，再轉搭開往Kahlenberg方向的38A巴士，在Armbrustergasse站下，沿著Armbrustergasse往上走，沿途經過Eroicagasse和Zahhradbahnstr.，就可以看見貝多芬小徑的指標。從貝多芬博物館步行約8~9分鐘可達。

這條風光明媚的小徑就位於貝多芬住家不遠處的維也納森林中，貝多芬十分喜愛在這裡散步，著名的田園交響曲，就是在此段時期醞釀出來的。

小徑沿著小溪蜿蜒在翠綠的森林中，不時傳來的鳥鳴及微風吹拂，偶爾有人穿梭其中，難怪貝多芬會極了這樣的風光，常常在此流連。再往前走約10分鐘，會到達一個小廣場，廣場中有座貝多芬的半身塑像，可以在此稍事休息，再繼續探索充滿無數可能的綠色森林。

梅耶‧安姆‧普法爾普拉茲
Mayer am Pfarrplatz

搭乘地鐵U4到Heiligenstadt站後，再轉搭開往Kahlenberg方向的38A巴士，在Fernsprechamt/Pfarrplatz站下車。從貝多芬遺囑之家步行約3分鐘可達。 Pfarrplatz 2 (01) 370 12 87 12:00~24:00。 www.pfarrplatz.at

貝多芬的足跡也曾經停留在此處，1817年夏天跟農家分租的房間就位於中庭的最後方，當時是他創作第9號交響曲期間。

現在穿過屋子的拱廊，會進入已經成為新釀酒館的庭院，溫馨且綠意盎然的庭院裡，讓觀光客可以品嘗自家葡萄酒莊所釀造的新酒與佳餚。這間葡萄酒餐廳的用餐方式分兩種，一種是自助式的餐台，可以直接到排得滿滿的餐台上點菜，有烤雞、牛肉、香腸、馬鈴薯泥、麵條、各種口味的起司及醃製小菜等，結帳後可以帶走或坐下來簡單解決；另一種是正式的餐廳，穿著奧地利傳統服飾的侍者會熱情招呼你，讓你還沒嘗到酒，心就先溫暖了起來。

卡倫山

MOOK Choice

Kahlenberg

登高望遠享森林浴

掃地圖

🚇搭乘地鐵U4到Heiligenstadt站，再轉乘開往Kahlenberg方向的38A巴士，在Kahlenberg站下。 🌐www.kahlenberg.wien

雖然要抵達海拔484公尺的卡倫山，必須搭約40分鐘的公車隨著山路蜿蜒而上，不過這裡的確是一覽維也納市區北端景色的好地方。

站在觀景塔上，可以見到遠方蜿蜒的多瑙河穿過優雅的市街，左方是散布著大片葡萄園的維也納森林，尤其是在夕陽西下、華燈初上的時刻，浪漫的氣息吸引了眾多情侶和觀光客。旁邊有幾

家新釀酒館，捨不得這片風光的人可以坐下來品酒小憩。

這裡同時也是維也納森林步道的起點之一，維也納森林中有許多當天可以來回的輕量級步道，適合全家大小一起到森林中散步。

地底湖

MOOK Choice

Seegrotte Hinterbrühl

歐洲最大的地底湖

掃地圖

🚗開車前往：從維也納走A21高速公路由Gießhübl出交流道；選擇大眾交通工具，搭乘市電到Mödling站，再轉乘364、365號巴士直接抵達該地。 🏠Grutschgasse 2a, A-2371 Hinterbrühl 📞(02236) 263 64 🕐4～10月9:00～17:00(最後一場導覽從16:15開始)；11～3月週一至週五9:00～15:00(最後一場導覽從14:15開始)，週末和假日9:00～15:30(最後一場導覽從14:45開始)。 💰成人€18，5～14歲兒童€12。 🌐www.seegrotte.at ❗地底湖冬季不定期關閉整修，開放時間等詳情請上官網確認

歐洲最大的地底湖，就位於維也納森林中的Hinterbrühl，距離維也納市區只有17公里。以石灰岩為主要成份的地底湖位於地下60公尺，面積有6,200平方公尺，最深達12公尺，最淺只有1.2公尺，原本為了開採這種礦石作為農業肥料而開闢了隧道，但是在1912年的一次水患中沖走了這些有用的物質，因此在1932年開放參觀。

穿過450公尺長的隧道(Förderstollen)，就

可以到達礦坑內部，終年保持12℃的常溫，首先抵達的是礦工休息處，接下來經過馬房(Pferdestall)後會抵達小藍湖，小藍湖的正下方就是歐洲最大的地底湖。隧道中還有礦工的小教堂，紀念因公殉職的人員及擺設礦神神聖·芭芭拉。二戰時期地底湖曾作為德軍的秘密工廠，洞窟中展示著1945年的地下機場樣貌。

這座地下湖共有7條小溪流入，卻沒有出口，每晚都必須將湖水抽出。參觀地下湖所坐的船是以地下水發電廠供能發動的，可以安靜無聲地行駛。參觀全程約40分鐘。

MAP ▶ P.130A3

梅耶林

MOOK Choice

Mayerling

西西皇后喪子之痛

🚗 從維也納的Wien Meidling搭乘火車前往巴登(Baden)，車程約20分鐘，再轉搭巴士前往梅耶林，後段車程約45分鐘。 🏠 A-2534Mayerling 3 ☎(02258) 227 5 ⏰ 紀念教堂夏天9:00~17:30；冬天週六、日及假日9:00~17:00，週二及週五只接待預約的團體。 💰 紀念教堂成人€7.2、6~14歲兒童€4.2。 🌐 www.karmel-mayerling.org

掃地圖

　　梅耶林原本是哈布斯堡家族的狩獵場，因為魯道夫王子的自殺事件而聞名。

　　魯道夫(Archduk Rudolf,1858~1889)是奧匈帝國的皇帝法蘭茲‧約瑟夫(Franz Joseph)和皇后依莉莎白(Elisabeth)的獨子，由於支持匈牙利國會的反對黨，以及充滿著自由主義的思想，而不斷受到貴族的攻詰，後來更因為缺乏信仰而激怒了教會；再加上他和比利時公主史蒂芬妮(Stephanie)不快樂的婚姻，讓他和家族的關係日益疏遠。

　　1888年，30歲的他出席德國大使館的舞會時，認識了一位17歲的男爵之女Mary Vetsera，讓他重拾了熱情。法蘭茲‧約瑟夫獲知後決定要將此醜聞做個了斷，於是在1889年1月28日和魯道夫談話時展開了激烈的爭吵，法蘭茲告訴兒子教皇拒絕承認魯道夫的第二次婚姻，同時他也反對離婚，更宣布他發現了匈牙利叛亂的陰謀。

　　魯道夫為了不背叛他的朋友，同時情勢充滿了無法解決的問題，於是沮喪的他決定要和愛人一起自殺。1月29日，魯道夫並未在霍夫堡現身，而是和Mary Vetsera一起前往梅耶林的狩獵小屋。魯道夫在Mary Vetsera死後分別寫完3封遺書之後才自殺，分別是給母親、妻子和最好的朋友。1月30日，他們被發現死在狩獵小屋的寢室中。

　　魯道夫死後，法蘭茲皇帝將小屋拆除，並且將當地擴建為女修道院，原來悲劇發生的地點則蓋了一座歌德式紀念教堂，現在教堂內高聳的祭壇就是當初兩人被發現的地點，鄰接教堂的房間裡還擺設了當時的家具，以及魯道夫的肖像和照片，以紀念這位王子。這個歷史上的悲劇，後來經由柴可夫斯基譜成歌劇《魂斷梅耶林》而廣為流傳。

MAP ▶ P.130A3

西妥會修道院

MOOK Choice

Stift Heiligenkreuz

混合風格的修道院

掃地圖

🚌 從維也納的Wien Meidling搭乘火車前往巴登(Baden)，再轉搭巴士前往西妥會修道院，兩段車程各約20分鐘。 ♦2532 Heiligenkreuz im Wienerwald ☎(02258)8703 🕐週一至週六9：00～11：30、14：00～17：15，週日和假日14：00～17：15。 💲成人€11.3，小孩及學生€6.8。 ⓌＷww.stift-heiligenkreuz.org/besichtigung-fuehrungen/english

　　西元976年，巴伐利亞的貴族巴登堡(Badenberg)家族的利奧波德(Leopold)開始統治奧地利，直到1246年最後一任君王斐德烈二世(Frederick II)戰死，沒有留下任何子嗣。這之後，開始了一連串的爭戰，終於在1278年魯道夫戰勝馬札爾人，接收了巴登堡的土地，開始了哈布斯王朝統治歐洲600年的歷史。而這座建於1133年的修道院就是源自於巴登堡時期，當時巴登堡邀請了12位法國西妥會(The Cistercian)的僧侶來到此地成立修道院。

　　由於西妥會僧侶來自於勃艮地(Burgandy)，因此這座修道院的外觀並不像同時期奧地利的建築，反而融合了羅馬式和哥德式的建築風格。西邊建築物立面上三足鼎立的窗戶是西妥會修道院建築的特色之一；庭院裡的三位一體柱是雕刻師Giovanni Giuliani的作品；從入口進入之後，18世紀的天花板濕壁畫描繪的是聖本篤(St. Benedict)和聖貝爾納德(St. Bernard)跪在聖母瑪莉亞前。

迴廊Cloister

連接各個主要房間的迴廊主要建於13世紀初，在修道院中佔有舉足輕重的份量。步入迴廊後可以發現：北邊的迴廊和東邊的迴廊是兩個不同時期的建築構造，北邊呈現的是羅馬式建築的圓弧拱形迴廊，簡單樸實的石材，沉穩中帶著寧靜、祥和；東邊則是哥德式建築的尖拱型迴廊，精緻、華麗且花俏。

北邊迴廊的玻璃只有黑白兩色，這是由於一開始時為了讓苦修的僧侶能夠集中精神在個人重生上，因此繪畫、雕塑、濕壁畫都是被禁止的；也由於這樣，反而引導僧侶們把注意力集中在建築上，進而創造出哥德式風格的建築。這些嚴格遵守教義的表現，可以從迴廊的柱頭上只有抽象的植物裝飾中看到。

集會廳 The Chapter House

穿過迴廊抵達東邊最大的房間就是集會廳，這是僧侶們聆聽教義的地方，同時也是巴登堡家族墓地所在，現在則成為修道院選舉院長和新生報到之處。

這間房間呈現的是13世紀初的羅馬建築風格，加上絢麗繽紛的19世紀彩繪玻璃，以及18世紀文藝復興時代的壁畫，營造出靜謐且莊重的氣氛。大廳中間是巴登堡斐德烈二世的人像大理石墓，他是巴登堡最後一任統治者，由於沒有留下任何子嗣，因此自此之後政治陷入紛亂。

噴泉屋
The Fountain House

這間擁有美麗彩繪玻璃的屋子建於1290年，散發出哥德建築晚期的成熟韻味，這裡是僧侶們工作及餐前後盥洗之處，在西妥會的教義中，不論舉行祈禱儀式或是日常生活作息，都必須虔誠且優雅，這樣會更接近上帝。

彩繪玻璃上描繪的人像都是巴登堡家族的成員，包括修道院創建者聖‧利奧波德(St. Leopold)。噴泉則是典型文藝復興時期的作品，這種噴泉可以在義大利和羅馬隨處可見，由於使用的是富含礦物質的地下井水，所以讓噴泉布滿了許多沉積物。

工作房 The Fratery

這間由中世紀長方形的石塊所堆砌建成的房間，是僧侶的工作房，這間房間裡連接屋頂和柱子的拱型屋頂，線條十分優美。同時為了和地板的顏色搭配，白色牆面塗上了紅色線條，其中一面牆繪有帶著圓圈的紅色十字架，這個從當時流傳下來的十字架原型，到現在還印在修道院的祈禱書上。

葬禮禮拜堂
Funeral Chapel

這間房本來是作為僧侶們談話的場所，後來作為擺放待葬僧侶之處。扭動身軀的骷髏頂著碩大的燭台，中間是裝飾華麗的棺柩，以巴洛克式的華麗裝飾結合了生與死，讓死亡彷彿也成了歡樂的宴會。

多瑙河谷
Wachau/Danube Valley

多瑙河因世界名曲《藍色多瑙河》而家喻戶曉，總長度2,826公里，是歐洲第二長河，流經多個國家，包括10個邦、4個首都。多瑙河在奧地利境內雖然只有360公里(佔全長1/8)，但是這段河流都可以航行船隻，是奧地利經濟的動脈，包括首都維也納、工業重鎮林茲、工業中心Steyr等，都位於多瑙河沿岸。

從克雷姆斯到梅克這一段多瑙河谷，綿延約40公里，德語名為「瓦豪」(Wachau)，擁有眾多古蹟、城堡、修道院等，可以找到從史前時代演化至今的完整歷史軌跡，1998年被聯合國教科文組織列為文化遺產的保護名單。

雖然真實的多瑙河並不像史特勞斯所描述的般有著藍色的河水，但是沿岸一望無際的葡萄園、優雅的文藝復興宮殿、漂亮的教堂與葡萄酒莊，仍然吸引了無數遊客前往。

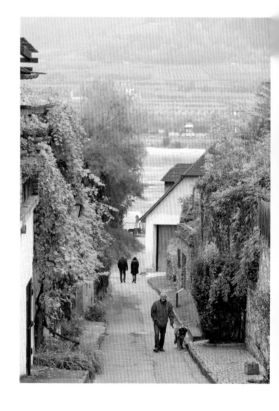

INFO

如何到達——火車

距離維也納只要1個小時車程的多瑙河谷區，可以由維也納搭乘火車到沿岸的各個城市。從維也納的Franz-Josefs-Bahnhof車站大約每小時就有一班車前往克雷姆斯(Krems)，也可以從Spittelau站上車，車程約60~75分鐘；從維也納西火車站(Wien Westbahnhof)約每1~2小時就有一班車前往梅克(Melk)，車程約1小時20分鐘。
www.oebb.at

如何到達——遊船

從維也納可搭遊船抵達多瑙河的瓦豪河谷區，不過這段航程的風景比較平常，所以僅5月初至9月底的週日，每天有一個船班從維也納出發，航行到杜倫斯坦(Dürnstein)，航程約4~6小時。航行多瑙河的船公司非常多，其中，DDSG遊船公司提供英文解說。
www.ddsg-blue-danube.at

如何到達——遊覽巴士套裝行程

如果不想輾轉搭火車然後搭船，花費許多時間在轉換交通工具上，則可以考慮參加Vienna Sightseeing Tours的多瑙河谷一日遊套裝行程(Day Trip to Danube Valley)，直接從維也納搭遊覽車出發，然後

瓦豪

Weißenkirchen
Holzapfel酒莊餐廳
St. Michael
史匹茲Spitz
Barock-Landhof Burkhardt
Artstetten-Pöbring城堡
Maria Taferl
Best Wesrern Landhotel
Marbach
Gottsdorf
Ybbs/D
Ybbs
A1
Pöchlarn
多瑙河Donau
Stift Melk梅克修道院
Hotel Stadt Melk
梅克Melk
Melk
Traisen
杜倫斯坦Dürnstein
瓦豪河谷Wachau
Krems
克雷姆斯Krems
Kamp
Grafenegg城堡
Stockerau
Kreuzenstein城堡
多瑙河Donau
A22
Greifenstein城堡
杜倫Tulln
Korneuburg
Arnsdorf
阿格斯坦城堡 Burgruine Aggstein
Leiben
Emmersdorf
Aggsbach-Dorf
Schönbühel
Luberegg
St. pölten
Traismaur
克洛斯特諾堡 Klosterneuburg
維也納Wien
A1
A21
A22
往格拉茲

圖例 ◎景點 城堡 飯店 遊客服務中心 碼頭 餐廳

從克雷姆斯、杜倫斯坦等河濱城鎮一路抵達梅克，行程包含參觀梅克修道院和旺季一小段遊船(冬季以午餐取代)。當天往返，全程約8小時。
(01) 712 46 83 0　4~10月每天9:45，11~3月週三、週六9:45出發。如有變動，以網站公告為準。　成人€83~、兒童€35~　www. viennasightseeingtours.com

當地交通
◎公車
多瑙河兩岸都有巴士巡行，北岸WL1每小時一班、南岸WL2每兩個小時一班。
www.vor.at
◎瓦豪鐵路
超過百年歷史的登山鐵路，可深入人跡罕至的葡萄

園區，沿途景觀優美。
www.noevog.at/en

旅遊諮詢
◎瓦豪遊客服務中心
Schlossgasse 3, A-3620 Spitz/Donau
9:00~16:30　(02713)300 60-60
www.donau.com
◎克雷姆斯遊客服務中心
Utzstr. 1, 3500 Krems an der Donau
(02732)826 76
4月中~10月中週一~週五9:00~18:00、週六11:00~18:00、週日11:00~16:00，10月中~4月中週一~週五9:00~17:00。
www.krems.info
◎杜倫斯坦旅遊中心
Dürnstein 25, A-3601 Dürnstein　(02711)219
週一、週四~五8:00~12:00，週二8:00~12:00、13:00~19:00；週三、六、日及假日休。
www.duernstein.at/en
◎史匹茲旅遊中心
Mittergasse 3a, 3620 Spitz　(02713)23 63
週一至週六9:00~12:30、13:30~19:00，週日14:00~16:00。　www.spitz-wachau.com/en
◎梅克旅客服務中心
Kremser Straße 5, 3390 Melk　(02752)511 60
www.melk.gv.at

MAP ▶ P.139C1

克雷姆斯

MOOK Choice

Krems

瓦豪最東端的歷史古城

掃地圖

🚗 從維也納的Spittelau或Franz-Josefs-Bahnhof火車站搭乘火車可達，車程約1小時。 ⓦwww.krems.info/en/welcome

　　位於多瑙河北岸的克雷姆斯，緊鄰著它的雙子城斯坦(Stein)，是多瑙河畔最早有人居住的地區之一，出土文物歷史可追溯到3萬2千年前；大約於13世紀開始形成村鎮，目前是瓦豪地區人口最多的城市，且擁有中歐保存最完整的舊城區，包括哥德式教堂、13世紀的城堡等。

　　克雷姆斯的城門通道十分特別，穿過城門下的通道，走進去之後就是克雷姆斯最熱鬧的街道，兩旁都是商店和餐廳，可以在古色古香的街道上逛街購物。

　　克雷姆斯舊城區有許多歷史悠久的樓房，外牆上仍清晰可見浮雕或壁畫的痕跡，歷史悠久到連當地人都說不清了。穿梭在狹窄的巷弄間，一步一腳印地追尋久遠的歷史，別有一番浪漫情懷。

　　克雷姆斯也是多瑙河著名的酒區，鎮上有許多新釀酒酒館，夏季時分，遊客穿梭在這裡，可盡情品飲從多瑙河畔孕育出的香醇佳釀。走

上克雷姆斯的山坡，可以見到連接對岸小鎮Mautern的鐵橋，以及遠方山丘上的巴洛克修道院Gottweig。

多瑙河之旅理想方案

　　如果時間充裕，想好好地以浪漫的心情優遊美麗的多瑙河谷，《藍色多瑙河》的沿岸風光絕對不能錯過，最道地的方式就是從維也納先搭火車到克雷姆斯，然後從克雷姆斯開始搭乘遊船逆流而上梅克；反方向亦可。

　　每年4月中到10月底，搭船遊覽瓦豪的行程深受遊客歡迎，沿岸各城鎮都有碼頭可以上船。遊船的行程選擇眾多，有的可以結合腳踏車、火車、餐點，也有針對特殊主題加以包裝，也有較短航程的價格。透過船公司的網站，即可選定最適合自己的多瑙河之旅。
Brandner遊船 ⓦwww.brandner.at
DDSG遊船 ⓦwww.ddsg-blue-danube.at

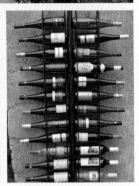

MAP ▶ P.139B1

杜倫斯坦

MOOK Choice

Dürnstein

藍色巴洛克式教堂與紅屋瓦的絕美

掃地圖

🚃 從維也納的Spittelau或Franz-Josefs-Bahnhof火車站，搭乘火車到達克雷姆斯後，再轉搭前往杜倫斯坦的列車，約10分鐘可達。 ⓦ www.duernstein.at/en

　　這座被山丘與綠意圍繞著的小鎮，已經成為瓦豪河谷的代表畫面，藍色的巴洛克式教堂矗立在紅色屋瓦中，遠方的山丘上有座中世紀的古堡遺跡。

　　1193年，英王獅心王理查(Richard the Lion-Hearted)曾經被禁錮於這座古堡中。據說當時他正從第3次十字軍東征返途中，因為巴登堡的利奧波德五世和英格蘭國王之間的恩怨而在維也納附近被捕，最後被送到這棟城堡中囚禁。後來，英國付了贖金將獅心王理查贖回，才結束了他近3個月的獄中生活。

瓦豪小圓麵包Wachauer Laberl

　　瓦豪地區的人很愛吃一種小小的圓麵包，名為Wachauer Laberl，外脆內軟，散發著天然發酵的麥香。這是由杜倫斯坦街上一家叫做Schmidl的麵包店所發明的，打從1905年至今，秉持著一貫的獨家配方，雖然後來也有不少同業爭相仿效，但當地人最愛的仍是超過百年的正宗口味。目前Schmidl已取得專利，麵包背面有S字樣的才是正字標記，瓦豪一帶的餐廳多半都有供應；剛好路過店家的話不妨買來嘗嘗。

🏠 Dürnstein 21　☎(02711)224
ⓦ www.schmidl-duernstein.at

史匹茲

MOOK Choice

Spitz

葡萄園包圍的河畔酒鄉

從維也納的Spittelau或Franz-Josefs-Bahnhof火車站，搭乘火車到達克雷姆斯後，再轉搭前往史匹茲的列車，克雷姆斯至史匹茲約30分鐘可達。 🔗 www.spitz-wachau.com/en

掃地圖

這座迷人的小鎮，簡直就是被包圍在葡萄園之中！鎮中心的廣場上矗立著15世紀的教區教堂，哥德式晚期的尖塔成為醒目的地標，而四周文藝復興式或巴洛克式的民宅，幾乎都是世代種植葡萄的釀酒商。背後的千斗山(Thousand-Bucket-Hill)，葡萄園像階梯一般層層疊疊，據說收成好時一年可以採收5萬6千公升的酒；舊城堡的遺跡高踞蓊鬱的山頂上，而多瑙河就像一條腰帶環繞在山腳下，令人驚喜發現多瑙河比傳說中的還要詩情畫意、美不勝收。

史匹茲也是瓦豪河谷遊船的中間站，如果時間不多，也可以只買克雷姆斯或梅克到史匹茲的船票，同樣能欣賞瓦豪河谷的綺麗風光。在碼頭可以見到一個奇特的景象，就是這裡的河上並沒有橋，所以往來兩岸可就得靠渡船，為了讓渡船能順利抵達彼岸，船的最上面會有條繩索牽引，讓船不被湍急河水沖走。

阿格斯坦城堡

MOOK Choice

Spitz

掃地圖

📍3642 Aggsbach Dorf ☎(02753) 82 28-1 🕐3月底~10月底9:00~18:00；冬期休。 💰成人€7.9、6~16歲兒童€6.9。 🔗 www.ruineaggstein.at

這是奧地利最有名的城堡遺跡，高踞在150公尺高的多瑙河谷上，來到城堡最高點，蜿蜒的多瑙河與一望無際的葡萄園盡在眼前。

城堡目前為私人所有，最開始是12世紀由三世所建，目前僅存「Pürgel」和「Stein」兩塊遺址。1429年，在原有遺址上，由五世公爵(Duke Albrecht V)委託侍衛長(Jörg Scheck vom Wald)重建。1529年，為了抵禦土耳其人而加建。1606年城堡易主且擴建。到了1903年，再度易主。

沿著山勢興建的城堡，長達120公尺，分成數個部份。每個部份都是要塞，守衛著東方唯一的入口，而其中最堅固的地方則是前方和後面的城牆，保護著城堡中央。昔日的城堡廚房今日成為一座咖啡館，夏季時對外開放。

MAP ▶ P.139B2

梅克

MOOK Choice

Melk

歷史悠久的可愛小鎮

掃地圖

🚃 從維也納的西火車站（Wien Westbahnhof）搭乘火車到達梅克，車程約1小時20分鐘。 ⓦ www.melk.gv.at

　　梅克就位於聞名的梅克修道院山腳下，是座歷史悠久的可愛小鎮，大多數的房子都建於16~17世紀。最早在羅馬時代就已經有碉堡在此地建立，中世紀時是巴登堡王朝（Babenberg）的居住地，巴登堡的利奧波德二世（Leopold Ⅱ）在1089年將山丘上的城堡捐給本篤會（Benedictine）的僧侶們，城堡於是被改建為梅克修道院，後來曾經毀於大火，在1702~1736年，經由多位藝術家的努力重建為現貌。造訪梅克，記得到旅客服務中心索取一張「紅色路線」（Der Rote Faden）導覽地圖，上面羅列出多達30個古蹟，包括中世紀城牆、號稱奧地利最美的郵局、教區教堂等，循線繞一圈，便能對梅克的歷史演進有概略性的了解。

MAP ▶ P.139B1

MOOK Choice

Holzapfel酒莊餐廳

Weingut Holzapfel

歷史酒莊品美酒啖佳餚

🚃 搭乘火車至杜倫斯坦或史匹茲後，可轉搭當地公車WL1號，在Wösendorf/Wachau Florianihof站下後步行約8分鐘可達。 ⓞ Prandtauerplatz 36, Joching ☎(02715)2310 ⏰ 冬季週一、二、五、日10:00~16:00；週六10:00~22:00；週三、四休。夏季週一、六10:00~22:00、二、三五、日10:00~16:00；週四休。 ⓦ www.holzapfel.at

掃地圖

　　在杜倫斯坦與史匹茲中間一個名為喬星（Joching）的小村落，有一幢兩層樓的可愛樓房，它既是當地人稱讚推崇的餐廳，也是自產自銷的葡萄酒莊，以及可提供客房的民宿，草木扶疏，氣氛相當迷人。

　　這個酒莊的歷史可追溯到1308年，目前擁有大約14公頃葡萄園。酒莊餐廳運用在地、當季盛產的食材，包括蘋果、杏桃、葡萄酒等，烹調出奧地利鄉間的傳統佳餚，無論是魚排、牛肉、自製火腿等，都引人食指大動。用餐的時候再搭配自家生產的雷斯令（Riesling）、綠菲特麗娜（Grüner Veltliner）、白皮諾（Weißburgunder）、茨威格（Zweigelt）等美酒，實乃一大樂事也。

MAP ▶ P.139B2

梅克修道院

MOOK Choice

Stift Melk

規模懾人的巴洛克建築

掃地圖

🚶 從梅克火車站步行約10分鐘可達。 🏠 Abt-Berthold-Dietmayr-Str. 1, A-3390 Melk ☎(2752)555 232 🕐修道院4~10月9:00~17:30，11~1月週六週日10:00~14:30平日僅開放導覽，1~3月僅開放導覽，11~3月導覽時間11:00、13:30、15:00。花園5~10月9:00~18:00。 💲修道院成人€13、27歲以下學生€6.5；花園成人€4.5、27歲以下學生€3.5、16歲以下兒童€1；導覽€3。 🌐www.stiftmelk.at

年代超過900年的梅克修道院，是巴洛克建築的經典，建築師Jakob Prandtauer將它與自然完美地融為一體，成為藝術傑作。1908年起，由城堡改建的修道院成為本篤會僧侶們修行的地方，並成為當地教育與宗教中心，在此他們宣揚並保存基督教的教義與文化。現在的梅克修道院不僅是教育中心，更成為多瑙河地區最熱門的觀光景點。

修道院幅員廣大，除了著名的大理石廳、圖書館和教堂外，還設有博物館，館內收藏眾多珍寶，儼然就是一部梅克修道院的歷史。此外，修道院裡還有廣大的花園，東側樹木濃密，而充滿巴洛克風格的亭閣位於較開放的西側花園。

大理石廳
Marble Hall

大理石廳作為舞廳與餐廳之用，只有門框和門上的山牆是大理石做的，其他都是灰泥畫，這些畫作全出自於Gateano Fanti之手，維妙維肖的畫工令人嘆為觀止。

天花板的濕壁畫出自Tyrolean Paul Troger之手，描繪的是希臘神話中的大力士海克力斯(Hercules)，這是為了取悅喜歡神話故事的哈布斯堡皇族們(尤其是查理六世)，而壁畫中拿著韁繩的天使象徵著節制，可以徹底消滅邪惡與黑暗，帶來光明與善良，同時也豐富了藝術和科學，這幅畫完美地表達了那個時代的精神。

教堂 Stiftskirche

參觀梅克修道院的最後壓軸就是華麗壯觀的教堂，光線從圓頂灑落，兩旁是高聳的祭壇，表達了當時人們對上帝的崇敬與景仰。教堂裡大量使用金色、橘色、赭紅色、綠色和灰色等色調，讓人忍不住為華麗的殿堂驚嘆連連。

教堂中央的壁畫完成於1722年，出自薩爾斯堡的繪畫大師Johann Michael Rottmayr之手，完整地保留至今。畫面中描繪的是聖·本篤(St. Benedict)升天的畫面，聖人前有位天使引導，旁邊則是兩位僧侶見證這個畫面，還有一群天使正在跟人格化的惡魔抗爭，鼓勵聖人戰勝生命。

教堂最前方可見到精緻華麗的管風琴，旁邊出現的鴿子形象來自Benedicit，據傳說記載，他的姐姐在他死時化作鴿子，在他之前飛入天堂。至於教堂兩旁的祭壇由義大利劇場設計師Antonio Beduzzi所建，每座都以精美的雕刻與塑像來表現不同聖人的生活。

圖書館 Library

這座圖書館擁有藏書10萬冊，其中最古老的書籍可回溯至9世紀，有些書放在展示櫃供參觀；在巴洛克風格的華麗鐵門裡則放著鑲金的木頭書櫃，擺滿了收藏書籍。天花板上的濕壁畫同樣是1731~1732年由Tyrolean Paul Troger所完成，以寓言方式表達信仰的精神，壁畫中央被圍繞的肖像分別代表四種美德：智慧、公理、堅忍與節制，營造了和諧的氣氛。而入口大門兩側的木頭雕像則代表了學院的四個科系：法律、醫學、哲學、神學。

陽台 Balcony

站在連接大理石廳與圖書館之間的露天陽台，可以清楚地看到教堂的正面，另一面則是風光明媚的多瑙河。特別的是：這個陽台脫離了巴洛克建築的既定結構，完全是為了宗教目的而設計。

在陽台上可欣賞到教堂強而有力的雙塔高聳入天，建於1738年的雙塔帶著洛可可式的風格。雙塔中間被兩個天使圍繞著的雕像，則是象徵生命戰勝死亡的耶穌，手上握著十字架，充分彰顯這座巴洛克建築的中心思想。

布爾根蘭邦

Burgenland

布爾根蘭邦

布爾根蘭邦是奧地利最東的一邦，以酒、交響樂和城堡聞名，境內超過1/3是森林，擁有中歐唯一的草原湖；這裡有1/5是屬於愛斯特哈澤（Esterházy）家族的土地；一年超過300天是晴天。

奧地利和匈牙利曾經爭奪這塊土地長達數個世紀，直到1647年的斐迪南三世（Ferdinand III）取得領土後，接下來的幾年，匈牙利都臣服於哈布斯堡王朝之下。直到第一次世界大戰後，奧地利失去大部份匈牙利的領土，但是西邊的德語區還是隸屬於奧地利。但是1921年時，這一區的首府肖普朗（Sopron）的居民投票，決定回歸匈牙利的懷抱，於是產生了新的一邦——布爾根蘭邦，將首府建於埃森施塔特。

布爾根蘭邦之最
Top Highlights of Burgenland

埃森施塔特Eisenstadt
　　只有約1.4萬居民，是奧地利9個首府中規模最小的，交響樂之父海頓曾在此長居超過30年，因而成為緬懷海頓的重要地點，從海頓博物館、海頓教堂到每年9月的海頓音樂節，全都吸引著世界各地的樂迷前去朝聖。(P.148)

魯斯特
Rust
　　位於諾吉勒湖西岸，曾多次獲選為布爾根蘭邦最美麗的小鎮，也是布爾根蘭邦的葡萄酒重鎮。滿山坡葡萄園的勝景，美不勝收。(P.154)

佛赫登史坦城堡
Burg Forchtenstein
　　這座位於海拔50公尺陡峭山坡上的城堡要塞，居高臨下氣勢懾人，當1683年土耳其人攻陷匈牙利時，是當時匈牙利境內唯一沒有被土耳其人佔領的城堡。(P.152)

諾吉勒湖
Neusiedler See
　　位於奧地利和匈牙利交界處，是中歐最大的草原湖，最具代表性的是圍繞於湖畔四周的村莊聚落，增添了充滿田園之美的文化價值。(P.157)

埃森施塔特
Eisenstadt

距離維也納南方約50公里的埃森施塔特，從1925年開始成為布爾根蘭邦的首府。只有約1.4萬居民，讓它成為奧地利規模最小的首府。這座小而美的城市之所以為世人所認識，要歸功於「交響樂之父」海頓，他在愛斯特哈澤(Esterházy)家族旗下擔任宮庭樂師超過30年，當地許多重要的景物、店家等都是以他命名；每年9月的海頓音樂節，更是吸引了來自世界各地的愛樂者共襄盛舉。

埃森施塔特市政廳(Rathaus)的所在地，就是這個小鎮最主要的街道，雖然街道不長，但兩旁都是精品店和餐廳，散發著寧靜且優雅的氣息。

INFO

基本資訊
人口：約1萬4千人。　**面積**：42.91平方公里。

如何到達——火車
從維也納中央車站(Wien Hauptbahnhof)出發，搭乘前往埃森施塔特的火車，車程約1小時10分。火車時刻表請上網站查詢。
ⓤwww.oebb.at

如何到達——巴士
從維也納中央車站前的Wien Hbf(Busbahnhof Wiedner Gürtel)巴士站搭乘Postbus 200號，前往埃森施塔特巴士總站(Eisenstadt Busbahnhof / Domplatz)，車程約1小時20分鐘，車資€12.2~。詳細資訊請查詢下列網址。
ⓤtickets.oebb.at

市區交通
從巴士總站可以步行遊覽大部份景點。

優惠票券
◎諾吉勒湖旅遊卡Neusiedler See Card
每年3月初至隔年2月底推出的諾吉勒湖旅遊卡，是旅遊諾吉勒湖一帶的利器，只要在與諾吉勒湖旅遊卡結盟的旅館投宿(共超過750間，可從官網搜尋合作名單)，即可向旅館工作人員申請免費旅遊卡；卡片效期為住宿期間。持卡者可以免費參觀埃森斯塔特的海頓陵寢、葡萄酒博物館等設施，免費搭乘區域內的大眾運輸工具，以及免費參與諾吉勒湖國家公園、魯斯特、埃森斯塔特等導覽。
ⓤwww.neusiedlersee.com/en/lake-neusiedl-card/lake-neusiedl-card.html

旅遊諮詢
◎埃森施塔特旅遊中心
🏠Hauptstraße 35　🕐1~3月、11~12月週一至週五10:00~16:30；4~10月週一至週五9:30~16:30、週六9:00~13:00，週日及假日休。　☎(02682) 673 90
ⓤwww.eisenstadt-tourismus.at

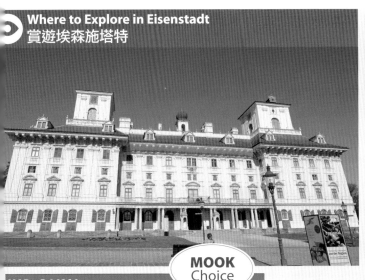

MOOK Choice

MAP ▶ P.148A1

愛斯特哈澤宮殿

Schloss Esterházy

樂音繚繞的豪門宅邸

掃地圖

🚶 從市政廳步行約6分鐘可達。 ⌂ Esterházyplatz 1 ☏(02682)63004 7600 ⊙4月~6月及9月~10月週二至週日及假日10:00~17:00，7月~8月10:00~17:00，11月~12月平日僅開放導覽，週六、日及假日10:00~17:00。開放期間每天13:00有英語導覽。 ⑤宮殿含所有展覽全票€19、優待票€15。 ⦿esterhazy.at

保羅‧愛斯特哈澤(Paul Esterházy)為了幫愛斯特哈澤家族尋找合適的居住地，於是在1663~1672年邀請義大利建築師Carlo Martino Carlone於中世紀堡壘的基地上建了一座四方形的圍牆，之後更在1797~1805年，經由法國建築師Moreau改建成現貌。

這座始建於14世紀的城堡，融合了巴洛克時代及古典晚期的建築，目前有2/3的空間作為布爾根蘭邦的辦公室使用。為了讓遊客可以一睹愛斯特哈澤的光榮時代，特地開放幾個還保留原狀的房間供大眾參觀。

位於宮殿背後的廣大綠地是宮殿公園(Schlosspark)，每年8月底這裡都會舉行節慶，慶祝葡萄酒豐收。

海頓廳Haydnsaal

行程中的高潮就是參觀海頓廳，並且在裡面欣賞一小段音樂會。海頓廳是海頓在此擔任宮廷樂師時經常演奏的場地，由於得到愛斯特哈澤的贊助，心無旁騖的海頓，創作生涯在此地達到顛峰，許多知名的樂曲都是在這間大廳中首度公開演出。

海頓廳可以容納1,000個座位，天花板上彩繪了許多美麗壁畫，可以說是全奧地利第二棒的音樂會場地，僅次於維也納的音樂協會大樓(Musikverein)。雖然原本美觀的大理石地板，已經被吸音效果更好的木頭地板所取代，好讓樂團演奏起來的音響效果更佳。

這間音樂廳裡會不定期舉辦音樂會，演奏的大都是18世紀的樂曲，票價從€18到€45不等，可以平實的價格在此享受一流的音樂會。

宮庭收藏 Palace Collection

　　愛斯特哈澤家族的財力雄厚，在當時政治和經濟上具有舉足輕重的影響力，從開放參觀的展覽室中所陳設的家具和布置上，可以一窺家族生活的奢華。最吸睛的展品包括一系列銀器，可說是維也納的Würth所生產目前尚存的最大批皇室用銀器。

葡萄酒博物館 Wine Museum

　　愛斯特哈澤家族有自己的葡萄園，也有自己的酒莊，每年生產大量的葡萄酒。而且在宮殿的地下室設置了一個葡萄酒博物館，是目前全奧地利規模最大的葡萄酒博物館。

　　在這個超過500年歷史的地窖中，收藏著不同年代各式各樣生產葡萄酒的設備、器具，包括布爾根蘭邦最大的釀酒桶、最古老的木製榨葡萄汁機等；展品超過700件，最早的可追溯到西元1666年，完整呈現當地釀葡萄酒的發展歷史。

　　對酒有興趣的話，可以在宮殿附設的紀念品店購買；也可以到宮殿對街一家Selektion Vinothek Burgenland酒吧品酒，再決定要不要買回家。

喝 酒 不 開 車 ・ 開 車 不 喝 酒

MAP ▶ P.148B1

海頓博物館

Haydn Haus Eisenstadt

紀錄海頓30年生活點滴

🚇從市政廳步行約2分鐘可達。　🏠Joseph Haydn-Gasse 19&21　📞(02682) 719 6000　🕐4月中~11月中週二至週五9:00~17:00、週六、日及假日10:00~17:00、週一修；6~11月中旬週一至週五9:00~17:00、週六、週日及假日10:00~17:00；11月12日~3月23日休(每年日期會略有變動，請事先上網確認)。　💰成人€6、學生€5。　🌐haydn-haus.at

掃地圖

　　身為維也納三大古典樂派音樂家之一的約瑟夫・海頓(Joseph Haydn，1732~1809年)，一生中創作了104首交響樂，確定了交響樂的形式，連貝多芬的第1號、第2號交響曲都深受海頓影響，因而被譽為「交響樂之父」。

　　海頓出生於奧地利東部的羅拉村(Rohrau)，是造車工人的孩子，7歲時由於嗓音優美而加入維也納聖史蒂芬大教堂合唱團，之後曾在街頭賣唱，當音樂老師以維持生計。1761~1790年在埃森施塔特的愛斯特哈澤家族裡擔任宮廷樂長的職務。

　　這棟博物館就是海頓在此地居住了31年的居所改建的，館裡收藏了海頓畫像、18世紀出版的樂譜、1780年的鋼琴、家具，以及海頓廳的外觀圖，也可欣賞到海頓的音樂。

山頂教堂
Bergkirche
交響樂之父長眠在此

掃地圖

🚶從市政廳步行約14分鐘可達。　🏠Joseph Haydnplatz 1
☎(02682)6 26 38　⏰3月24日~10月31日9:00~17:00(每年日期略有變動)。　💰教堂免費，海頓陵墓與耶穌受難記成人€3，長者€2，學生和兒童€1。　🌐haydnkirche.at

　在愛斯特哈澤親王保羅一世的計畫中，本來打算建一座全世界最大的教堂，並於1715年開始動工，可惜保羅壯志未酬身先死，原先的藍圖並未實現，但1803年完工的山頂教堂仍然相當獨特出眾。

　山頂教堂位於山丘上，外觀十分醒目，不規則的屋頂層層疊疊，原來裡面別有「洞」天！進到教堂裡頭充滿著莊嚴肅穆的壁畫，抬頭也有精緻的壁畫；穿過後面走廊，會進入一連串像地牢的洞穴，昏黃的燈光下擺滿了真人大小的蠟像，描述的是24幅耶穌受難的場景。參觀完洞穴，步出假山外，可以相當不錯的角度俯瞰埃森施塔特市容。

海頓陵墓
The Haydn Mausoleum

　交響樂之父約瑟夫・海頓(Joseph Haydn)在來到埃森施塔特這個小鎮時，十分喜愛這個環境的他曾經說：「我希望能夠住在這，並且死在這裡。」不過他只完成了第一個願望，在小鎮住了31個年頭，最後是在維也納走完他人生的最後一段路。

　海頓1809年死後的遺體原來存放在維也納博物館，後來由於海頓的頭顱一度被偷走，於是1932年失了頭的遺體被運回埃森施塔特，直到1954年才尋回頭顱，還給海頓一個完整的身體。現在，海頓的大理石墓被安頓在教堂內部，許多樂迷來此瞻仰他的墓碑。

祭壇與天花板壁畫
The Altar-piece & Ceiling Fresco

　教堂裡，祭壇的壁畫「聖母訪親」(The Visitation of Mary)是Dorfmeister於1797年所畫；天花板的濕壁畫「基督升天」(The Ascension of Christ)則是出自兩位當地兄弟檔畫家Wolfgang和Christian Köpp之手，這些都是教堂裡最吸睛的重點。

　值得一提的是：教堂裡的管風琴是18世紀末打造的，名為海頓管風琴(Haydn-organ)，海頓的諸多彌撒曲都是親自透過這架管風琴發表出來的。

耶穌受難記 Mount Calvary

　位在教堂的深處，有一連串奇特的洞穴，裡面以雕塑或繪畫描述耶穌受難的場景，共分24站，循序漸進，就能感受到當時的情況。這處設施也是保羅・愛斯特哈澤親王的構想，大約完成在1701到1707年間。

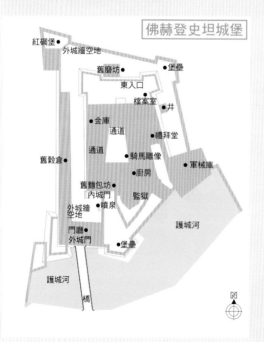

佛赫登史坦城堡

紅碉堡
外城牆空地
舊磨坊
堡壘
東入口
檔案室
井
金庫
通道
禮拜堂
通道
騎馬雕像
舊穀倉
廚房
軍械庫
舊麵包坊
內城門
監獄
外城牆
空地
噴泉
門廳
護城河
外城門
堡壘
護城河
橋
N

MAP ▶ P.157A2

佛赫登史坦城堡

Burg Forchtenstein

愛斯特哈澤家族400年權力中心

🚗 從埃森施塔特市中心搭計程車，單程約25分鐘。也可從巴士總站搭乘往馬特斯堡(Mattersburg)的Postbus7993、1158、7995號等巴士，到Mattersburg Martinsplatz站下，巴士約15~30分鐘一班，車程約20~30分鐘，車資€4.9，然後從這裡可轉搭計程車上山，車程約5分鐘；或從維也納Wien Matzleinsdorfer Platz巴士站搭乘往Mattersburg的Postbus1155、7941號巴士，Sieggraben Fischergasse站下，車程約60~90分鐘，車資€15.9。亦可從維也納中央車站(Wien Hbf)搭火車經Wiener Neustadt到Mattersburg站下，車程約50~70分鐘，再轉搭計程車上山。詳細班次可查閱：tickets.oebb.at。 🏠Melinda-Esterházy-Platz 1 ☎(02626) 812 12 ⏰4月~6月及9月~10月週一、三、日及假日10:00~17:00，7月~8月10:00~17:00。 💰全票€19、優待票€15。 🌐esterhazy.at/en/forchtenstein-castle

掃地圖

這座位於海拔50公尺陡峭山坡上的城堡要塞，居高臨下的氣勢凌人，原本是13世紀末從西班

牙來的Mattersdorf伯爵所建，1447年時，哈布斯堡王朝取得這座城堡，神聖羅馬帝國的皇帝在1622年將埃森施塔特以及佛赫登史坦城堡賜給尼可拉斯‧愛斯特哈澤(Nikolaus Esterházy，1583~1645)，開始了愛斯特哈澤家族400年來的統治。為了抵抗土耳其的侵略而加蓋了堅固的碉堡，佛赫登史坦城堡17世紀末擴建成今日的模樣。

18世紀末，愛斯特哈澤家族移居埃森施塔特後，這座城堡就成為寶庫、軍械庫、文件庫的所在地。

佛赫登史坦城堡的收藏十分豐富，年代最早可上溯文藝復興晚期，最多的是17、18世紀的寶物，約有兩萬件貴重的收藏品，從1998年開放參觀後，就成為歐洲最大且對外開放參觀的私人博物館之一。

從館藏中可以發現城堡主人涉獵的知識淵博，光是圖書館的藏書就有7萬冊，以多國語言寫成的建築、繪畫、藝術、自然科學及法律書籍，加上眾多珍稀的古董與寶藏，更透露出家族的藝術品味及雄厚的財力。

其中大部份寶物來自於16世紀末歐洲工藝的中心奧格斯堡(Augsburg)，當時金匠或銀匠精巧的技術已經到了爐火純青的地步。其中有張以純銀製作的桌子，是1687年保羅‧愛斯特哈澤(Paul Esterházy)成為神聖羅馬帝國的王子時收到的貢品之一，桌面以銀箔製的浮雕描繪出狩獵圖及希臘神話中的故事，桌子在部份鍍金及大量花卉的圖案的簇擁下，閃耀著華麗動人的光采。

另外，城堡裡有大量裝飾著寶石及雕刻精緻的收藏品，像是鑲滿寶石的雙面桌鐘及盔甲、以象牙雕成的船艦酒杯等，其中有一座可以前進的金色時鐘，從影片可以看到這座時鐘前進時，所有上面裝飾的動物都會跟著旋轉，十分有趣。

而當時曾參與多次戰役的軍隊，讓這裡也收藏了大量的武器及軍用品，像是鄂圖曼帝國指揮官的帳蓬，就是1685年與土耳其之戰所留下的戰利品。而城堡內保存的文獻及地契等文件，不僅完整地記錄了愛斯特哈澤家族的歷史，也是奧地利近代歷史的縮影，被視為珍貴的文化資產。

魯斯特
Rust

美麗的小鎮魯斯特就位於諾吉勒湖的西岸，只有約2千名居民，1681年成為自由城市，曾多次獲選為布爾根蘭邦最美麗的小鎮。

這裡以鸛鳥(stork，送子鳥)著名，每年3月底這些鸛鳥會回到之前在屋頂煙囪上築的舊巢下蛋並孵出幼鳥，直到8月才會前往溫暖的南方過冬。這裡也是布爾根蘭邦的葡萄酒重鎮，除了白酒，最受女性喜愛的甜美冰酒也是這裡的特產。1681年，李奧波特一世(Leopold I)以3萬公升的酒和6萬枚荷蘭幣買下了這裡的特許狀，自此魯斯特成為自由城市，1989年第一個世界性的德語品酒協會在此成立，提供與酒相關的展覽會、研討會及相關活動，是布爾根蘭邦的酒鄉重鎮。

處處葡萄園 重要冰酒產地

布爾根蘭邦由於位於諾吉勒湖區，肥沃的土壤加上溫和的氣候，成為奧地利著名的酒鄉。魯斯特小鎮的斜坡上種滿了葡萄樹，到處是私人酒莊，生產充滿果香的葡萄酒，尤其是珍稀的高品質冰酒。

冰酒的釀製過程是將完全成熟且晚收的葡萄，在自然條件下冰凍後，經壓榨獲得濃縮的果汁，留下濃成冰的水，這樣榨出的葡萄汁更加濃縮、糖度更高，而用這樣的葡萄汁發酵後的甜葡萄酒，由於全世界只有奧地利、德國及加拿大等幾個國家的少數地方才有出產，因此價格十分昂貴。

INFO

基本資訊

人口：約2千人。　**面積**：20.01平方公里。

如何到達——巴士

從埃森施塔特巴士總站(Eisenstadt Busbahnhof / Domplatz)搭乘Postbus 285、286號，約30分可達魯斯特Rust am See站，車資€2.5；再約3分鐘可抵達莫畢許，車資同樣€2.5。詳細資訊請查詢網站。
🚌www.vor.at

市區交通

可以步行遊覽大部份景點。

旅遊諮詢

◎魯斯特遊客中心

🏠Draisstraße 1　🕐3月底~11月週一至週五8:30~18:00，週六8:30~13:00，週日休；11月~3月底週一、二、四8:30~12:00、14:00~15:30，週三8:30~12:00、14:00~18:00，週五8:30~12:00，週六、日休。　☎(07822) 864520　🚌www.rust.at

◎莫畢許遊客中心

🏠Hauptstraße 23, A–7072 Mörbisch am See　☎(02685) 84 30　🕐11月中~3月底週一至週四9:00~15:00，週五9:00~12:00，週六、日休；3月底~4月底、10月週一至週五9:00~12:00、13:00~17:00，週六、日9:00~12:00；5、6、9月週一至週五9:00~17:00，週六、日9:00~15:00；7、8月9:00~18:00；11月初9:00~15:00　🚌www.moerbischamsee.at

MAP ▶ P.154A2

漁夫教堂
Fischerkirche
布爾根蘭邦歷史最悠久的教堂

◔ 從遊客中心步行約1分鐘可達。 ⌂Rathausplatz 16 ☎(0676) 970 33 16 ◷復活節~6月、9月週一至週六11:00~12:00、14:00~15:00，週日14:00~16:00；7~8月週一至週六11:00~12:00、15:00~17:00，週日13:00~17:00；10月週六10:00~12:00、14:00~15:00，週日13:00~15:00；其餘季節和日期公休。 ◉成人€2、12歲以下免費，導覽行程每人€4(10人以上成團)。

掃地圖

　　魯斯特美麗且小巧的市中心裡，最醒目的就是這座漁夫教堂。這座小巧的教堂坐落在魯斯特的舊城牆旁，是布爾根蘭邦最古老的教堂，最古老的部份可溯及13世紀，目前是博物館及文化活動的所在地。

　　這座教堂的名稱源起於13世紀時，匈牙利的瑪莉亞皇后因蒙古入侵而逃出國家，昏倒在諾吉勒湖湖邊，被當地的漁夫救起，為了感謝救她的這位漁夫，而在小鎮教堂的南邊興建新建築；14~15世紀時，擴建為現在的哥德式建築。

　　教堂裡的地板是起伏不平的石板，有一座布爾根蘭邦最古老的1705年巴洛克管風琴，祭壇上的3個雕像是哥德晚期的作品，牆面上還有大量從中古世紀遺留下來的美麗壁畫，包括耶穌被釘在十字架上的濕壁畫，年代遠至14~15世紀，至今仍保留著鮮豔的色彩及樸實的筆觸。

MOOK Choice

MAP ▶ P.154A2

Römerzeche餐廳
享在地佳餚佐美酒

掃地圖

◔ 從遊客中心步行約2分鐘可達。 ⌂Rathausplatz 11 ☎(02685)21113 ◷週三~週日11:00~22:00；週一週二休，詳情請見官網。 ◉roemerzeche.at

　　在魯斯特遊客最集中的市政廳廣場(Rathausplatz)旁，有一家氣氛迷人的庭園餐廳，是諾吉勒湖區相當知名的傳統餐廳，不但可以吃到各式運用當地食材烹調而成的佳餚，當然也可以喝到在地生產的葡萄美酒；包括從諾吉勒湖釣到的魚所烹煮的料理、烤培根扁豆與馬鈴薯、蒜泥燉羊肉等都是受歡迎的招牌菜。

布爾根蘭邦⋯魯斯特 Rust

155

莫畢許

Mörbisch

湖濱輕歌劇盛宴的舉辦場地

🚌 從魯斯特搭乘巴士285或286號，約7分鐘可達。

這是距離匈牙利邊境只有數公里的小鎮，就位於離魯斯特不到6公里的諾吉勒湖湖邊。這個西岸小鎮，在夏天時吸引眾多遊客來此從事水上活動，同時在每年的7月中旬到8月底，這裡還是知名的「湖上歌劇院」的所在地，在湖光粼粼中及微風中欣賞氣勢磅礡的歌劇，讓莫畢許聲名大噪。

Heimathaus

🚶 從莫畢許遊客中心步行約1分鐘可達。 🏠 Hauptstraße 53/55 ☎(02685) 84 30 🕐 6月～9月週三、週五16:00～19:00，週六10:00～13:00；4月～5月、10月～11月預約開放。 💰成人€3、10歲以下兒童免費。

街道上盡是裝飾著鮮花和玉蜀黍的白色小屋，其中建於18世紀初的Heimathaus對外開放參觀。這間小巧的屋子，從起居室、廚房到房間以及地下室的酒窖，都還保留著原貌，古典的天花板吊燈、火爐、臥房裡擺著已經有百年以上歷史、從維也納來的手工木造家具等。參觀之後，會對當地傳統農家的生活有概略的了解。因為是無人居住的私人產業，開放時間不太一定，非旺季需透過遊客中心事先預約。

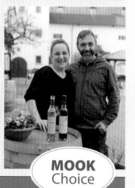

Weingut Feiler–Artinger酒莊

在葡萄酒重鎮暢飲甘美冰酒

🚶 從遊客中心步行約1分鐘可達。 🏠 Hauptstrasse 3 ☎(02685) 237 🕐週一至週六8:00~19:00；週日休。 💰開放免費品酒和銷售。 🌐www.feiler-artinger.at

1524年匈牙利瑪莉皇后統治時，為了保護此區的葡萄酒產量，規定只有這裡生產的酒才能標示「R」，直到今日還可以在酒塞上看到「R」這個標誌。「Ruster Ausbruch」冰酒，在世界上享有盛名。Ausbruch代表的是從同一個葡萄園的同一種葡萄品種所釀製出的葡萄酒。

這家有著美麗庭院的酒莊，庭院裡還有一座象徵自由城市的水井，從1936年由(Gustav)和(Karoline Feiler)所創立，就開始生產甜美的葡萄美酒，每年可以生產1萬加侖的酒。目前已經是第三代經營了，以「甜美的家庭孕育出甜美的酒」為經營理念，產出的酒既香醇又可口。

諾吉勒湖●

諾吉勒湖一帶
Around Neusiedler See

被聯合國教科文組織登錄為世界遺產的諾吉勒湖是中歐最大的草原湖，它和位於東岸的國家公園同時橫跨奧地利和匈牙利兩國，在這一片鹽水湖區域擁有非常特殊的生態，包括濕原、沙地和牧草地等，其中除了生長著數以萬計的植物外，還能欣賞到多達3百種在此避寒的鳥類。

諾吉勒湖的東西兩岸是兩種完全不同的地形：東岸散布著小的鹽水湖泊和池塘，現在是國家公園的範圍；西岸則是平坦且肥沃的平原，坐落著無數可愛的小鎮，像是奧地利規模最小的首府埃森施塔特、多次獲選為奧地利最美的城市魯斯特、以酒莊和土耳其人遺跡聞名的普爾巴赫等；溫和的氣候，讓這一帶成為奧地利著名的酒鄉。

由於諾吉勒湖距離維也納只有50公里，因此被稱為「維也納的內海」，到了夏天，湖四周的小鎮都有小小的沙灘供遊客盡情享受水上活動，湖邊也到處是度假小屋和可愛的民宿，非常適合從維也納出發展開短期旅程。

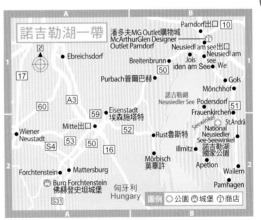

諾吉勒湖一帶

潘多夫MG Outlet購物城
McArthurGlen Designer Outlet Parndorf

Parndorf出口 10

Neusiedl am see出口

Ebreichsdorf

Breitenbrunn　Jois　Neusiedl am see　We
iden am See

Purbach普爾巴赫　50

Gols

Mönchhof

諾吉勒湖
Neusiedler See　Podersdorf

17

60

A3

59

Eisenstadt
埃森施塔特

Frauenkirchen　51

St.Andrä

National Neusiedler See-Seewinkel

Wiener Neustadt

Mitte出口

52

Rust魯斯特

Illmitz

S4　53　50　16

Mörbisch
莫畢許

Forchtenstein　Mattersburg

Burg Forchtenstein
佛赫登史坦城堡

匈牙利
Hungary

S31

諾吉勒湖
國家公園

Apetlon

Wallern

Pamhagen

圖例　◎公園　⊕城堡　⑪商店

INFO

旅遊諮詢
◎布爾根蘭邦觀光局
🏠Johann Permayer-Straße 13, A-7000 Eisenstadt
🕐週一至週四9:00~17:00、週五9:00~14:00。
📞(02682) 633 84-0
🌐www.burgenland.info
◎普爾巴赫遊客中心

🏠Hauptgasse 38
📞(02683) 5920
🕐5~10月週一至週六9:00~12:00、15:00~18:00，11~4月週一至週五8:30~12:00、13:00~16:00。
🌐www.purbach.at

MAP ▶ P.151B1

普爾巴赫

Purbach

MOOK Choice

微醺於美酒與歡欣氣息中

掃地圖

🚌 從Neusiedler am See和埃森施塔特平日每小時、週末一天有8班火車往返，車程各約15~20分鐘；從埃森施塔特有巴士前往，班次都在早上，約每小時一班，車程約半小時。

這座位於諾吉勒湖西岸的小鎮，因為土耳其人的遺跡和酒莊而著名。當初為了抵禦土耳其人，建於1630~1634年的3個城門和堡壘城牆還保存

良好，是遊客拜訪普爾巴赫的第一站。

另外一個可愛的景點也跟土耳其人有關，在Turkenstrasse街上往旁邊望，可以看到有間房屋的屋頂上立著一座土耳其人頭像，這座雕像的由來十分有趣，據說當土耳其人撤離時，有位喝得醉醺醺的土耳其人被留了下來，當他酒醒時發現同伴都離開了，為了怕被抓到，所以就藏在房子的煙囪裡，但還是很快被鎮民抓個正著，並被法庭判決土耳其人必須改信基督教才能活命。土耳其人後來留在屋裡幫傭，當他過世後，屋主為記念此事，就將他的頭像作成塑像放在屋頂上。

普爾巴赫的另一個魅力就是充滿果香的酒莊。夏日時分，Kellergasse pathway街上音樂聲、喧鬧的乾杯聲不絕於耳。雖然這條街道不長，卻分布著近80間酒館餐廳(Buschenschenke)，大部份建於1873到1900年間，可愛的石頭小屋裡擺著釀酒的木桶及木頭桌椅，賣的都是當地酒農自釀的葡萄酒，新鮮沁涼的白酒，品嘗起來特別順口，難怪當時的土耳其人會禁不住美酒的誘惑，醉倒在酒鄉小鎮。

MAP ▶ P.151B1

潘多夫MG Outlet購物城

McArthurGlen Designer Outlet Parndorf

名牌折扣天堂

掃地圖

🚌 可搭乘Blaguss Touristik GmbH接駁車從維也納市中心的國家歌劇院出發前往購物城，需上網預約，來回車票成人€15；或從維也納中央車站搭火車或巴士在Parndorf Ort站下，再轉搭計程車約5分鐘。 ⓖDesigner-Outlet-Straße 1, 7111 Parndorf, ☎(02166) 361410 ⏰週一至週三9:30~20:00、週四~週五9:00~21:00、週六9:00~18:00，週日休。 ⓦwww.mcarthurglen.com/en/outlets/at/designer-outlet-parndorf

距離維也納市區45分鐘車程，這間奧地利規

模最大的Outlet購物中心聚集了將近160個品牌，包括Coach、Gucci、Furla、Hugo Boss等時尚名品，以及施華洛世奇等奧地利名牌，全年提供3折起的折扣價，遊客還能再辦理退稅，價格更優惠。各品牌除了過季商品之外，也提供當季新品，種類涵蓋時尚名牌、體育用品、超級市場、生活家居等應有盡有，可以徹底滿足購物慾。

諾吉勒湖
Neusiedler See
奧匈邊境的美麗世界遺產

掃地圖

諾吉勒湖是中歐最大的草原湖，同時也在1977年收錄為奧地利的世界遺產之一。海拔113公尺，總面積約320平方公里，湖泊大部份位於奧地利境內，只有1/5是在匈牙利境內。

這座湖泊的生態十分特殊，湖水帶著淡鹽、水深只有1~2公尺的淺灘上有著豐富的沉積物，形成了岸邊層層圍繞的蘆葦叢，蘆葦叢的寬度可達5公里，數以萬計的鳥類在此築巢、覓食，讓這裡成為300多種鳥類棲息的天堂，如蒼鷺、琵鷺等沼澤地常見的鳥類。

諾吉勒湖可以說是最變化多端又難以捉摸的湖，由於沒有任何河流注入，因此湖泊的大小全看當年的融雪及雨量而定，近一百年來，湖面曾經幾乎全部乾涸過(最近一次是在1868~1872年間)，後來又神秘地出現；面積也曾經達到目前兩倍大。

沿著湖畔繞行一周路程約100公里，許多人在夏季時會沿著湖岸騎單車或徒步旅行。最能一覽諾吉勒湖風光的方法是搭船，而最頻繁的班次就是往返湖兩岸最窄處(莫畢許到Illmitz)間的船班，橫渡湖面只要20分鐘，5~10月間有眾多船公司提供服務，約每30分鐘一班。

諾吉勒湖國家公園
Nationalpark Neusiedler See – Seewinkel
生態環境的珍貴寶庫

掃地圖

🚌 從維也納中央車站搭火車或巴士在Neusiedl am See站下，車程約45分鐘，再轉290號巴士約33分鐘車程抵達Illmitz Obere Hauptstraße站，再步行約10分鐘可達國家公園。 ⏺Hauswiese, 7142 Illmitz
📞(02175) 3442 ⏱4~10月週一至週五8:00~17:00、週六日和假日10:00~17:00，11~3月週一至週五8:00~16:00。
🌐www.nationalparkneusiedlersee.at 🎫遊客中心提供套裝行程，可以現場或上網預約參加。

國家公園的主要範圍在諾吉勒湖的東岸，地形上主要是平坦的平原和長滿草的沼澤地，穿插著鹽水湖與池塘。這塊稱為鹽水湖(Seewinkel)的地區，是阿爾卑斯山系進入中歐平原的過度地帶所形成的特殊地形，衍生出的獨特生態環境與物種，孕育了數以萬計的植物在此蓬勃生長，並

且提供了許多動物棲息之地，像是野騾子、野牛等。為保護這裡的珍貴生態，1992年成立了國家公園，由奧地利和匈牙利兩國共同管理。

國家公園裡分為6大區，每一區都規劃有單車道、瞭望台、步道、車道及停車場；每一區可以觀賞到的動植物生態都不一樣。為了保護生態，請不要離開主要路徑，嚴格禁止進入濕地及草叢。

薩爾斯堡邦

Salzburg

薩爾斯堡邦

位於奧地利西北邊的薩爾斯堡邦，和德國接壤，面積共7,154平方公里，人口約53萬，是奧地利人口最少的邦。這裡原本是薩爾斯堡侯爵大主教的領地，1805年才併入奧地利版圖，因此可以感覺此區濃厚的宗教氣息，境內散布著大量的教堂，而薩爾斯堡邦的邊界，也大致維持了昔日主教公國的輪廓。

薩爾斯堡邦的景觀多變，混合了城市與高山，首府薩爾斯堡是音樂神童莫札特的故鄉，除了吸引世界各地慕名而來的遊客之外，每年音樂節時來自全球的大卡司，讓當地各大表演廳和劇場一票難求。此外，改編自真人真事的電影《真善美》，更為該地的觀光起了推波助瀾的效果，也因此連同薩爾斯堡近郊的鹽湖區都成為熱門的景點，衍生出適合進行一至多日遊的相關行程。

薩爾斯堡邦之最Top Highlights of Salzburg

莫札特出生地Mozarts Geburtshaus
不世出的音樂天才在此出生、在此居住到17歲為止。是目前莫札特遺物保留最完整的地方。(P.172)

薩爾斯堡城堡
Festung
Hohensalzburg
昔日防禦堡壘今日城市地標，沿著城牆繞一圈，可以俯瞰整個市區全景。(P.167)

主教府邸
Residenz
歷任薩爾斯堡主教自1120年起居住的地方，幾世紀以來不斷擴建，共有約180個房間和3座寬敞中庭。(P.169)

米拉貝爾宮
Schloss Mirabell
這座大主教沃爾夫為他的愛人所建的美麗宮殿與花園，因為在電影《真善美》中露臉而讓世人驚艷。(P.176)

海布倫宮
Schloss Hellbrunn
1612年大主教馬庫斯·西提庫斯在海布倫山腳下，大興土木打造以「水」為主題的華麗水景夏宮。(P.178)

©Tourismus Salzburg Gmbh

薩爾斯堡
Salzburg

以「鹽」為名的薩爾斯堡，發展歷史和採鹽息息相關。西元前8世紀，開始有人在薩爾河(Salzach，原意「鹽河」)的上游採集鹽礦，因此逐漸形成聚落。羅馬人統治時期，該城因為位於軍事及南北道路的要衝而掌握了行政地位。羅馬帝國瓦解後，薩爾斯堡一度沒落，直到西元7世紀，巴伐利亞公國入侵，主教在此創立了聖彼得修道院才勾勒出薩爾斯堡的初步雛形。

富可敵國的大主教開始興建城堡、組織軍隊，獨立的天主教公國漸漸成形，並且統治薩

爾斯堡直到19世紀拿破崙進攻為止；而後在維也納會議的決議下，薩爾斯堡正式成為奧地利的國土。

薩爾河蜿蜒流過城市中央，將城市切割成上下兩塊。左岸是最初主教公國統治的領地，以聖彼得修道院為核心擴展到附近的主教宮和高踞山頭的城堡，這裡是薩爾斯堡最精華的舊城區，林立著富麗堂皇的教堂和宮殿，狹小曲折的街道串起一座座或大或小的廣場，讓人猶如穿行於迷宮之中。不過登上薩爾斯堡制高點的城堡，關於城市的脈絡便能一目了然，不僅得以欣賞高高低低的

尖塔和起起伏伏的傳統建築屋頂，還能將附近的景觀盡收眼底。尤其是薩爾斯堡北面的阿爾卑斯群峰，每當天氣晴朗時便如畫冊般攤在觀賞者讚嘆的目光下。

　　薩爾河右岸的新城雖發展較晚，卻擁有當地最具人氣的景點米拉貝爾宮，這座大主教的宮殿因為美麗的花園而聞名，更因為電影《真善美》中瑪莉亞和孩子們合唱的《DO-RE-MI》之歌而令人印象深刻。附近的莫札特故居也是薩爾斯堡的必訪景點之一。

INFO

基本資訊

人口：約15萬。　**面積**：65.678平方公里。

如何到達──航空

　　薩爾斯堡的莫札特機場(Salzburg Airport W.A. Mozart)位於Innsbrucker Bundesstraße上，在舊城區以西約3公里處。

Ⓤwww.salzburg-airport.com

◎機場巴士

　　可搭乘Obus 2號從機場前往薩爾斯堡中央車站，平日10~20分鐘一班車，週日和假日20分鐘一班車，車程約20分鐘。也可搭乘10號從機場前往薩爾斯堡市區，週一至週六10分鐘一班車，車程約15分鐘。

Ⓢ單程成人€2.2、6歲以下兒童免費，預先上奧地利國鐵網站購買價格更優惠。此外車票可以在書報菸攤、自動售票機、ServiceCenter或直接向司機購買。薩爾斯

堡卡則可在機場內的Reisebörse旅遊訊息中心、市區的飯店櫃台等處購買。　Ⓤwww.oebb.at

◎計程車

　　從機場搭乘計程車前往薩爾斯堡中央車站(Salzburg Hauptbahnhof)約15~20分鐘。

Ⓤwww.salzburg.info/en

◎租車

　　租車中心位於航站對面，從第一航廈經行人道步行到停車大樓的一樓處，即可找到以下租車公司櫃檯。

Avis/Budget

☎(0662) 877 278　◷週一至週六8:00~22:30、週日8:45~22:30　Ⓤwww.avis.at

Europcar

☎1 866 1650　◷週一至週五7:30~19:00、週六8:00~19:00、週日9:00~19:00，19:00~23:00需加收費用。　Ⓤwww.europcar.com

Hertz

☎(0662) 852 086　◷週一至週五7:30~22:00、週六至週日9:00~22:00。　Ⓤwww.hertz.de

Sixt

☎(0810) 977 424　◷週一至週五7:30~21:00、週六至週日、例假日8:00~20:30。　Ⓤwww.sixt.at

如何到達──火車

　　Salzburg Hauptbahnhof是薩爾斯堡的中央車站，無論是往來於維也納、茵斯布魯克、格拉茲等地，都是在此站上下車，車程依城市地點遠近而不同，從2小時至4小時10分不等。票價及時刻表請於下列網址查詢。

Ⓤwww.oebb.at

如何到達──長途巴士

　　可搭乘郵政巴士(Postbus)從維也納、茵斯布魯克、格拉茲等地前往薩爾斯堡，時間各約需3小時、2

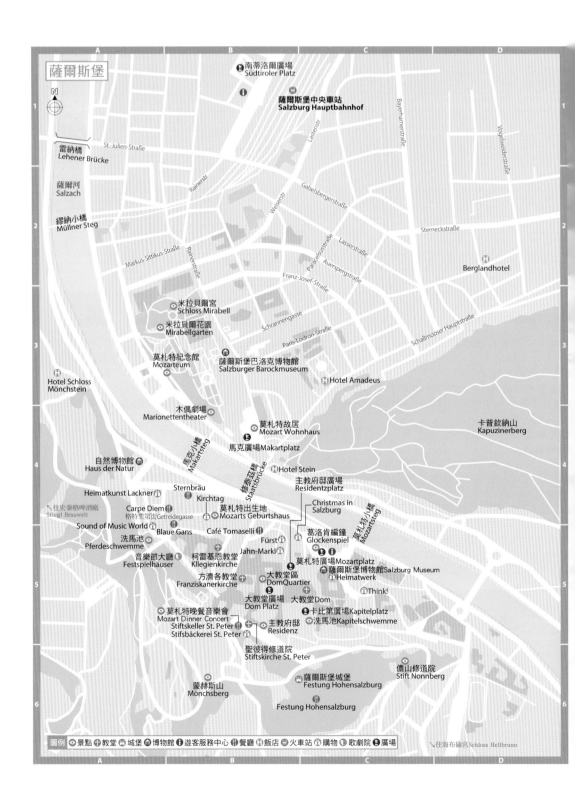

薩爾斯堡

N

南蒂洛爾廣場
Südtiroler Platz

薩爾斯堡中央車站
Salzburg Hauptbahnhof

雷納橋
Lehener Brücke

St-Julien-Straße

薩爾河
Salzach

Bayerhamerstraße

Vogelweiderstraße

Lasterstr

繆納小橋
Müllner Steg

Markus-Sittikus-Straße

Rainerstr

Weiserstr

Gabelsbergerstraße

Paracelsusstraße

Lasserstraße

Sterneckstraße

Auerspergstraße

Franz-Josef-Straße

Berglandhotel

米拉貝爾宮
Schloss Mirabell

Rainerstraße

Schrannengasse

Paris-Lodron-Straße

Schallmooser Hauptstraße

米拉貝爾花園
Mirabellgarten

莫札特紀念館
Mozarteum

薩爾斯堡巴洛克博物館
Salzburger Barockmuseum

Hotel Amadeus

Hotel Schloss
Mönchstein

卡普欽納山
Kapuzinerberg

木偶劇場
Marionettentheater

莫札特故居
Mozart Wohnhaus

馬克廣場Makartplatz

自然博物館
Haus der Natur

Makartsteg
馬克小橋

Staatsbrücke
僑泰茲橋

Hotel Stein

主教府邸廣場
Residenzplatz

Heimatkunst Lackner

Sternbräu

Kirchtag

Christmas in
Salzburg

往史泰格啤酒廠
Stiegl Brauwelt

Carpe Diem

格特萊第街Getreidegasse

莫札特出生地
Mozarts Geburtshaus

Mozartsteg
莫札特小橋

Sound of Music World

Blaue Gans

Café Tomaselli

葛洛肯編鐘
Glockenspiel

洗馬池
Pferdeschwemme

音樂節大廳
Festspielhäuser

柯雷基恩教堂
Kllegienkirche

Fürst

Jahn-Markl

莫札特廣場Mozartplatz

薩爾斯堡博物館Salzburg Museum

方濟各教堂
Franziskanerkirche

大教堂區
DomQuartier

Heimatwerk

Think!

大教堂廣場
Dom Platz

大教堂Dom

莫札特晚餐音樂會
Mozart Dinner Concert
Stiftskeller St. Peter
Stifsbäckerei St. Peter

主教府邸
Residenz

卡比第廣場Kapitelplatz

洗馬池Kapitelschwemme

聖彼得修道院
Stiftskirche St. Peter

儂山修道院
Stift Nonnberg

蒙赫斯山
Mönchsberg

薩爾斯堡城堡
Festung Hohensalzburg

Festung Hohensalzburg

圖例 ● 景點 ✚ 教堂 ♜ 城堡 🏛 博物館 ➊ 遊客服務中心 🍴 餐廳 🛏 飯店 🚉 火車站 🛍 購物 🎭 歌劇院 ■ 廣場

往海布倫宮Schloss Hellbrunn

小時、5小時20分。巴士總站位於薩爾斯堡中央車站前的Südtiroler Platz廣場。票價及時刻表請於下列網址查詢。

☎0810 222 333　🌐www.postbus.at

市區交通

◎巴士Autobus

薩爾斯堡市中心的景點很集中，多數能步行前往；不過，中央車站與市中心之間仍有一小段距離，必須搭乘巴士才能抵達。巴士是遊賞薩爾斯堡新舊城區和市郊的主要交通工具，行駛時間從清晨5點到午夜12點左右。

為了服務夜歸者，Obus 1~7號等公車於每週五至週日、國定假日前夕推出夜間巴士(NachtStern)，發車時間從23:45到凌晨12:45，班距為30分鐘，往來於Rathaus、Hanuschplatz和Theatergasse等地。另外還有巴士計程車(BusTaxi)，從Hanuschplatz或Theatergasse出發，沿著12條固定路線行駛，除往來於薩爾斯堡市區外，也穿梭於郊區，沿途可任選下車處。週一~四發車時間23:30~凌晨1:30、週末23:30~凌晨3:00，每30分鐘一班。

◎大眾交通票券

巴士是薩爾斯堡最便利的大眾交通工具，除了單次車票外，也可購買各式周遊券。第一次使用周遊券時，必須在車上的打卡機上打卡，上面會秀出使用的時間。雖然在這裡搭乘大眾交通工具不太會驗票，但是如果被抽查到沒買票，則罰款數倍，千萬不要以身試法。

薩爾斯堡市公車服務中心

☎0800 660 660　💶成人單程€2.1~。24小時周遊券€4.5(車上購買6.4)。　🌐salzburg-verkehr.at

◎計程車Taxi

薩爾斯堡沒有流動計程車，特別是市區內許多地方禁止計程車進入，因此必須透過計程車招呼站或網路叫車的方式搭乘，車資按表計費，詳情請上網查詢。

🌐www.salzburg.info/en

優惠票券

◎薩爾斯堡卡Salzburg Card

結合交通工具和景點門票的薩爾斯堡卡，是旅遊薩爾斯堡最大的利器，擁有這張卡片不但可以免費單次進入薩爾斯堡多數的景點和博物館，還可自由搭乘市區巴士，以及免費單次利用城堡山纜車、薩爾河遊船、郊區的蒙赫斯山纜車(Mönchsbergaufzug)等交通工具，在薩爾斯堡暢行無阻。

薩爾斯堡卡分為24、48、72小時三種，可在網站、遊客中心、地鐵站的自動販賣機、路邊的書報煙

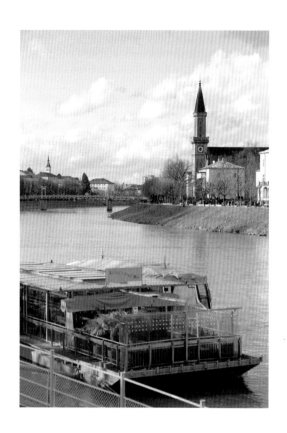

攤或飯店櫃台購買。開始使用薩爾斯堡卡時別忘了先在卡片上寫下使用者姓名、使用日期與時間，卡片效期是以開始使用的時間計算，而非日期。

💶11~4月底淡季：24小時卡成人€27、48小時卡成人€35、72小時卡成人€40；5~10月底旺季：24小時卡成人€30、48小時卡成人€39、72小時卡成人€45。6~15歲兒童半價。　🌐www.salzburg.info/en/hotels-offers/salzburg-card

觀光行程

◎隨上隨下觀光巴士(黃線)Hop On Hop O(Yellow Line)

這是一日之內可以自由上下車遊覽的巡迴巴士，車上共有9種語言的語音導覽可供選擇，沿途不僅能聽到景點解說，在10及11頻道還可收聽《真善美》中Von Trapp Family的真實故事、電影拍攝花絮及劇中歌曲。巴士全程共有12站，從起始點米拉貝爾宮廣場/莫札特紀念館出發，一路停靠莫札特小橋、海布倫宮及中央車站等處，一次走遍新舊城區與市區的《真善美》拍攝場景。詳細路線及時刻表請上官網查

詢，車票則可在起始站時上車向司機購買。

☎(0662) 88 16 16　💰24小時成人€24、6~14歲兒童€13，48小時成人€27、6~14歲兒童€18，72小時成人€31、6~14歲兒童€22。　🌐www.salzburg-sightseeingtours.at

◎真善美之旅Sound of Music Tour

　　一炮而紅的電影《真善美》，不但拿下了1965年的奧斯卡金像獎的最佳影片，同時讓原本就因為音樂而享譽世界的薩爾斯堡成為當紅炸子雞。《真善美》首首動人的歌曲，以及電影中美麗的景色，都讓這部電影歷久不衰，電影中大部分在薩爾斯堡市區取景，而部分山區湖畔的景色則靠近郊外的鹽湖區，而想要重溫這些經典場景最方便的方式，就是參加Salzburg Sightseeing Tours的行程，每日出發時間為9:30及14:00，在長達4小時的行程中將走訪玻璃屋、崔拉普之家、儂山修道院、聖吉爾岡與沃夫岡湖等經典場景。

◎Salzburg Sightseeing Tours

☎(0662) 88 16 16　💰成人€60、6~14歲兒童€30、5歲以下免費　🌐www.salzburg-sightseeingtours.at

旅遊諮詢

◎中央車站遊客中心

📍Südtiroler Platz 1

🕐10~4月每日9:00~18:00，5、9月每日9:00~19:00，6月每日8:30~19:00，7~8月8:30~19:30。

☎(0662) 88987 340

◎莫札特廣場遊客中心

📍Mozartplatz 5

🕐9~3月週一~週六9:00~18:00，4~6月每日9:00~18:00、7月每日9:00~18:30、8月9:00~19:00。

☎(0662) 88987 330　🌐www.salzburg.info

城市概略City Guideline

　　舊城區(Altstadt)位於薩爾河左岸，是最初主教公國統治的領地，以聖彼得修道院為核心擴展到主教府邸和山頭的城堡，富麗堂皇的教堂與宮殿、狹小曲折的街道以及大大小小的廣場，匯聚成遊客必訪的精華景區。新城區(Neustadt)位於薩爾河右岸，雖然開發較晚，但著名的莫札特故居、米拉貝爾宮、薩爾斯堡火車站等，都在這裡。

薩爾斯堡散步路線
Walking Route in Salzburg

　　薩爾斯堡非常適合散步，主要的景點大都聚集於左岸的舊城區，而莫札特受洗的①大教堂就位於左岸的中心，由此展開旅程，往南經過卡比第廣場，欣賞新藝術作品及洗馬池，接著朝山上小徑走去，抵達山頂的②薩爾斯堡城堡，繞著城牆遊逛眺望，然後下山來到薩爾斯堡最初的發源地③聖彼得修道院。你可以在修道院附設的麵包店購買傳承好幾世紀配方的麵包，或是在昔日酒窖改建的餐廳裡大啖奧地利料理。

　　休息後前往④主教府邸，參觀裝飾華麗的廳房和展示主教收藏的藝廊，再到⑤方濟各教堂，觀賞高挑的肋拱形成非常獨特的祭壇結構。繼續往西走，抵達薩爾斯堡音樂節最重要的表演場所⑥音樂節大廳，音樂節大廳前方的道路走到底，就是彩繪著馬匹英姿的⑦洗馬池；走過當地最熱鬧的⑧格特萊第街，最後至⑨莫札特出生地追憶這位作曲家的生平。

距離：約2公里　所需時間：約1.5小時

舊城區Altstadt

MAP ▶ P.164B6C6

薩爾斯堡城堡

MOOK Choice

Festung Hohensalzburg

昔日防禦堡壘今日城市地標

🚠 從卡比第廣場(Kapitelplatz)附近搭乘纜車前往，約1分鐘可達。 🏠Mönchsberg 34 ☎(0662) 842 430 11 ⏰城堡內部：10月~翌年4月9:30~17:00，5~9月8:30~20:00，聖誕節、復活節9:30~18:00。纜車：5~6、9月9:00~20:00、7~8月9:00~22:00、10~4月9:00~17:00。 💲城堡卡通票包含纜車、城堡內部和語音導覽）：成人€17.4、6~14歲兒童€6.6，城堡卡通票：成人€10.8、6~14歲兒童€4.4。上網購票價格更優惠，薩爾斯堡卡可免費單次進出城堡並搭乘來回纜車。 🌐www.salzburg-burgen.at

掃地圖

　　高高聳立在山丘上的薩爾斯堡城堡建於1077年，大主教Gebhard為了抵禦巴伐利亞公爵的侵犯而建，從此，每位上任的大主教都會為這座城堡添磚加瓦，直到16世紀為止。

　　從卡比第廣場(Kapitelplatz)附近可搭乘纜車上山，這是前往城堡最快速又不費力的方式。薩爾斯堡城堡周遭可自由參觀，沿著城牆繞一圈，可以俯瞰整個市區全景。沿途可以看見形成城堡大致規模的主教Leonhard von Keutschach的象徵「甜菜」徽紋，還能看見代表城牆的獅子手抓甜菜的徽章。

　　城堡裝飾華麗的內部也值得參觀，天花板和門框綴滿晚期哥德式木雕的王子室，還有一座16世紀管風琴；Burgmuseum中陳列著主教的盔甲及刑具，包括罪犯執刑時被迫戴上的「羞恥面具」；Rainer-Regiments博物館則展出1945年之前的步兵團部署情況；此外還有一間木偶博物館(Marionettenmuseum)。

舊城區Altstadt

MAP ▶ P.164A5C5

洗馬池

Schwemme

以雕像壁畫展現馬匹的靈動美感

🚶 從莫札特廣場的遊客中心步行前往，各約3分鐘和10分鐘可達。

掃地圖

　　在舊城區中總共有兩處洗馬場，分別位於卡比第廣場的Kapitelschwemme和音樂節大廳旁卡拉揚廣場上的Pferdeschwemme。Kapitelschwemme出現於中世紀，不過今日的噴泉是1732年所設計，方便馬匹上下的斜坡通往中央的海神雕像，Neptune騎坐在海馬身上，頭頂皇冠、手持三叉戟；在它的壁龕上方裝飾著

重建這座噴泉的主教Leopold Firmian的徽章。Pferdeschwemme更能顯現昔日洗馬場的歷史，無論是馴馬師調教馬匹的雕像，或是後方出自18世紀宮廷畫家之手的壁畫，都展現出純種馬靈動的美感。

MOOK Choice

薩爾斯堡大教堂區

DomQuartier

1千3百年歷史風華再現

🎵 從莫札特廣場的遊客服務中心步行前往，約2分鐘可達。
🏠 Residenzplatz 1 & Domplatz 1a　📞(0662) 80 42 21 09　⏰10:00~17:00，7、8月10:00~18:00；9~6月的每週二休。　💲包含教堂與主教府邸，成人€13、25歲以下€9、6歲以下免費，部分景點門票成人€10、學生€6、6歲以下免費，皆含語音導覽。薩爾斯堡卡可免費單次進出。　🌐www.domquartier.at

掃地圖

　　占地1萬5千平方公尺的館區內收藏了2,000件珍貴作品，從歷史、藝術與建築等多重面向，引領遊客一探當時主教的生活。以巴洛克建築為主的薩爾斯堡，城市景觀的基礎可說是由Guidobald Graf von Thun主教所打下，他在1654年到1668年的執政期間建造了大教堂廣場、主教府邸廣場、

聖彼得修道院的70公尺長畫廊等，除了為薩爾斯堡的浪漫歷史街景打下根基，也成就了今日的薩爾斯堡大教堂區。全區動線從主教府邸展開，沿途參觀主教府邸國家廳(Prunkräume)、主教府邸畫廊(Residenzgalerie)、大教堂露台、大教堂博物館(Dommuseum)、聖彼得博物館(Museum St. Peter)、方濟各教堂(Franziskanerkirche)等景點，一票就將薩爾斯堡1千3百年的風采盡收眼底。

大教堂 Dom

🎵 從莫札特廣場的遊客中心步行前往，約3分鐘可達。　🏠Domplatz 1a　📞(0662) 8047 7950　⏰週一~週六9:00~11:40、12:30~18:00，週日13:00~18:00；依季節有些微變動，請參考網站。　💲成人€5　🌐www.salzburger-dom.at

　　這座教堂曾歷經無數次戰火摧毀與重建，最近的劫數是二次大戰時，美國空軍的炸彈嚴重損害頂樓與內部，直到1959年才修復，而今日已擴建成高210呎、寬105呎的巴洛克風格教堂。天花板的彩繪由各國的專家完成，教堂的鐘直到1962年又重新掛上，這也是中歐教堂裡最大的鐘；教

堂的三座青銅門分別象徵「信」、「望」、「愛」三德，完成於1957~1958年，均出自名師設計。

　　教堂內裝飾著大量壁畫，最漂亮的作品出現在中央圓頂四周，後方一連串的小禮拜堂有著繁複的粉飾灰泥作品；這裡也是莫札特受洗的地方，那座雕刻著獅爪的青銅洗禮台就位於教堂左邊的首間小禮拜堂中。大教堂自1920年起就是薩爾斯堡音樂節重要的表演場地，其廣場也是傳統話劇《凡夫俗子》(Jedermann)的表演舞台。

薩爾斯堡音樂節

創立於1920年的薩爾斯堡音樂節，是全世界水準最高、享譽盛名的音樂慶典，當初是專為演奏莫札特作品而設立的節慶，此後，一系列著名的指揮家擔任音樂節的指揮，例如卡拉揚曾親自領導與指揮音樂節長達30多年，使得薩爾斯堡音樂節名氣搏扶搖直上。每年7月底至9月初音樂節期間，音樂節大廳、大教堂、莫札特音樂學院、州立劇院、米拉貝爾宮等都有音樂活動。

主教府邸 Residenz

從莫札特廣場的遊客中心步行前往，約1分鐘可達。 Residenzplatz 1 (0662) 8042 2690 www.salzburg-burgen.at

這座龐大的複合式建築是歷任主教自1120年起居住的地方，幾世紀以來不斷擴建，現在的建築落成於1619年，內部裝潢以巴洛克與古典式為主，擁有約180個房間和3座寬敞的中庭，如今規劃成博物館、美術館、展覽廳及薩爾斯堡大學的法學院等。

目前主教府邸只開放二樓的部份房間供遊客參觀，首先進入眼簾的侍衛廳(Carabinierisaal)可回溯到1600年，天花板的彩繪象徵風、水、火、土四大元素，過去主要供大主教護衛所使用，亦作為劇院和宴會廳之用；國家廳(Prunkräume)是主教舉辦儀式的地方。而騎士廳(Rittersaal)是莫札特11歲時曾經獻藝的地方，當時他的父親是主教管絃樂隊的指揮，因為音效良好，這間廳房如今仍不時舉辦音樂會；至於他6歲時初登場的地方是議事廳(Ratszimmer)。最漂亮的謁見廳(Antecamera)象徵教會至高無上的權力；帝王廳則展出歷任哈布斯堡皇帝的肖像。

府邸外的廣場是市民集會場地，1587年，好大喜功的年輕主教沃爾夫將廣場挪出來興建主教教堂，中央的噴泉雕塑建於1659年，高達15公尺，是全世界最大的巴洛克雕像。

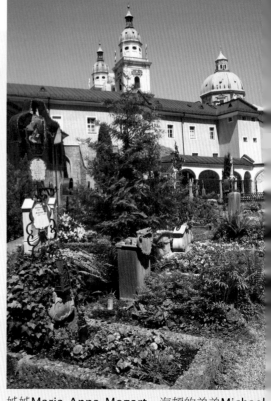

聖彼得修道院和墓園

Erzabtei St. Peter & Friedhof

洛可可華麗裝飾與古老墓園

🚗 從莫札特廣場的遊客中心步行前往，約5分鐘可達。 🏠 St.
Peter Bezirk 1 📞 (0662)84 45 76 🕐 教堂：8:00~12:00、
14:30~20:00，彌撒時不對外開放參觀。墓園：4~9月
6:30~20:00，10~3月6:30~18:00。地下墓穴：5~9月
10:00~12:30、13:00~18:00，10~4月10:00~12:30、
13:00~17:00。 🌐 www.stift-stpeter.at

掃地圖

　7世紀末，來自德國法蘭克尼亞
(Franconia)的傳教士Rupert，在
薩爾斯堡創立了這間德語區歷史最
悠久的修道院，連同周遭的區域也被認為是薩爾
斯堡最初的起源。教堂中央的頂棚濕壁畫以聖彼
得的生平事跡為主題。兩座巨大的文藝復興式青
銅燭臺，是大主教Wolf Dietrich在1609年送給
教堂的禮物，而在1783年，莫札特還曾經以教
堂的管風琴表演著名的《C小調彌撒曲》。

　教堂後方有座美麗的墓園Petersfriedhof，隱
身於薩爾斯堡城堡的峭壁下，許多當地知名的
藝術家、學者和商人都在此安息，包括莫札特的

姊姊Maria Anna Mozart、海頓的弟弟Michael
Haydn、歌劇家Richard Mayr等。這裡還有直接
鑿進岩壁中的地下墓穴，堪稱薩爾斯堡最古老的
墓地，裡頭可以看見早期的基督教起源。

MOOK
Choice

格特萊第街

Getreidegasse

穿梭於迷宮般街道欣賞特色招牌

🚗 從莫札特廣場的遊客中心步行前往，約5分鐘可達。

掃地圖

　　格特萊第街若以意譯則指「糧食
胡同」(Grain Lane)，這條大街最迷
人的地方是一個個纖美扭曲的鑄鐵
招牌，每家商店招攬客人的招數彷彿都用在懸掛
門外的招牌上。狹長的道路兩旁全是精品店、餐
廳、咖啡屋，逛著逛著，很容易被迷宮般彎曲的
石板路及大大小小的廣場搞得昏頭轉向。

方濟各教堂

Franziskanerkirche

混血建築展現多樣化風貌

🚶 從莫札特廣場的遊客中心步行前往，約5分鐘可達。 🏠Franziskanergasse 5 ☎(0662)84 36 29 🕐6:30~19:30。 💲自由捐獻。 🌐www.franziskanerkirche-salzburg.at

這座歷史回溯到11世紀的教堂經過多次整修與重建，如今成為一棟擁有羅馬式正門、文藝復興式主殿、哥德式混雜巴洛克式祭壇的多元建築。哥德式肋拱挑高的屋頂令人印象深刻，位於祭壇中央的聖母是晚歌德時期風格的傑作，而她懷中的《幼年耶穌像》是19世紀末才新增的作品。講道壇旁的大理石獅子是教堂最古老的藝術作品，出現在12世紀。

掃地圖

薩爾斯堡博物館

Salzburg Museum

當地美術薈萃

掃地圖

🚶 從莫札特廣場的遊客中心步行前往，約1分鐘可達。 🏠Wiener-Philharmoniker-Gasse 9 ☎(0662)84 2220 🕐9:00~17:00，週一休，7、8月每日開放。 💲導覽行程每人€9、16~26歲€4，持薩爾斯堡卡可單次免費參觀。 🌐www.salzburgmuseum.at

館內展示薩爾斯堡及周邊畫家和藝術家作品，並可以看到歷屆主教的肖像，以及家具、住宅裝飾等生活藝品。

有系統地收藏並展示16到18世紀，從弦樂器如小提琴，到巴松管、法國號等吹管，以及大鍵琴、古典吉他和各種前所未見的樂器，每一件樂器都搭配音樂家演奏影像，古典樂器獨特的音色和彈奏方式讓人大開眼界。

音樂節大廳

Festspielhaus

薩爾斯堡音樂節的表演場地

🚶 從莫札特廣場的遊客中心步行前往，約7~10分鐘可達。 🏠Hofstallgasse 1 ☎(0662)8045 0 🕐參觀內部必須參加導覽行程，每天14:00開始，語言為英文及德文，約50分鐘。 💲導覽行程每人€7、6~12歲兒童€4，6歲以下免費，持薩爾斯堡卡可免費參加一次。票價視座位和演出而異。 🌐www.salzburgerfestspiele.at

掃地圖

音樂節大廳從1960年起做為薩爾斯堡音樂節的表演會場，1926年由昔日的冬季馬術學校改建。廳內

設有兩座大型音樂廳和一座2006年紀念莫札特的小型音樂廳「Haus für Mozart」。

Grosses Festspielhaus大音樂廳可容納2,179個觀眾，舞台、表演空間與維也納國家歌劇院相同，設備世界級水準；岩石騎術學校(Felsenreitschule)音樂廳則是露天劇場，前身是大教堂的採石場，1693年被改建成舞台，還將岩壁裝飾成一道道圓拱，當作貴族包廂。

舊城區Altstadt

MAP ▶ P.164B4

莫札特出生地

Mozarts Geburtshaus

遺物保留最完整的地方

🚶 從莫札特廣場的遊客中心步行前往，約5分鐘可達。 🏠 Getreidegasse 9 ☎(0662)84 43 13 ⏰9:00~17:30(入館至閉館前30分)。 💰莫札特出生地＋故居＋紀念館聯票成人€12、15~18歲學生€4、6~14歲兒童€3.5、6歲以下免費；附語音導覽。薩爾斯堡卡可單次進出。 🌐 www.mozarteum.at

掃地圖

莫札特出生在這棟房子的4樓，在此居住到17歲為止。莫札特的父母共生了7個小孩，其中只有莫札特與他姊姊安娜存活，這處莫札特的故居之一，是全世界保留其遺物最完整的地方，可以想像小莫札特在閣樓上反覆地練琴，凝望薩爾河的景象，他那時大概也想不到這座城市將因他而榮耀。

一、二樓有莫札特的相關照片展示，三樓是莫札特家族的住家，廚房、家具、信件、樂譜、畫作均完整地保留著，其中最珍貴的收藏是一把莫札特幼兒時練習的小提琴，以及他生平最後一幅肖像。

舊城區Altstadt

MAP ▶ P.164B5

莫札特晚餐音樂會

Mozart Dinner Concert

穿越莫札特的年代

掃地圖

🚶 從莫札特廣場的遊客中心步行前往，約6分鐘可達。 🏠 Sankt-Peter-Bezirk 1/4 ☎(0662) 82 86 95 ⏰每晚18:30開放入場，音樂會搭配三道式套餐約2.5小時。 💰成人€78~、兒童與學生€63~，請上網預約。 🌐 www.mozart-dinner-concert-salzburg.com

莫札特晚餐音樂會提供遊客在建於1790年的巴洛克風格音樂廳中，享用精緻的三道式燭光晚餐，同時欣賞室內樂團和歌手演唱莫札特名曲。晚宴中從樂手到侍者均穿著古代服裝，連餐點也是參考傳統配方做成的宮廷美食。

音樂會所在的聖彼得餐廳（St. Peter Stiftskeller）屬於聖彼得修道院的一部分，過去是修士所經營的酒窖餐廳，餐廳內部的巴洛克風格大廳，在莫札特年代即舉辦過無數燭光音樂晚宴，從莫札特姐姐的日記中可以得知，莫札特一家人也曾來此用餐。透過沉浸式體驗身歷其境感受莫札特的音樂和生活背景，彷彿也穿越時空，回到了莫札特的年代。

新城區Neustadt

MAP ▶ P.164B4

莫札特故居

MOOK Choice

Mozart-Wohnhaus

記錄音樂神童全家的生活景況

🚶 從莫札特廣場的遊客中心步行前往，約10分鐘可達。 🏠 Makartplatz 8 ☎(0662)87 42 27-40 🕐9:00~17:30(入館至閉館前30分)。 💰莫札特出生地＋故居＋紀念館聯票成人€12、15~18歲學生€4、6~14歲兒童€3.5、6歲以下免費；附語音導覽。薩爾斯堡卡可單次進出。 🌐www.mozarteum.at

　　隨著孩子紛紛長大成人，莫札特一家再也無法擠在格特萊第街的舊宅，因而搬到了這處「新家」，位於新城區的三位一體教堂(Holy Trinity Church)旁邊。在母親過世、莫札特前往維也納

掃地圖

定居以前，1773~1780年那段期間他擔任薩爾斯堡主教的樂師，全家人住在這棟樓房的二樓，不過原本的建築在二次大戰時被炸毀，只剩下部份結構保留下來，如今這棟房子是重建的結果，當成展示廳使用，記錄這棟房子的歷史與莫札特一家的生活狀況。

> 💡 **莫札特其人其事**
>
> 莫札特(Wolfgang Amadeus Mozart)1756年1月27日出生於薩爾斯堡市中心，從小即展露驚人的音樂天份，6歲被帶入維也納的熊布朗宮，為當時的瑪麗亞‧泰瑞莎女皇演奏鋼琴。據說，小莫札特因為緊張而跌倒，瑪莉‧安東尼公主(後來法國路易十六的皇后)扶他起來，不知道是眩於公主的美貌還是心生感動，小莫札特誇下海口要娶她為妻。
>
> 　　小神童自幼跟隨父親四處旅行表演，後來成為主教的樂師，常常在主教府邸或米拉貝爾宮為顯貴名流表演。1781年，莫札特與主教鬧翻後，隻身前往維也納發展，開始了自由藝術家的生涯，經歷了事業上的大起大落，1791年猝然病逝，死後葬於維也納的聖馬克思墓園。

新城區Neustadt

MAP ▶ P.164B3

莫札特紀念館

Mozarteum

史料作品保存最完整的基金會

🚶 從莫札特廣場的遊客中心步行前往，約10~12分鐘可達。 🏠Schwarzstrasse 26 ☎(0662)889 40-0 🕐紀念館7:00~18:00，7、8月10:00~15:00。圖書館週一~週五9:00~12:00、14:00~17:00，需事先預約。 💰圖書館免費。表演門票視演出而定。 🌐www.mozarteum.at

掃地圖

莫札特紀念館是國際莫札特基金會(International Mozarteum Foundation)的大本營， 紀念館中擁有兩間表演廳，是莫札特生日和莫札特週的表演場所，來自世界各地的知名音樂家在莫札特音樂節期間，展開為期十天的表演活動，從2006年的「莫札特年」開始，表演更擴展到分析莫札特生平與作品的各類當代表演模式，包括文學、舞蹈、藝術等。

　　館內還有一間全世界最大的莫札特圖書館，收集了將近3萬5千本與莫札特相關的著作，以及莫札特的樂譜手稿、與家人之間的原版書信，樂譜除了當場借取，也可免費上網下載。

薩爾斯堡邦…**薩**爾斯堡 Salzburg

真善美之旅 電影7大經典場景

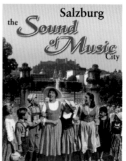

　　1965年美國好萊塢的歌舞片《真善美》轟動全世界，這齣經典電影的成功，除了劇中真摯的親情與愛情動人心弦外，童話般的湖光山色與古堡教堂是製造美麗夢幻的最大功臣，這些場景正是在薩爾斯堡取景，多數是在薩爾斯堡市區，而部份山區湖畔的景色，則位在鄰近的上奧地利邦鹽湖區。

　　《真善美》故事開始於第一次世界大戰前，活潑的修女瑪麗亞到喪妻的軍官家裡擔任家庭教師，個性嚴肅的上校以斯巴達式教育管理7個小孩，不過，這群頑皮的小孩已經氣走許多保母，瑪麗亞來了之後，全面進行「愛的教育」。他們唱歌、跳舞，瑪麗亞與上校也逐漸墜入情網。故事最後二戰爆發，一家人為躲避希特勒軍隊，越過高山向中立國瑞士走去。

第1站：米拉貝爾花園Mirabellgarten

　　多次出現在電影場景中，最令人印象深刻的莫過於瑪麗亞帶領著孩子們演唱《真善美》中的經典歌曲《DO-RE-MI》。 ◆P.164B3

第2站和第3站：Gazebo和海布倫宮

　　重新被安置在海布倫宮的玻璃屋Gazebo，就是電影中艦長的大女兒麗瑟(Liesl)和男朋友羅夫(Rolf)見面時，合唱《妳就要十七歲了》(Sixteen Going On Seventeen)的玻璃花房，以及瑪麗亞和上校合唱《好事》(Something Good)的地方，該玻璃花房特別為劇情需求而建造。 ◆P.175A2

第4站：崔拉普之家Schloss Leopoldskron
這座18世紀的湖畔宮殿就是電影中艦長的家，包括瑪麗亞來到此處教導7個小孩唱歌跳舞的場地、門口的湖水是小孩戲水划船的地方、宮殿裡的威尼斯房間就是電影中的宴客廳，而露台也是一家人喝Pink Lemonade的地方。 P.175A2

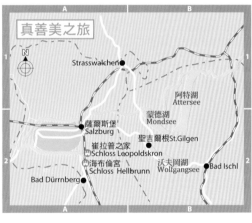

真善美之旅

Strasswalchen
阿特湖 Attersee
蒙德湖 Mondsee
薩爾斯堡 Salzburg
聖吉爾根St.Gilgen
崔拉普之家 Schloss Leopoldskron
海布倫宮 Schloss Hellbrunn
沃夫岡湖 Wolfgangsee
Bad Ischl
Bad Dürrnberg

第5站：儂山修道院Stift Nonnberg

創立於西元714年的儂山修道院不但是電影場景，更是真實故事中女主角所待的修道院，以及1927年她和上校結婚的地方。電影中可以看到孩子們到此找瑪麗亞，要求她跟他們回去，這裡也是電影結尾時全家人試著逃往瑞士的地方。 P.164C6

第6站：聖吉爾根與沃夫岡湖St. Gilgen und Wolfgangsee

這個著名的旅遊區是奧地利最受歡迎的旅遊勝地，也是電影《真善美》一開場的絕美場景。 P.175B2

第7站：蒙德湖婚禮教堂Basilika St. Michael Mondsee

電影中瑪麗亞和上校舉行婚禮的地方，就在這座蒙德湖畔的教堂，瑪麗亞走下教堂側廊和上校在祭壇相遇。這裡也出現在瑪麗亞帶小孩野餐的場景中。 P.175B2

新城區Neustadt

MAP ▶ P.164B3

米拉貝爾宮和花園

Schloss Mirabell & Mirabellgarten

走訪電影真善美的拍攝地

掃地圖

🚶 從莫札特廣場的遊客中心步行前往，約15分鐘可達。 🏛 Mirabellplatz 📞(0662)8072 0 ⏰米拉貝爾宮婚禮大廳：週一、三、四8:00~16:00，週二、五13:00~16:00，遇特殊活動時不對外開放；天使階梯：8:00~18:00；米拉貝爾花園：6:00~天黑；橘園：9:00~16:00。 💲免費。

擁有美麗花園的米拉貝爾宮建於1606年，是大主教沃爾夫為他的愛人所建，由當時最著名的建築師費舍·馮·埃爾拉赫(Johann Bernhard Fischer von Erlach)設計。宮殿中過去莫札特為主教表演的大理石室(Marmor Saal)，洋溢金碧輝煌的巴洛克風格，如今成為號稱全世界最美麗

的「婚禮大廳」，這裡經常舉辦室內音樂會，節目單請洽詢遊客服務中心。裝飾著天使雕刻的天使階梯位於大理石室後方，據說只要摸摸邱比特的頭，很快就會懷孕。

左右對稱的米拉貝爾花園保留了當年埃爾拉赫的創作風格，是一個聚集了羅馬雕塑、噴泉、花園、迷宮的巴洛克式花園，北邊的鐵門是薩爾斯堡鑄鐵工業的象徵，噴泉旁的銅馬雕塑是從卡比第廣場搬來的；花園東面有個巴洛克藝術館，展示大量巴洛克的創作品。

花園內可以看到很多雕塑作品，每一座雕塑都有不同的意義，如中央噴泉旁的四座雕像分別象徵空氣、土地、火、水四種元素，是17世紀的作品；南邊入口處設有邱比特、阿波羅等8座神像，花園四周則擺放了戴安娜、維納斯等8座女神像。

傳奇性的多情主教——沃爾夫

　　中世紀的薩爾斯堡是由大主教管理，而主教集宗教與權力於一身，其最大興趣就是興建宏偉華麗的教堂。所以，在薩爾斯堡小小的舊城區裡，教堂密度高得驚人。

　　在歷任大主教中，最富傳奇色彩的是沃爾夫·迪特利希·馮·萊特瑙(Wolf Dietrich von Raitenau)，1587年，這位在羅馬接受教育的年輕主教上任後，最大的野心就是將薩爾斯堡建立成「北方的羅馬」，適巧一場大火將舊市區燒毀，沃爾夫立即摩拳擦掌，邀請了義大利巴洛克建築師文森諾·斯卡莫齊(Vincenzo Scamozzi)設計，他同時設計出Residenzplatz與Alte Residenz，為現在巴洛克風格的街景定下基礎。值得一提的是，文森諾的設計最終沒有實行，後來由繼任的大主教Markus Sitticus von Hohenems請來同是義大利巴洛克建築師的Santino Solari，於15年內建築而成。

　　另外，清心寡慾的沃爾夫卻愛上絕代佳人莎樂美(Salome Alt)，並為心愛的莎樂美蓋了米拉貝爾宮，他們在此生活並生了15個小孩。沃爾夫最後因鹽礦與巴伐利亞公爵產生衝突，被其姪子Markus Sittikus推翻並囚禁在山上的薩爾斯堡城堡，6年後逝世。

MAP ▶ P.164B4

薩爾斯堡木偶劇場

Salzburger Marionettentheater

以莫札特歌劇為主的木偶表演秀

📍 從莫札特廣場的遊客中心步行前往，約10~12分鐘可達。
🏠 Schwarzstraße 24 ☎ (0662)87 24 06 ⏰ 幾乎每天都有1~2場演出，詳細節目表請上網查詢。 💲 表演門票視座位而定。 🌐 www.marionetten.at

掃地圖

　　1673年，Johann Peter Hilverding來到薩爾斯堡，在大主教宮廷中演出木偶劇，成為當地木偶演出的開端。1913年，秉持著對木偶劇的熱愛和復興理念，木雕師傅Anton Aicher創立了木偶劇場，演出該劇場第一齣莫札特歌劇《Bastien und Bastienne》(可愛的牧羊女)，在百年歷史中，這個家族傳承了所有的技藝，從木偶、服裝到表演設計均不假他人。

　　木偶劇場以莫札特的歌劇為主要表演項目，近來更加入《愛麗絲夢遊仙境》、英語版《真善美》等戲碼。演出時會在舞台旁的螢幕上同步秀出德、法、英、日、義，近五種語言的字幕。

MAP ▶ P.164A4

史泰格啤酒廠

Stiegl Brauwelt

附設啤酒博物館與鮮釀餐廳

掃地圖

📍 從市中心的Ferdand-Hanusch-Platz站搭乘10號或1號巴士約18分，Bräuhausstraße站下車後徒步10分鐘至正門。 🏠 Bräuhausstraße 9 ☎ (1492) 1492 ⏰ 10:00~17:00，5~9月10:00~19:00。 💲 博物館成人€12.9、6~16歲€11.5，薩爾斯堡卡可單次進出。 🌐 www.brauwelt.at

　　史泰格啤酒廠是奧地利最大的私營啤酒生產商，位於薩爾斯堡的總部規劃結合知識與美味的啤酒主題園區，讓一般人能夠看見啤酒的製造過程，同時品嘗鮮度絕倫的鮮釀啤酒。

　　酒廠的歷史可以追溯至1492年，使用不外傳的祖傳配方釀造色澤金黃澄澈的「金色麵包」，就連莫札特也是它的愛好者。附設的啤酒博物館展示從奧地利到史泰格啤酒的製造過程和歷史，逛完5千平方米的展場後，別忘了到精釀餐廳大飽口福，數十款鮮釀啤酒和奧地利美食搭配，讓人遍覽奧式啤酒的魅力。

薩爾斯堡邦⋯薩 爾斯堡 Salzburg

新城區Neustadt

MAP ▶ P.174A2

海布倫宮

MOOK Choice

Schloss Hellbrunn

走進迷宮花園讚嘆機關噴泉

🚌 從中央車站搭乘25號公車約22分鐘至Fürstenweg站下車，步行約3分鐘即達。 🏛 Fürstenweg 37 ☎ (0662)82 03 72-0 🕐 4、10月 9:00~16:30，5~6、9月9:00~17:30，7~8月9:00~18:00；每半小時有一場導覽，噴泉約40分鐘，宮殿約30分鐘。7~8月19:00、20:00、21:00增設夜間噴泉導覽。 💲 機關噴泉、宮殿和博物館套票：成人€13.5、19~26歲學生€8.5、4~18歲兒童€6(含導覽)，薩爾斯堡卡可單次進出。 🌐 www.hellbrunn.at

掃地圖

1612年時，才登上大主教之位沒有多久的馬庫斯·西提庫斯(Markus Sittikus von Hohenems)下令在海布倫山腳下，興建一座讓他得以享受人生且接待賓客的夏宮。這位在義大利接受教育的大主教，熱愛義大利的藝術與文化，因此請來了著名的建築師桑提諾·索拉利(Santino Solari)，為他設計一座優雅且寬敞的宮殿，於是擁有迷宮花園和機關噴泉(Wasserspiele)的海布倫宮因而誕生。

「水」是這座宮殿的設計主題，尤其在當時流行機關噴泉的年代，海布倫山豐沛的水源實現了這樣的夢想。在這處隱身於濃密枝枒和灌木叢間的區域裡，散置著多座噴泉、山洞和劇場，來自四面八方的水柱令人出奇不意，常讓遊客驚呼連連。像是主教宴請賓客喝酒的戶外石桌，座椅中間和四周隱藏了多處水柱機關，在洞穴中除了模仿下雨的情景外，還能聽見以水力產生的模仿鳥叫聲，以及主教對厭惡的人作出的鬼臉模型。此外還有一座木偶劇場，同樣以水力的方式讓數百尊小木偶同時運作，讓人不禁對400多年前的技術感到咋舌。

宮殿充分展現了馬庫斯·西提庫斯個人對於動物的愛好，由於海布倫宮同時也是一座狩獵宮，因此可以發現宮殿內的裝飾和一般皇宮大異其趣，牆壁上的畫作不再以人物肖像為主，而是與動物相關的主題，像是在魚廳(Fish Room)中的掛畫，在沒有攝影設備的當時，只能以繪畫的方式將釣到的大魚紀錄下來，相鄰的廳房中則可以看見當時人們送給主教的禽鳥畫作，許多今日看來不稀奇的動物例如鸚鵡，在當時可是罕見的珍禽，主教會將這些動物飼養於皇宮的動物園中。八角廳(Octagon Room)是主教邀請音樂家前來演奏的地方，牆上的畫作描繪穿著便服的主教，據說展現了他希望當一位俗世君王更甚主教的心境。

Where to Eat in Salzburg
吃在薩爾斯堡

舊城區Altstadt

MAP ▶ P.164B5 **St. Peter Stiftskeller**

🚶 從莫札特廣場上的遊客服務中心步行
前往，約9~11分鐘可達。 🏠St. Peter
Bezirk 1/4 📞(0662)84 12 68-0
⏰0:30~14:30、17:30~23:00 🌐www.
stpeter-stiftskeller.at

St. Peter Stiftskeller是薩爾斯堡最古老的餐廳，創立於
西元803年，屬於聖彼得修道院的一部份，昔日是修道
院的酒窖，因此最初在此釀酒的人正是修道院中的修
士，接待過的名人更是大有來頭，包括哈布斯堡家族的
皇帝。

餐廳巧妙地座落於洞穴中，充滿了中世紀的感覺，依
空間切割成不同的區塊，部份座位直接塞在一處小洞
中，帶來包廂般的隱密感，而位於中庭的露天座位更是
天氣晴朗時的最佳選擇。

St. Peter Stiftskeller提供正統的奧地利料理，其清燉
牛肉非常美味，而當地的特色甜點薩爾斯堡舒芙蕾
(Salzburger Nockerl)也是該餐廳的招牌，由於奧地利甜
點基本上偏甜，如果不是非常嗜甜食者最好多人一同分
享，並搭配咖啡或紅茶食用。

舊城區Altstadt

MAP ▶ P.164B5 **藍鵝Blaue Gans**

🚶 從莫札特廣場上的遊客服務中心步行前
往，約10分鐘可達。 🏠Getreidegasse
41-43 📞(0662)84 24 91-59 ⏰週
一~週六12:00~24:00；週日休。
www.blauegans.at

「藍鵝」名稱來自1525年農夫戰爭時流傳的一則故
事：一位在砲火肆虐下冒失穿越Sigmundsplatz的市民，
被一枚砲火擊中寬鬆的外套卻沒有受傷，當他發現自己
的好運時，眼前看到的竟是一隻鵝。

藍鵝位於舊城最熱鬧的格特萊第街上，隸屬於同名飯店
的它，有一條室內通道可通往洗馬池旁的卡拉揚廣場，並
在該處設有露天座位，每當薩爾斯堡藝術節時總是擠滿了
用餐人潮。餐廳提供傳統的奧地利料理，除了炸肉排(牛排
與豬排)，也有隨季節變換的菜單，另有一處歷史長達660
年的石拱洞穴，供特殊活動與派對使用。

薩爾斯堡邦⋯⋯ 薩 爾斯堡 Salzburg

舊城區Altstadt

`MAP ▶ P.164C6` **Festung Hohensalzburg**

🚠搭乘纜車登上城堡，步行約3分鐘可達。
🏠Mönchsberg 34　📞(0662)82 58 58
🕐週一～週三10:00~17:00、週四～週六
10:00~21:30，週日10:00~18:00，依季
節變動。🌐www.festungsrestaurant.at

　這間位於薩爾斯堡城堡中的餐廳，擁有一座俯瞰城市景
觀的平台，從露天座位上可以欣賞到阿爾卑斯山的景色，
以及電影《真善美》中當作上校一家住宅的背景地。食物
以融合地中海風味的奧地利料理為主，復活節後到10月期
間每晚均舉辦音樂會。

舊城區Altstadt

`MAP ▶ P.164B5` **Café Tomaselli**

🚠從莫札特廣場上的遊客服務中心步行
前往，約2分鐘可達。　🏠Alter Markt
9　📞(0662)84 44 88-0　🕐週一～六
7:00~19:00、週日和假日8:00開始營
業。🌐www.tomaselli.at

　創立於18世紀初，這間薩爾斯堡最古老的咖啡館是當
地最熱門的約會地點，過去就連莫札特也曾多次造訪，
時至今日擠滿前來朝聖的遊客。每日提供40種美味的甜
點和蛋糕，是這間咖啡館最大的特色，完全採用新鮮的
材料且不含任何添加物。

舊城區Altstadt

`MAP ▶ P.164B4` **Sternbräu**

🚠從莫札特廣場上的遊客服務中心步行前
往，約7分鐘可達。　🏠Griesgasse 23,
📞(0662) 84 21 40
🕐11:30~24:00，
依季節變動🌐www.
sternbrau.at

　位於莫札特出生地旁，這間啤酒
餐廳由薩爾斯堡第二古老的釀酒廠經
營，酒廠創業於1542年，和另一間老
酒廠史泰格一樣，也號稱是莫札特的愛
店之一。傳統釀造配方至今依舊深受喜
愛。餐廳內部空間非常寬敞，每個用餐
區的設計都不同，像是掛滿油畫的古典
沙龍風，或是充滿設計感的時尚吧台，
每次來都能有新鮮體驗。氣泡綿密的沁涼
啤酒搭配奧地利傳統美食，像是燉牛肉、
烤牛膝等風味最佳，要不就搭配當地手
工製作的冷肉盤，享受大口喝酒、大口
吃肉的快感。

舊城區Altstadt

MAP ▶ P.164B5 **Fürst**

從莫札特廣場上的遊客服務中心步行前往，約2分鐘可達。 ⓖAlter Markt, Brodgasse 13 ☎(0662)84 37 59-0 ⏰週一~週六8:00~20:00、週日9:00~20:00 ⓦwww.original-mozartkugel.com

今日大街小巷都能看見的莫札特巧克力(Mozartkugel)，正是由Fürst發明的。Paul Fürst於1884年創立以家族姓氏為名的糕餅店，歷經多年研發，這位薩爾斯堡的皇家糕餅師在1890年發明了這種巧克力球，以開心果、杏仁和黑巧克力製成，並以莫札特命名。1905年，他本人更以這項產品在巴黎的展覽會上獲得金牌。

儘管這種巧克力已不再是Fürst的專利，甚至有大廠牌以機械生產行銷全國，不過Fürst始終堅持以純手工製作，並只在薩爾斯堡開設分店，因此除了這裡之外，別的城市買不到以銀色紙包裝、上頭印著藍色莫札特頭像的巧克力球。此外，Fürst還研發出貝多芬、海頓等知名音樂家巧克力。Fürst也是一間咖啡館，不妨在此喝杯咖啡，享用百年糕餅家族的傳統風味。

舊城區Altstadt

MAP ▶ P.164B5 **Jahn-Markl**

從莫札特廣場上的遊客服務中心步行前往，約2分鐘可達。 ⓖResidenzplatz 3 ☎(0662)84 26 10 ⏰週一~週五10:00~18:00、週六10:00~15:00；週日休。 ⓦwww.jahn-markl.at

這間出售當地傳統服飾的商店擁有600年歷史，以製作傳統皮短褲和皮件為特色。走進Jahn-Markl，可以知道正統的奧地利民族服飾穿法為何，還能得知不同顏色代表的省份區域，以及各地的獨特配色方式。你或許不會買一套當地的傳統服飾，不過逛逛店內的手工皮件、小皮袋和女用皮手提袋，也會有不錯的發現。

舊城區Altstadt

MAP ▶ P.164B5 **Stiftsbäckerei St. Peter**

從莫札特廣場上的遊客服務中心步行前往，約4分鐘可達。 ⓖKapitelplatz 8 ☎(0662)84 78 98 ⏰8:00~17:30、週四~週五7:00~17:30、週六7:00~13:00，現烤麵包週一~週二約8:30出爐、週四~週六約7:30出爐；週三(若隔天為假日則營業)、週日、1~2月的週一休。 ⓦmembers.aon.at/stiftsbaeckerei/html/

這間附屬於聖彼得修道院的麵包店，位於水車的旁邊，歷史可追溯至12世紀，是薩爾斯堡最古老的麵包店。這裡採用歷史悠久的烤爐，以及傳承了好幾個世紀的配方，加上自家培育的天然酵母，美味吸引許多遊客慕名而來，讓每天生產近200公斤麵包的Stiftsbäckerei St. Peter依舊供不應求，晚了就買不到了。

舊城區Altstadt

MAP ▶ P.164B4 **Kirchtag**

從莫札特廣場上的遊客服務中心步行前往，約6分鐘可達。 ⓖGetreidegasse 22 ☎(0662)84 13 10 ⏰週一~週五9:30~18:00、週六9:30~17:00；週日休。 ⓦwww.kirchtag.com

商店門口高掛的一把把雨傘和櫥窗中琳瑯滿目的皮包陳設，相當引人注目，不過Kirchtag最自豪的則是自家生產的長柄雨傘。這間百年老店最初以生產雨傘和枴杖為主，在櫃台旁可以看見第一代經營者畢業自雨傘製作學校的證書，如今傳到第三代手上，卻依舊堅持手工製傘的技術，而製傘工廠就設立於該店樓上。由於每把手

工雨傘需要花5小時的時間製作，因此該店每年只能生產300~350把。

Kirchtag的雨傘柄和骨架是由同一根木頭製成，店內共有25種木頭可供選擇，此外，還採用向米蘭紡織廠獨家訂購的布料，而且每把傘擁有自己的編號，如此精緻的代價讓每把傘的定價都從€180起跳。

舊城區 Altstadt

MAP ▶ P.164C5　Salzburger Heimatwerk

🚶 從莫札特廣場上的遊客服務中心步行前往，約1分鐘可達。 🏠Residenzplatz 9　☎(0662)84 41 10　🕐週一~週五10:00~18:00、週六10:00~17:00；週日休。 🌐www. salzburgerheimatwerk.at/en

這間歷史悠久的布店，除了可依個人需求販售布料外，也提供傳統服飾訂作以及各類精緻的家庭雜貨。

如果想買布，別錯過店內手染和手工編織的布料。就算不買布，店內出售的抱枕、桌巾、手帕、香料袋等雜貨，也都非常適合自用或送禮。

舊城區 Altstadt

MAP ▶ P.164A4　Sound of Music World

🚶 從莫札特廣場上的遊客服務中心步行前往，約8分鐘可達。 🏠Getreidegasse 47　☎(0662)63 08 60　🕐10:00~18:00　💰全票成人€8、學生€4。薩爾斯堡卡可免費單次進出。 🌐soundofmusicworld.com/en/

《真善美》是根據瑪麗亞奧古斯塔崔普(Maria Augusta von Trapp，1905~1987年)的傳記《崔普家庭歌手們》(The Story of The Trapp Family Singers 1949年)為藍本改編成的電影劇本。這間商店面對洗馬池廣場的商店，一樓

販賣琳琅滿目的真善美相關商品，從唱片到生活設計商品應有盡有，二樓則是一間小博物館，介紹真實世界中《真善美》的主人公崔普一家人。

舊城區 Altstadt

MAP ▶ P.164A4　Heimatkunst Lackner

🚶 從莫札特廣場上的遊客服務中心步行前往，約5分鐘可達。 🏠Sterngäßchen 4　☎(0662)84 23 85　🕐週一~週五10:00~18:00、週六10:00~15:00；週日休。 🌐woodart.at

這間家族經營的奧地利木飾專賣店創立於1894年，專門製作各種聖誕節人偶，以及聖誕飾品等，氣氛溫馨的店裡一年到頭都像在過節。除了人偶之外，各種具有薩爾斯堡代表性的生活用品，像是傳統造型瓶酒杯、古董雜貨等也都能找到，由於鄰近黑森林地區，製作精美的咕咕鐘也是店內的人氣商品。

舊城區 Altstadt

MAP ▶ P.164B5　Christmas in Salzburg

🚶 從莫札特廣場上的遊客服務中心步行前往，約2分鐘可達。 🏠Judengasse 11　☎(0662)84 67 84　🕐週一~週六10:00~19:00、週日和假日10:00~18:00。

在這間聖誕節和復活節商品專賣店中，一年四季都可以買到相關的裝飾品，對於無緣一探奧地利聖誕市集的

人來說，或許能有點小小的彌補作用。店內的復活節彩蛋多得令人眼花撩亂，個個繪製著精美的圖案，此外外罩玻璃的聖誕球飾也非常受歡迎。

舊城區 Altstadt

MAP ▶ P.164C5　Think!

🚶 從莫札特廣場上的遊客服務中心步行前往，約3分鐘可達。 🏠Pfeifergasse 9　☎(0662)82 99 16　🕐週一~週五10:00~18:00、週六10:00~16:00；週日休。 🌐collection.thinkshoes.com/en/home

從維也納發祥的鞋子品牌，不僅在奧地利開設多家分店、進駐HUMANIC等鞋子專賣店，更進軍德國、日本及南非等國家。Think! 販售的鞋款大多走休閒風，貼心的寬闊走道讓顧客能輕鬆選購，商品中可見許多涼鞋及娃娃鞋，提供顧客舒適好穿又好走的鞋子。

新城區Neustadt

MAP ▶ P.164B4 Hotel Stein

🚌 從薩爾斯堡中央車站搭乘巴士1、3、6號在Makartplatz站下車，步行約5分鐘可達；從莫札特廣場上的遊客服務中心步行約7分鐘可達。 🏠Giselakai 3-5 ☎(0622)87 43 46-0 🌐www.hotelstein.at

座落於修泰茲橋(Staatsbrücke)位於新城區的那端，Hotel Stein擁有欣賞舊城的絕佳景觀位置，尤其是位於這棟7層樓高建築頂樓的咖啡酒吧，能夠將薩爾斯堡城堡以及大教堂、聖彼得修道院、市政廳等建築尖塔盡收眼底，而它設在戶外的露天座位，更能俯瞰薩爾河及兩岸熙來攘往的街景。Hotel Stein創立於1399年，以1950年代風情整修後，成為一間擁有56間房的四星級飯店，洋溢著濃厚的懷舊氣息。儘管如此，客房現代設備齊全，同時提供免費網路服務，此外為了怕鄰近大道較為吵雜，還特別採用雙層窗戶。2016年再度封閉全面翻修中，完成之後，勢必更將耳目一新。

舊城區Altstadt

MAP ▶ P.164A3 Hotel Schloss Mönchstein

🚌 從薩爾斯堡中央車站搭乘計程車前往，約15分鐘可達。 🏠Mönchsberg Park 26 ☎(0662)84 85 55-0 網址：www.monchstein.at

這間奢華的五星級城堡飯店，聳立於蒙西斯山丘上，四周圍繞著廣達1萬4千平方公尺的私人花園，擁有絕佳的景觀及遺世獨立的悠閒感。除了24間裝潢典雅的客房及套房外，飯店還擁有SPA中心以及舉行婚禮的教堂，如果預算足夠，甚至能夠租下整座城堡。

新城區Neustadt

MAP ▶ P.164C3 Hotel Amadeus

🚌 從薩爾斯堡中央車站搭乘計程車前往，約10分鐘可達；從莫札特廣場上的遊客服務中心步行約12~14分鐘可達。 🏠Linzergasse 43-45 ☎(0662)87 14 01 🌐www.hotelamadeus.at

這間傳統的小旅館座落在新城區市中心的徒步區，融合古董家具和現代裝潢的客房提供溫馨舒適的環境，擁有兩間獨立客房的公寓適合家庭下榻，價格相當划算。

新城區Neustadt

MAP ▶ P.164D2 Bergland Hotel

🚌 從薩爾斯堡中央車站步行前往，約15分鐘可達。 🏠Rupertgasse 15 ☎(0662)87 23 18 🌐www.berglandhotel.at

創業於1912年，這間家庭旅館於2008年時經過重新整修，位於新市區的北邊，步行前往新市區約10分鐘可抵達。當地新鮮食材製作的美味早餐、合理的價格與舒適的環境是這間旅館吸引人的地方，此外，旅館屋頂還設有小露台可以曬太陽。

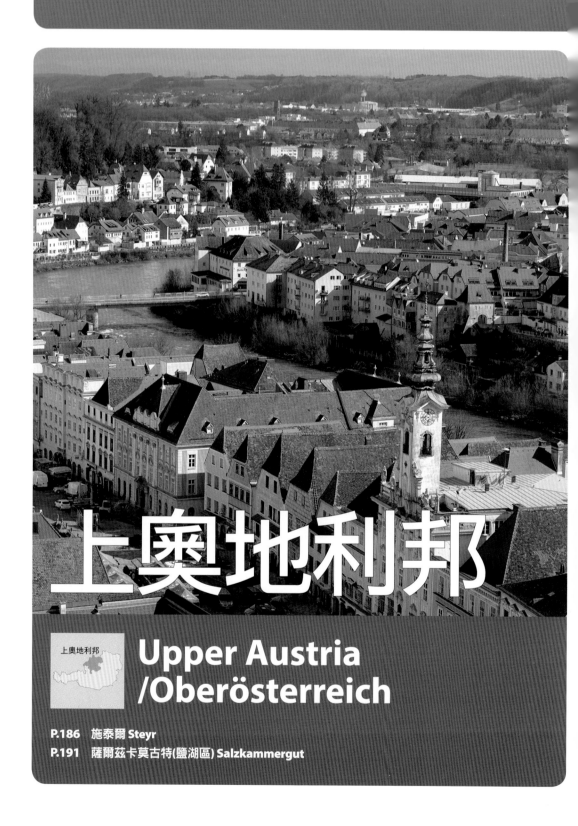

上奧地利邦

Upper Austria /Oberösterreich

與維也納和薩爾斯堡比鄰的上奧地利邦，是奧地利第四大邦，過去屬於奧地利公國（Erzherzogtum Österreich ob der Enns）的領地，北部多瑙河穿越第一大城林茲（Linz）後向東漫流，與維也納聯繫成一條漫長的文化水路，南部為湖光山色的薩爾茲卡默古特（Salzkammergut）高地，豐沛鹽產是哈布斯堡王朝重要的經濟來源，頭頂著白雪的秀麗群山圍繞下，阿特湖(Attersee)、沃夫岡湖(Wolfgangsee)、月湖(Mondsee)等近80座湖泊星羅棋布，阿爾卑斯山冰河融雪使湖面呈現淡藍色，映襯周遭青山和老城鎮的景色格外詩情畫意，無論夏天的健行、度假，冬季的滑雪，一年四季都吸引無數遊客駐足。

　　作為奧地利公國的一部分，加上如畫的風景，許多王公貴族都曾在此建立行宮留下足跡，比起首府林茲，境內像施泰爾（Steyr），聖沃夫岡(St. Wolfgang)等小鎮反而更值得花時間細細漫遊，另外比較特別的是，希特勒出生的故鄉因河畔布勞瑙（Braunau am Inn）也位於此。

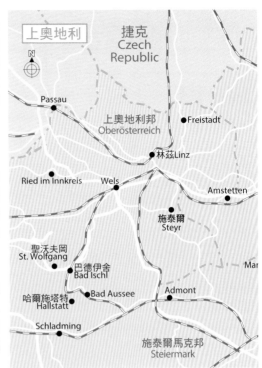

上奧地利邦之最Top Highlights of Upper Austria

施泰爾
Steyr
　　以市區廣場為起點，踩著石板路穿梭在巴洛克風與洛可可風格的華麗建築和教堂間，跨越時空的繁榮風貌令人著迷。
(P.186)

巴德伊舍
Bad Ischl
　　擁有高含鹽量泉質的溫泉小鎮，從19世紀初鹽水開始用於醫療用途後，便一躍成為熱門的溫泉療養度假區。
(P.197)

聖沃夫岡
St. Wolfgang
　　南臨湛藍的沃夫岡湖，北倚阿爾卑斯山夏夫堡，依山傍水、優美如畫的自然景致為此地帶來豐富的旅遊資源。
(P.194)

哈爾施塔特
Hallstatt
　　世界上最美的湖濱小鎮之一，1997年登錄為世界文化遺產。(P.198)

施泰爾
Steyr

施泰爾河（Steyr）和恩斯河(Enns)匯流的施泰爾，從10世紀便開始發展，是歷史悠久的製造業中心，漫步在水流潺潺、古色古香的中世風情鎮上，很難聯想到這裡其實也是引領奧地利鋼鐵和槍械工業的重鎮。

西元980年施泰利雅（Styria）伯爵在兩河交匯處的高地，建造了施泰利雅(Stirapurhc)城堡，為城市奠定雛形。鄰近的艾森埃爾茲山(Eisenerz Alps)提供施泰爾發展的本錢，豐沛鐵礦聚集了商人與業者，城市因此成為製造業以及礦物交易中心。1831年約瑟夫·偉德爾(Josef Werndl)接管家族的槍枝製造工坊，靠著發明後腔槍的獨家技術，將工坊拓展至現代化工廠，讓施泰爾在世界槍械產業佔有重要的一席之地。有別於工業的背景，施泰爾是一個聽得到淙淙流水聲，非常適合沿河邊散步逛老街的優美城鎮，舊城區的中心點為市區廣場(Stadtplatz)，踩著石板路穿梭在巴洛克風與洛可可風格的華麗建築和商家，以及裝飾華美的教堂之間，跨越時空的繁榮風貌令人著迷。

INFO

基本資訊

人口：約3萬9千人。　　**面積**：26.56平方公里。

如何到達——火車

從維也納中央車站(Wien Hauptbahnhof)出發，搭乘前往聖瓦倫丁(St. Valentin)的火車，再從聖瓦倫丁轉車前往施泰爾，車程約2小時10分。也可先搭到林茲(Linz)再轉車，火車時刻表請上網站查詢。
🚇www.oebb.at

市區交通

從施泰爾火車站可以步行遊覽大部份景點，徒步到市區廣場約13分鐘。

旅遊諮詢

◎施泰爾旅遊中心

🏠Stadtplatz 27　📞(7252) 53229-0　🕐週一至週五9:00~18:00，週六9:00~12:00，週日休。
steyr.info

MAP ▶ P.186B2

市區廣場

MOOK Choice

Stadtplatz

千年城鎮中心

掃地圖

🏛 市政廳前廣場　🚇 Stadtplatz

　　匯集了哥德式、文藝復興時期、巴洛克和洛可可式的建築，施泰爾擁有全奧地利數一數二優美的市街。面對市政廳的市區廣場，是舊城區的中心，各種時期的建築彼此互別苗頭又和諧共存，彷彿走進一座活的建築博物館。

　　廣場內最醒目的建築，莫過於有著高聳鐘樓的市政廳。這幢巍峨優美的洛可可式大樓建於18世紀，由當時的市長兼法官哥塔德·海伯格(Gotthard Hayberger),下令修建。外牆欄杆上

矗立四位女神雕塑，分別象徵正義、刑法、宗教和羅馬法。

　　每逢週日廣場內會舉辦市集，色彩奪目的鮮花、奧地利奶奶的手工果醬和麵包，以及各種新鮮的蔬果和生活雜貨，到處瀰漫著熱情活潑的氣息。

守夜人傳說

　　中古時代的歐洲城鎮，每到夜晚便會有守夜人執著油燈，搖晃著鈴鐺或手鐘，走遍各街巷巡查，守夜人一方面是為了要防範盜賊和入侵者，更重要的任務是提醒居民小心火燭，畢竟古代屋舍多為木造，一個疏忽就有可能導致城鎮全毀。

MAP ▶ P.186B2

布魯瑪爾之屋

Bummerlhaus

哥德式後期建築經典

🚶 從市政廳步行約1分鐘。
🚇 Stadtplatz 32

　　外牆擁有優美的裝飾柱，內部仍保留中古時代格局的布魯瑪爾之屋，展現哥德式晚期的建築特色，不只上奧地利郡內，放眼全奧也相當少見。建築最早可以追溯到13世紀，19世紀時作為旅館開放，取名為「金獅旅社」（Zum GoldenenLöwen），並以一隻金獅為招牌，沒想到當地居民覺得掛

掃地圖

在門楣上的金獅憨態可掬，親切地暱稱它為「小胖狗(Bummerl)」反而成為了正式名稱。

MAP ▶ P.186A2B2

拉姆伯格城堡

Lamberg Castle

施泰爾城市的起點

掃地圖

🚶 從市政廳步行約10分鐘可達。 ⏰ Panoramaweg ❗城堡目前只針對團體預約開放，詳情請洽施泰爾遊客服務中心。

位於城市高點的拉姆伯格城堡，是施泰爾發展的起源地。西元980年施泰利雅（Styria）伯爵打造的施泰利雅(Stirapurhc)城堡，是拉姆伯格堡的前身。直到11世紀為止，城堡屬於奧圖卡王朝(Otokar Dynasty)貴族的宅邸，18世紀整座建築被大火燒毀，當時的城主拉姆伯格伯爵於是下令重建，把城堡打造成華麗的巴洛克樣式。城堡內除了擁有裝飾精美的長廊、廳堂，和砂岩人物塑像，其中圖書館更完整保留18世紀的貴族藏書，木製書架雕工極其精美，映襯著拼貼木地板，展現沈穩而優雅的空間感，而櫃中陳列的書籍，更是珍貴的文化資產。城堡目前只接受團體預約參觀，一般遊客雖難窺堂奧，還是可以到充滿鳥語花香的城堡花園走走，感受一下貴族的愜意生活。

Segwey遊施泰爾

施泰爾兩水匯流的優美景色、綠意盎然的公園和市街，非常適合搭乘Segwey深入探索。當地推出Segwey之旅，帶著遊客穿梭在大城小巷，悠遊垂柳搖曳的河渠，然後爬坡至拉姆伯格城堡，漫遊開滿鮮花的後花園。Segwey非常簡單易學，初學者大概練個10分鐘就能上手，以類似慢跑的速度輕鬆地瀏覽風景，想照相時也可以隨時停下來，留下特別的旅遊回憶。

＊Segwey之旅

🚶 市政廳徒步約5分。 📍Grünmarkt 15 ☎(720) 554721，致電或寄信預約。 ⏰3月~12月每天。 💰依行程不同，成人€59~。 🌐www.segway-in-steyr.at

聖米歇爾教堂
Pfarre Steyr St. Michael

巴洛克的禮讚

 掃地圖

📍從市政廳步行約10分鐘可達。🏠
Michaelerplatz ☎(07252)72 014

聖米歇爾橋位於施泰爾橋的陸，眺望著湍急匯流的河水，兩座巍峨尖塔並肩聳立，從遠方即可看到陽光下閃爍的尖頂，是代表著施泰爾的地標。這座巴洛克風格的教堂建於1635到1677年之間。尖頂之間的山牆描繪著聖米歇爾與墜落的墮天使。教堂內部開闊宏偉，奢華的洛可可風格裝飾點綴每一個角落，祭壇畫為聖米歇爾打敗撒旦的情境。

Wirtshaus Knapp am Eck餐廳

迷人的傳統料理

📍從市政廳步行約10分鐘可達。　🏠Wehrgrabengasse 15 ☎(07252) 762 69 ⏰週二~四、週六11:00~14:00、18:00~23:00，週五18:00~23:00，週日、週一休。🌐knappameck.at

掃地圖

這間酒館位在滴溜溜輪轉的水車旁，裡面則是溫馨的木造風格。餐廳特別講究從產地到餐桌的距離，使用契約農家食材，和當地釀造酒款製作料理，也因此深受當地居民好評，即便平日中午也座無虛席。餐廳將傳統奧地利佳餚以現代方式呈現，像是奧地利麵糰子搭配野菇醬汁，創造有如燉湯般飽滿的口感，當地盛產的鱒魚以平底鍋輕煎後，搭配燉飯，味覺搭配更有層次感，美味也更加倍。

MAP ▶ P.186B2

Minichmayr餐廳

美味的河鱒料理

🚶 從市政廳步行約8分鐘可達。 ⊙Haratzmüllerstraß 1-3 ☎(07252) 534 10 ⊘週一～週六11:00～14:00、18:00～22:00，週日休。 ⊕www.hotel-minichmayr.at/en/

這間附設於四星級飯店內的餐廳，是施泰爾當地的老字號，餐廳緊鄰兩河匯流處，透過窗戶可以欣賞到優美的河景，甚至隱約還能聽到流水聲。料理以傳統菜色為基礎做變化，配菜使用許多新鮮蔬菜，在非常符合現代人的健康概念。如果在產季到訪，建議別錯過當地盛產的鱒魚，新鮮的鱒魚肉質細嫩甜美，輕煎或爐烤都非常美味。

MAP ▶ P.186A2

維斯聖嬰教堂

MOOK Choice

Wallfahrtskirche Christkindl

感受濃厚的聖誕氣氛

🚶 從施泰爾徒步約40分鐘(3公里)或搭車約10分鐘。 ⊙Christkindlweg ☎(7252) 54622 ⊘平常不開放，冬季11月至1月間開放民眾參觀，詳情請見旅遊局網站。 ⑤耶穌誕生場景博物館成人€7、6~14歲兒童€1.5。 ⊕www.christkindlregion.com

位於施泰爾市郊的克里斯金德維格(Christkindlweg)，小巧的城鎮平時人煙稀少，但每逢入冬後的11月到隔年1月，卻因耶穌顯聖的教堂，有特殊聖誕戳印的郵局，以及熱鬧的聖誕市集，成為最有聖誕節氣氛的地方。

城鎮地標維斯聖嬰教堂面積不大，卻因為耶穌顯聖事蹟而成為朝聖中心。教堂為喬瓦尼·B·卡洛恩(Giovanni B.Carlone)於1702年開始打造，歷經23年才打造完成，尺寸雖小但內部設計卻十分精美。裝飾華美的祭壇中央放著一個十公分高的耶穌幼童蠟像，據說1695年時，一位患有癲癇病的塔樓看守員兼樂隊負責人費迪南德·塞爾特（Ferdinand Sertl）在一個雲杉的凹陷處放置

一尊蠟製耶穌像，日以繼夜地向他祈禱，沒想到困擾多年的疾病竟然不藥而癒，耶穌像的神蹟於是不脛而走，朝聖者從各地蜂湧而來，祈求宿疾早日痊癒。

教堂隔壁有一間很特別的耶穌誕生場景博物館(Nativity Scenes)一樓是一個自動人偶劇場，由300尊人偶以自行車鏈製作機關，用動態活靈活現的展示耶穌誕生的情境。讓人不敢置信的是，如此浩大的工程，全部由19世紀的當地居民卡爾·克勞達（Karl Klauda）一人親手製作而成，動起來的機關人偶，無論大人或小孩都看得津津有味。

薩爾茲卡莫古特

薩爾茲卡莫古特(鹽湖區)
Salzkammergut

薩爾茲卡莫古特的德文由Salz(鹽)與Kammergut(皇家領地)組合而成，開採鹽礦的歷史相當悠久，後因成為哈布斯堡家族的御用鹽倉而蓬勃發展。距離薩爾斯堡約1小時車程的薩爾茲卡莫古特，層疊山巒間點綴著76個大小澄澈湖泊，舉目所及盡是自然優美的絕景，是能忘卻塵囂的世外桃源，豐富的自然資源也讓此處成為人氣鼎沸的度假勝地。

區域內有著許多聞名遐邇的可愛湖濱小鎮，就靜靜地安躺於群山與湖泊的懷抱中，像是最具盛名的聖沃夫岡、溫療養地巴德伊舍、莫札特母親出生地的聖吉爾根、如夢似幻的哈爾施塔特等。因為此處自然保存與人文發展的和諧共存，讓這一帶幾乎全劃入世界遺產，以輕慢的腳步，最能咀嚼出其獨到的韻味。

INFO

如何到達

　　薩爾茲卡莫古特雖大部分屬於上奧地利邦，但位置上離薩爾斯堡較近，從薩爾斯堡出發前往各鎮車程約1小30分~2小時，如果想要在短時間內周遊小鎮，租車自駕會比較便利。關於交通詳情見各小鎮。

優惠票券

◎薩爾茲卡莫古特冒險卡Salzkammergut Erlebnis-Card

　　薩爾茲卡莫古特冒險卡可享許多景點的折扣優惠，像是哈爾施塔特鹽洞纜車、凱薩別墅、薩爾斯堡城堡等，最多可達7折，夏季卡使用期間為5~10月，冬季卡11~翌年4月，只要停留此區的期間即可使用。可在薩爾茲卡莫古特的遊客服務中心及合作的飯店、民宿等購買。

💰€4.9，15歲以下兒童只要與持卡者同行即可享折扣優惠；在合作地區住宿超過3晚可免費取得，在聖沃夫岡湖區住宿超過3晚€3.9。

旅遊諮詢

◎聖吉爾根遊客中心

🏠Mondsee Bundesstr. 1a ☎(06227) 23 48
⏰7月~8月週一至週五9:00~19:00、週六、週日9:00~17:00；5月週一至週五9:00~17:00、週六9:00~12:00，周日休(5月中以後週日9:00~12:00)；6月週一至週五9:00~18:00、週六9:00~15:00，週日9:00~13:00；9月初週一至週五9:00~18:00、週六9:00~15:00、週日9:00~12:00(9月中起開放時間陸續縮短)；10月週一至週五9:00~17:00、週六9:00~12:00，週日休；6月週一至週五9:00~18:00、週六9:00~15:00、週六9:00~12:00；10月中~4月底週一至週五9:00~17:00，週六、週日休。
🌐 wolfgangsee.at

◎沃夫岡湖遊客中心

🏠Au 140 ☎(06138) 8003
⏰7月~8月每天9:00~19:00；9月~9月中、5月中~5月底週一至週五9:00~18:00、週六9:00~15:00、週日9:00~12:00；9月中~5月中週一至週五9:00~17:00、週六9:00~12:00，週日休；6月週一至週五9:00~18:00、週六9:00~15:00，週日9:00~13:00。
🌐wolfgangsee.at

◎巴德伊舍遊客中心

🏠Auböckplatz 5 ☎(06132) 27 75 7
⏰週一至週六8:00~17:00、週日與假日休。
🌐badischl.salzkammergut.at

◎哈爾施塔特遊客中心

🏠Seestraße 99 ☎(05) 95095 30
⏰9:00~17:00。 🌐www.hallstatt.net

MAP ▶ P.192A1

聖吉爾根
St. Gilgen

搭纜車賞湖景

掃地圖

🚌 從薩爾斯堡中央車站前的Südtiroler Platz站牌F處搭乘巴士150號，至St.Gilgen Busbahnhof站下車，車程約45分鐘。票價及時刻表請上網查詢：www.postbus.at

屬於薩爾斯堡邦的水岸小鎮聖吉爾根，隔著平靜無波的沃夫岡湖，和另一個著名的湖畔度假勝地聖沃夫岡南北相望。聖吉爾根是莫札特母親的故鄉，莫札特的姐姐婚後也住在城裡，因此儘管莫札特並未在聖吉爾根留下足跡，城鎮中心的廣場還是矗立著莫札特的銅像，並設立紀念館、開放母親故居，迎接莫札特迷們前來朝聖。沿著湖畔步道欣賞湖光山色，清澈見底的湖水和恬靜優美的風景相互借景，彷彿置身在明信片中，湖畔碼頭不時有渡船往返，多數乘客都是要搭船往返對岸的聖沃夫岡，從湖面欣賞周遭山水景色，又是另一番趣味。

十二角峰纜車
Zwölferhorn Mountain Cable Car

🚌 位於公車站旁。從遊客中心步行前往，約6分鐘可達。 🏠 Konrad-Lesiak-Platz 3 ☎(06138) 2321 🕐9:00~17:00，依季節變動，約每10分鐘一班車。 💶到山頂來回成人€33、兒童€19。 🌐www.12erhorn.at

想要遍覽鹽湖區的風光，搭乘纜車上聖吉爾根的十二角峰(Zwölferhorn)，可以居高臨下將大小湖泊盡收眼底。搭乘將近70年歷史的復古纜車，約40分鐘可到達山頂車站。在這裡聖沃夫岡湖與鄰近小鎮一覽無遺，包括聖沃夫岡朝聖教堂的尖頂都依稀可見。想要看得更高更遠，可以爬到車站後方矗立十字架的山頂，或者沿著步道健行，鹽湖區星羅棋布的湖水與群山一路相隨，月湖（Mondsee）、富施爾湖（Fuschlsee）在眼下鋪展，如詩如畫的美景令人百看不厭。

MAP ▶ P.192A2

聖沃夫岡

St. Wolfgang

悠閒的湖畔度假小鎮

🚌 從薩爾斯堡中央車站前的Südtiroler Platz站牌F處搭乘巴士150號，至Strobl站下車，轉乘巴士546號至St. Wolfgang in Salzk. Markt等站下車即達，全程約1小時30分；或從薩爾斯堡中央車站前的Südtiroler Platz搭乘巴士150號至St. Gilgen站，再轉乘渡船前往（渡船只在春天至秋天間行駛），全程約2小時50分。亦可從巴德伊舍、哈爾施塔特等地直達，時間各約需35分鐘、1小時40分，票價及時刻表請上網查詢：www.postbus.at

掃地圖

美麗的聖沃夫岡依山傍水，南臨湛藍的沃夫岡湖，北倚阿爾卑斯山夏夫堡，優美如畫的自然景致也為此地帶來豐富的旅遊資源，夏日可從事潛水、風帆、游泳等水上活動，冬天則可滑雪、玩雪鞋登山（snowshoeing）等，有適合初學者的平緩寬敞坡道，也有讓高手能大展身手的雪道，夏天至冬天間都熱鬧非凡，是當地人熱愛的休閒度假勝地。聖沃夫岡的名字起源，可追溯至雷根斯堡的主教聖沃夫岡在976年興建教堂，整座城鎮以這間朝聖教堂為中心，周邊商店、旅館及餐廳林立，尤其不可錯過白馬飯店以及鮮嫩鱒魚。

聖沃夫岡朝聖教堂 Pfarrkirche St. Wolfgang

從遊客中心步行前往，約10分鐘可達。 Markt 18 (06138) 2321 夏季8:00~18:00、冬季3:00~16:00。 免費參觀。 www.dioezese-linz.at/stwolfgang 裡面禁止拍照。

高聳於小鎮中心的聖沃夫岡朝聖教堂建於976年，據說當年聖沃夫岡從蒙德湖的本篤會修道院前往亞伯湖(Abersee，就是現在的沃夫岡湖)，在Falkenstein修行期間決心建造一座教堂以榮耀上帝並作為自己的隱居處，便從Falkenstein投擲斧頭，讓上帝為他決定地點，3天後在山丘上找到了斧頭，現址也成為教堂的落腳之處，也因此其雕像左手執木杖、右手持斧頭。

教堂在1429年遭燒毀後於1477年重建成後哥德式建築，內部在1679年整裝為巴洛克風格，其中最知名的便是Michael Pacher耗費10年製作的Pacher-Altar，擁有兩個向內及兩個向外展的側翼，上頭彩繪著工作日、禮拜日等宗教圖，有著精緻高超的雕刻技術與富麗堂皇的裝飾。其他像是Meinrad Guggenbichler的耶穌受難木雕像，被譽為是奧地利最美的巴洛克木雕，或是風琴、以雕刻孩童聞名的Meinrad Guggenbichler所造的講壇等，諸多珍貴的歷史文物也相當值得一看。

白馬湖濱餐廳 Seerestaurant im Weissen Rössl

從遊客中心步行前往，約8分鐘可達。 Markt 74 (06138) 2306 夏季9:00~20:00、冬季9:00~18:00。 www.weissesroessl.at/de-seerestaurant-salzkammergut.htm

白馬飯店附設的餐廳之一，緊鄰湖畔而建的餐廳擁有廣闊的視野，窗外是一大片波光粼粼的聖沃夫岡湖，不時可見優雅的白天鵝緩緩游過，勾勒出詩意的動人景致。餐廳提供奧地利當地的特色菜餚，每道菜皆製作地相當精緻美味，來到此區尤其要嘗嘗看湖產鱒魚，肉質相當細緻柔嫩，加上烹飪與調味都恰到好處，齒頰留香的美味讓人久久難忘。飯後再點一份溫熱甜的帝王煎餅(Kaiserschmarrn)或薩爾斯堡舒芙蕾(Salzburger Nockerl)，為一餐畫下完美句點。

白馬飯店 Romantik Hotel Weisses Rössl

從遊客中心步行前往，約8分鐘可達。 Markt 74 (06138) 2306 www.weissesroessl.at

因電影《真善美》而聲名大噪的聖沃夫岡，是高人氣的賞景地，同時也是冬夏休閒活動的天堂。其中歷史悠久的白馬飯店建於1878年，1930年Ralph Benatzky編寫的輕歌劇《白馬亭》的故事便是以此地為背景，講述男侍者與旅館女主人的愛情故事，1960年翻拍成電影時亦在此取景。四星級的頂級飯店內設施相當齊全，美容SPA、健身房、湖畔露台、附設餐廳、游泳池等一應俱全，讓住客完全從繁忙的生活壓力中釋放。此外，在白馬飯店附近還有黑馬飯店及白鹿飯店，感覺就像是三方在互別苗頭般相當有趣。

夏夫堡登山火車 SchafbergBahn

從遊客中心步行前往，約18分鐘可達。 Markt 35 (06138)
2232-0 4月底~10月底行駛(時間隨季節調整，每年時間會略為不
同)，旺季St. Wolfgang Schafbergbahn站上山9:20~16:30每小時一
班，Schafbergspitze站下山10:25~17:05每小時一班；上山後記
得索取回程的預約卡。懷舊蒸汽火車：7月和8月隔週的週六行駛(7月
11日、25日、8月8日、22日)，上山5:20、下山20:00。 至終點
Schafbergspitze站來回成人€47.6、4~14歲兒童€23.9；持薩爾茲
卡莫古特冒險卡來回成人€45.1。 www.schafbergbahn.at

聖沃夫岡北側的夏夫堡是聖沃夫岡另一處熱門的觀光景
點，於1893年開始營運，從聖沃夫岡一路向1783公尺的海
拔高度攀登，延伸了5.85公里之長，是奧地利境內最陡的
蒸氣齒軌鐵路。

登山火車只在四到十月間行駛，穿梭於壯闊的阿爾卑斯
山脈中，單程約35分鐘的路程在沿途上毫無冷場，迎面撲
來的陣陣綠意與山色絕景讓人屏息，登頂後更可瞭望到高
山湖泊與達赫斯坦因冰川(Dachstein Glacier)，一幕幕的自
然美好化為滿溢於胸的感動。

Dorf-Alm

從遊客中心步行前往，約15分鐘可達。 Markt 123
(06138) 20145 11:00~23:00 www.dorf-alm.at

由Falkensteiner家族經營的餐廳於2010年4月開幕，從小
屋的外觀到內部裝潢都充滿著山間小屋及鄉村風格，讓遊
客能在此感受鄉間的獨特情調。餐點是道地的手做傳統料
理，像是維也納炸肉排、燉牛肉等，並提供多樣的飲品及
酒類選擇，親切優質的服務也相當為人所稱道。餐廳座位
分隔為禁菸及吸菸區，在溫暖的季節則會開放露天用餐
區，從中午到深夜都可見這裡聚集許多人潮。

利用渡船交通

每年約4月下旬至9月初會有渡船連接沃夫岡湖
畔的小鎮，從Strobl及聖吉爾根(St. Gilgen)都可
乘船前往聖沃夫岡，前者約30~50分鐘、後者約
40~55分鐘，依停靠的渡船站而異。詳細時間及
價格請至官網查詢。
www.schafbergbahn.at

Hotel Furian

從St.Wolfgang im Salzk.
Markt巴士站步行前往，約7分
鐘可達。 Sternallee 196
(06138) 80 180 www.
wasserskihotel.at

四星級的Hotel Furian為家
族經營的飯店，夏夫堡登山火車站、渡船乘船處及巴士站
都在徒步不到10分鐘的距離，周邊也開設了多間餐廳與酒
吧，機能相當便利。Hotel Furian共有19間客房與套房，
分別有湖景及山景房，充滿家庭溫馨感的佈置讓人感到親
切，每間客房設有寬敞的陽台，可以沐浴在微風與陽光之
中，盡情享受旅途中的優閒時光。若想慵懶地一整天待在
飯店，飯店內附設有餐廳、酒吧，有露天用餐區也有擺設
著百年壁爐的室內用餐區，喜歡哪種氛圍皆可任君選擇。

經過了晚冬及初春的沉寂，隨著夏日的腳步來到，全聖
沃夫岡也開始迎接最熱鬧的季節，在Hotel Furian也不例
外，飯店有自家專屬的湖岸，可付費參加滑水及水上滑板
的課程，上岸後也可以在岸邊酒吧及咖啡廳點杯飲料，在
湖畔曬太陽賞湖景。

巴德伊舍
Bad Ischl
享樸的河畔溫泉小鎮

掃地圖

📡從薩爾斯堡搭乘火車到Attnang-Puchheim站，再轉乘火車至Bad Ischl站，全程約需2小時。從哈爾施塔特火車站可直達，約25分鐘。票價及時刻表請上網查詢：www.oebb.at

巴德伊舍位處薩爾茲卡莫古特的中心地帶，這裡擁有高含鹽量泉質的溫泉小鎮，從19世紀初鹽水開始用於醫療用途後，便一躍成為熱門的溫泉療養度假區，克萊門斯‧梅特涅、法蘭茲‧卡爾大公等名人貴族紛紛前來造訪，喜愛此處的法蘭茲‧約瑟夫一世更於1849年在此建立夏宮，皇室每年皆前來避暑、狩獵，除此之外，這裡更是法蘭茲‧約瑟夫一世與西西公主相遇及訂婚之處。規模不大的小鎮以徒步的方式即可遊覽全景，有條特勞恩河(Traun)流瀉其中，為純樸的景色更添一股怡然自得的氛圍。主街道Pfarrgasse上可享咖啡廳與購物樂趣，隨處還可見到多間名流別墅；也可在Eurothermen Resort泡湯放鬆。

凱撒別墅 Kaiservilla

📡從Bad Ischl站步行前往，約10分鐘可達。 🏠Jainzen 38 📞(06132) 23241 🕐1~3月週三、11月25&26、12月將臨期週末10:00~16:00(導覽10:15~15:15每小時一次)，5~9月9:30~17:00，4&10月10:00~16:00(約5~20分間隔即有一次導覽，最後一場16:45開始)。 💲花園成人€6、7~16歲兒童€4.5，花園及凱撒別墅成人€21、7~16歲兒童€9(票價含導，時間約45分鐘)。持薩爾茲卡莫古特冒險卡可享折扣。 🌐www.kaiservilla.at

法蘭茲‧約瑟夫一世和西西公主的故事就從巴德伊舍展開，兩人在此相識、訂婚，這棟別墅正是母親蘇菲(Sophie)送給兩人的結婚禮物。法蘭茲‧約瑟夫一世與皇室家族在其婚後的60年間幾乎每年都會前來避暑，直到1914年7月28日，他在此簽屬文件正式對塞爾維亞宣戰，開啟了第一次世界大戰，隔天他離開巴德伊舍後便再也沒重返此地。別墅內的房間裝潢與家具從19世紀完整保存至今，跟隨導覽的腳步遊走其中，皇室的歷史與生活歷歷在目。

Konditorei Zauner

📡從Bad Ischl站步行前往，約6~7分鐘可達。 🏠Pfarrgasse 7 📞(06132) 2331013 🕐每日8:30~18:00 🌐www.zauner.at

Zauner是巴德伊舍最富盛名的咖啡廳，法蘭茲‧約瑟夫一世的侍醫Dr. Wirer邀請維也納的糕點師傅兼葡萄酒商Johann Zauner前去巴德伊舍，為每年在當地居住約半年時間的皇室提供糕點，1832年Johann Zauner開設了自己的店舖，響亮的名氣吸引許多名人前往品嘗，喜愛甜食的西西公主也曾多次來訪。Zauner現在擁有兩間店面，位在Pfarrgasse上的本店彷彿還殘存著當年的風華餘韻，散發著高貴典雅的氣息，種類繁多的糕點中以Zaunerstollen最具名氣，再點上一杯傳統的Melange咖啡，以舌尖的美味感受百年前的美好時光。

上奧地利邦⋯薩 爾茲卡莫古特(鹽湖區) Salzkammergut

哈爾施塔特

Hallstatt

世外桃源般的世界遺產小鎮

🚌 從薩爾斯堡中央車站搭乘火車至Attnang-Puchheim站,再轉乘火車至Hallstatt站(位在小鎮的對岸,需再搭乘渡船前往)。票價及時刻表請上網查詢:www.oebb.at;亦可從聖沃夫岡、聖吉爾根(St. Gilgen)等地搭乘Postbus前往Hallstatt Lahn站,中間需在Bad Ischl轉車,時間各約需1小時40分。票價及時刻表請上網查詢:www.postbus.at

掃地圖

　　1997年登錄為世界遺產的哈爾施塔特,是世界上最美的湖濱小鎮之一,澄澈明亮的湖泊猶如灑落在山嶺間的珍珠,山湖包夾的環境與古老街道營造出自然與人文的絕美調和,山水的自然美景、獨具個性的小屋、倒映於水面的房舍水彩畫…每一個轉角細節都是絕佳的取景點,給人的感受寧靜悠閒而細水流長,遺世獨立的浪漫氛圍在心中久久繚繞不散。

　　小鎮上有許多販賣可愛紀念品的小店,尤其集中在馬克廣場周邊,也有可品嘗肥美鱒魚的知名餐廳。值得一提的是,在哈爾施塔特可見到許多沿著牆壁生長的「平面」果樹,這些修剪整齊的樹牆(espalier)與房舍緊密結合,滿滿綠意為這座城市更添生氣與韻味,特意避開門窗的修剪方式,讓人忍不住想像在水果收成的季節時,是否從窗戶向外伸手即可摘採水果。

鹽洞
Salzwelten Hallstatt

🚌 從Markt碼頭步行前往，約12分鐘可達。 🏠Salzbergstraße 21 ☎(06132) 200 2400 🕐導覽1月~3月底9:30~14:30(最後一場14:00)、4月~9月底9:30~16:30(最後一場16:00)，每年時間會有些微調整。纜車1月~3月底9:30~14:30、4月~9月底9:00~18:00；上山約3分鐘。💶來回纜車加導覽成人€40、4~15歲兒童€18；語音導覽機€2(含中文)。🌐www.salzwelten.at

在薩爾茲卡莫古特保存有3處鹽洞，哈爾施塔特的這一個是世上歷史最悠久、也是離城鎮中心最近的一個，因此許多人來到這裡都會順道前去遊覽。哈爾施塔特的鹽洞只於春秋之間開放，搭乘纜車上山後再往上走約10分鐘即可來到洞口前，參觀行程全程由導遊帶領，沿途會解說鹽洞歷史及鹽礦的開採過程，途中還有兩次刺激有趣的「溜滑梯」，喜歡的話還可以留下溜滑梯照片作為紀念。另外，在纜車站前的觀景台還可以俯瞰整座哈爾施塔特，將世界遺產的優美姿態盡收眼底。

哈爾施塔特

- A B
- ATO Hallstatt Markt 📷
- Katholische Pfarre Hallstatt ✝
- Heritage Hotel Hallstatt 🏨
- Hallstatt Imbiss 🍴
- Zauner Grillrestaurant-Seewirt 🍴
- 馬克廣場Mark Platz
- Janu 🛍
- 鹽洞Salzwelten Hallstatt
- Salzkontor 🛍
- Seehotel Grüner Baum
- 哈爾施塔特湖 Hallstätter See
- Salzbergbahn Hallstatt纜車
- Müllerstiege
- Seestraße
- ATO Hallstatt Lahn

圖例 ◎景點 ✝教堂 🍴餐廳 🏨飯店 🛍購物 ☀廣場 ⚓碼頭

往哈爾施塔特渡輪

最美的地方總是不太容易到達。哈爾施塔特火車站位在小鎮的對岸，若搭火車前來的話，需轉乘渡船前往哈爾施塔特的Hallstatt Markt渡輪站，全程不到10分鐘。時刻表及價格請上網查詢：www.hallstattschifffahrt.at

Salzkontor

🚌 從Markt碼頭步行前往，約5分鐘可達。 🏠Seestraße 116 ☎(06138) 3027 🕐復活節~10月週一至週六9:00~18:00、週日和假日10:00~17:00，聖誕市集9:00~18:00，冬季無固定的營業時間。 🌐www.salzkontor.at

來到盛產鹽礦的薩爾茲卡莫古特，「鹽」就絕對是必買的伴手禮，這間Salzkontor販售的天然鹽來自薩爾茲卡莫古特的鹽坑，從喜馬拉雅山脈2億5千萬年歷史的岩礦以傳統手工採集而成，天然鹽對調節身體機能具有相當功效，無論是食用鹽或浴用鹽，都推薦可以帶點回家或贈送親友。

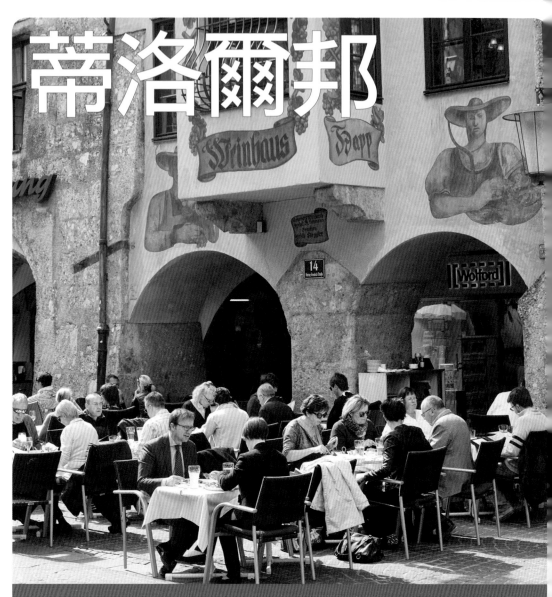

蒂洛爾邦

蒂洛爾邦

Tirol

位於奧地利西部、東鄰薩爾斯堡邦的蒂洛爾邦，被薩爾斯堡邦劃分成東蒂洛爾和北蒂洛爾兩個部分，彼此之間隔著10~20公里的距離相望。在這片多山的地區裡，坐落著奧地利最高峰、同時也是阿爾卑斯山的第二高峰葛洛斯葛拉克那峰(Grossglockner)，也因此使得蒂洛爾邦不但是熱門的避暑勝地，更是奧地利的知名冬季運動勝地。

茵斯布魯克是蒂洛爾邦的首府，在這座迷人的城市裡坐落著各色文藝復興和巴洛克式建築，夏季可以欣賞豐富的藝文活動並前往附近山區健行，冬季則能從事滑雪運動。此外，這裡更是前

往阿爾卑斯山進行登山健行、越野自行車騎行等活動最重要的據點。當然，離開前也別忘了前往施華洛世奇水晶世界，欣賞璀璨的水晶藝術。

蒂洛爾邦之最Top Highlights of Tirol

黃金屋頂Goldenes Dachl
這座晚期哥德式建築以2657塊鍍金的銅瓦覆蓋屋頂，堪稱茵斯布魯克的地標。(P.206)

伊澤山跳台
Bergisel Stadion
1925年，茵斯布魯克在曾經浴血抵抗拿破崙的遺址上建造了一座滑雪跳台，1964和1976年的冬季奧運都在這裡舉行。(P.215)

北山纜車
Innsbrucker
Nordkettenbahnen
從茵斯布魯克市區到海拔高度2,256公尺的終點站只需20分鐘，如此輕易就可直奔阿爾卑斯山的懷抱！(P.216)

施華洛世奇水晶世界
Swarovski
Kristallwelten
透過不同建築師和藝術家的創意，來營造水晶與人之間的心靈對話，是世界上最美麗的水晶博物館。(P.217)

史度拜冰河
Stubaier Gletscher
從茵斯布魯克出發，沿途盡是童話般的夢幻小鎮；大約1小時的車程，不需要登山工具，就能欣賞到阿爾卑斯山頂永不融化的美麗雪景。(P.226)

茵斯布魯克
Innsbruck

名　稱來自於「茵河上的橋樑」，坐落在奧地利西部邊境的茵斯布魯克，靠近德國南部，打從古羅馬時期以來就是歐洲重要的交通要衝，掌管著東西南北歐命脈。

　　從茵斯布魯克的市中心就能看到圍繞的阿爾卑斯山，白雪暟暟的山頂，把小鎮舊城妝點得宛如一個被隔絕的仙境。事實上，在1363年之前，茵斯布魯克所屬的蒂洛爾(Tirol)，是一個獨立的公國，因為哈布斯堡家族的魯道夫四世(Rudolf IV)聽聞蒂洛爾公爵過世，便假造文書欺瞞公爵夫人說要將蒂洛爾轉交，就這樣陰錯陽差地，蒂洛爾成為哈布斯堡家族的領地，並在邁克西米里安大帝(Maximilian I, 1459~1519)的時代，成為神聖羅馬帝國的首都。

　　由於邁克西米里安對茵斯布魯克的喜愛與建設，小鎮快速蓬勃發展，成為奧國境內僅次於維也納的重要城市；即使到1665年首都遷出之後，哈布斯堡的歷代皇族仍常在茵城停留避暑。二次大戰之後，曾經舉辦過兩次冬季奧運的茵斯布魯克，不但是歐洲的滑雪勝地，也是夏季登山活動的熱門景點。

INFO

基本資訊

人口：約12萬5千人。　**面積**：104.9平方公里。

如何到達——航空

　　台灣沒有直飛茵斯布魯克的班機，但是從維也納或薩爾斯堡等奧地利重要城市，每天都有多班國內航班飛往茵斯布魯克，從維也納飛往茵斯布魯克約需1小時。

🌐 www.innsbruck-airport.com

◎機場巴士

　　機場位於茵斯布魯克市中心西方4公里處的Kranebitten，可搭乘每30分鐘一班的F號巴士前往市中心和火車站，車程約20分鐘；也可搭乘計程車前往市區。

☎(0512) 225 25-0　💲巴士單程€6.1。
🌐 www.vvt.at

如何到達——火車

　　從維也納Westbahnhof火車站每兩小時約有一班火車前往茵斯布魯克中央車站，車程約5小時20分鐘。從薩爾斯堡Hauptbahnhof火車站每天約有11班火車前往茵斯布魯克，車程約2小時。票價及時刻表請至下列網址查詢。

🌐 www.oebb.at

◎中央車站到市中心交通

　　中央火車站位於茵斯布魯克東邊的Südtirolerplatz，距離舊城區(Altstadt)步行約10分鐘距離。巴士站位於火車站的南面。

市區交通

　　茵斯布魯克的大眾交通工具包括巴士與電車，基本

上市區內景點間距離相去不遠，非常適合徒步觀光，如果想前往安博拉斯宮等郊區景點，搭乘循環巴士是最方便的方式。巴士預先購買會比在車上買便宜，另外蒂洛爾邦推出推出電子巴士APP，可查詢班次並線上購票，請在各系統查詢VVT Tickets下載。

☎(0512) 530 7-0　💲循環巴士：單程€2.8、24小時券€6.1，6歲以下免費。　🌐 www.vvt.at

優惠票券

◎茵斯布魯克卡Innsbruck Card

　　在茵斯布魯克旅遊，最方便的方式就是購買一張茵斯布魯克卡，不但可以免費或以特惠票價進出茵斯布魯克最重要的旅遊景點，包括霍爾和施華洛世奇水晶世界，還可免費搭乘大眾運輸系統及觀光巴士，往來於茵斯布魯克市內和霍爾、Igls以及Natters/Mutters等地，經濟實惠又方便。可在茵斯布魯克旅遊局官網、遊客服務中心、主要觀光景點及合作飯店購買。

💲成人24小時卡€53、48小時卡€63、72小時€73，6~15歲兒童半價。

🌐 www.innsbruck.info/en/destinations/tourist-information.html

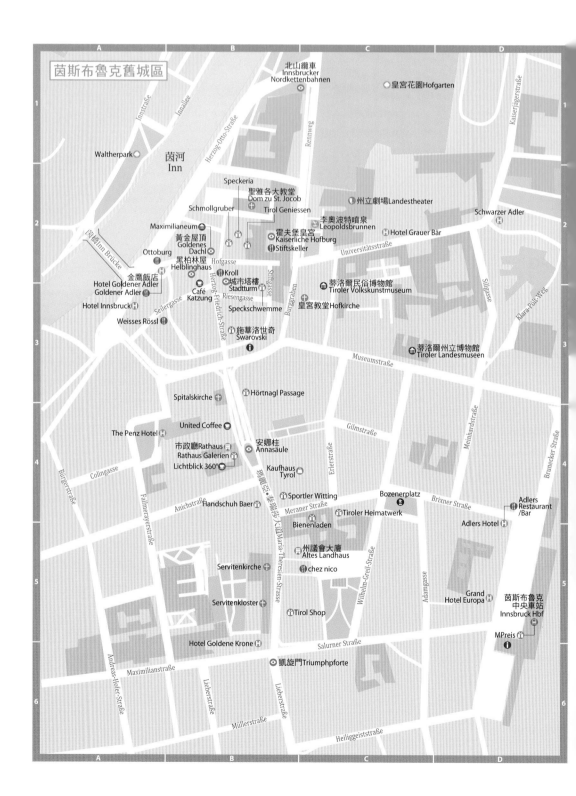

茵斯布魯克舊城區

北山纜車
Innsbrucker
Nordkettenbahnen

皇宮花園Hofgarten

Waltherpark

茵河
Inn

Speckeria

聖雅各大教堂
Dom zu St. Jocob

州立劇場Landestheater

Schwarzer Adler

Schmollgruber

Tirol Geniessen

李奧波特噴泉
Leopoldsbrunnen

Maximilianeum

黃金屋頂
Goldenes
Dachl

霍夫堡皇宮
Kaiserliche Hofburg

Hotel Grauer Bär

Ottoburg

Stiftskeller

黑柏林屋
Helblinghaus

Hofgasse

Universitätsstraße

Kroll

金鷹飯店
Hotel Goldener Adler
Goldener Adler

城市塔樓
Stadtturm

蒂洛爾民俗博物館
Tiroler Volkskunstmuseum

Hotel Innsbruck

Café
Katzung

Riesengasse

Speckschwemme

皇宮教堂Hofkirche

Weisses Rössl

施華洛世奇
Swarovski

蒂洛爾州立博物館
Tiroler Landesmuseen

Museumstraße

Spitalskirche

Hörtnagl Passage

United Coffee

The Penz Hotel

市政廳Rathaus
Rathaus Galerien
Lichtblick 360°

安娜柱
Annasäule

Gilmstraße

Kaufhaus
Tyrol

Colingasse

Sportler Witting

Bozenerplatz

Adlers
Restaurant
/Bar

Anichstraße

Handschuh Baer

Meraner Straße

Tiroler Heimatwerk

Brixner Straße

Adlers Hotel

Bienenladen

州議會大廈
Altes Landhaus

Servitenkirche

chez nico

Grand
Hotel Europa

茵斯布魯克
中央車站
Innsbruck Hbf

Servitenkloster

Tirol Shop

MPreis

Hotel Goldene Krone

Salurner Straße

Maximilianstraße

凱旋門Triumphpforte

Müllerstraße

Heiliggeiststraße

◎茵斯布魯克歡迎卡Welcome Card

只要在茵斯布魯克的合作旅館住宿，即可向櫃檯取得一張歡迎卡，住宿三天可得到(Welcome Card Plus)，持卡可免費搭乘滑雪巴士和纜車、免費溜冰，以及各種戶外設施的折扣，適合計畫到茵斯布魯克登山或健行的旅客。

🅢免費向合作旅館索取。

🆄www.innsbruck.info/en/destinations/tourist-information.html

觀光行程

◎觀光巴士Sightseer Bus

這是一日之內可以自由上下車遊覽的巡迴觀光巴士(TS號)，往來於安博拉斯宮和皇宮，每天約40分鐘至1小時一班。巴士全程共有13站，沿途行經舊城區及周邊的主要觀光景點，像是威爾頓教堂、Tirol Panorama、伊澤山等，車上提供語音導覽，詳細路線及時刻表請上官網查詢，車票則可向司機購買。

☎(0512) 530 7-0

🅢觀光巴士：24小時券全票€20、優待票券€12；持茵斯布魯克卡可免費搭乘。

🆄www.innsbruck.info/en/sightseeing/sightseeing/the-sightseer.html

旅遊諮詢
◎茵斯布魯克觀光局Innsbruck Tourismus

🅐Burggraben 3　☎(0512) 598 50

🕒週一至週六9:00~18:00、週日10:00~15:00

🆄www.innsbruck.info

城市概略City Guideline

茵斯布魯克的主要景點皆集中在舊城區內，最具代表性的黃金屋頂、霍夫堡皇宮及聖雅各教堂都在這裡。黃金屋頂附近聚集許多傳統料理餐廳、手工藝品店，各色文藝復興和巴洛克式建築，瀰漫著傳統氣息；沿著熱鬧的瑪麗亞大道向南走，還可以見到安娜柱及凱旋門兩座地標。伊澤山坐落於舊城區南方，除了造型前衛的伊澤山跳台之外，Tirol Panorama和皇家軍隊博物館也位於此處。至於近郊的施華洛施奇水晶世界，則是欣賞璀璨水晶藝術的熱門景點。

舊城區Altstadt

MAP ▶ P.204B2

黃金屋頂
Goldenes Dachl

鍍金銅瓦覆蓋下的皇室紀念雕刻

搭乘電車1、3、6號，或巴士O、C、J、A、R號可達。 Herzog-Friedrich-Straße 15 (0512) 5360 1441 5~9月每日10:00~17:00，10~4月週二~週日10:00~17:00；展覽館11月休館。 展覽館成人€5.3、優待票€2.8 www.innsbruck.gv.at/goldenesdachl

黃金屋頂堪稱茵斯布魯克的地標，這座晚期哥德式建築以2657塊鍍金的銅瓦覆蓋屋頂，是為了紀念邁克西米里安大帝(Maximilian I)的第二次婚姻(畢安卡皇后Bianca Maria Sforza)，於1497~1500年建造。現在的金屋頂內部為邁克西米里安的展覽館，珍藏著肖像、盔甲、勳章及首飾。

幸福的奧地利，結婚吧！

哈布斯堡家族從1452~1806年(斐德列三世~法蘭茲二世)統治神聖羅馬帝國，全盛時期勢力範圍廣及東歐、中歐及西班牙，這都要拜多次的政治聯姻所賜。說到政治聯姻的藝術，哈布斯堡家族的邁克西米里安大帝不但是先鋒，更是箇中翹楚。他和第一任妻子瑪麗亞勃艮地的婚姻讓他在法國如魚得水，原本幸福美滿的生活卻因瑪麗亞懷三子時從馬上摔落而告終，公主的驟逝震驚了勃艮地的貴族，邁克西米里安打了5年的仗，好不容易才鞏固住地位。

第二任妻子畢安卡是米蘭貴族之女，為邁克西米里安帶來大量財富，她姿色雖不輸瑪麗亞，但資質和智慧都過於平庸，也未替大帝生個一兒半女，因此夫妻倆不甚親密，1511年她食物中毒去世，算是抑鬱而終。

之後的哈布斯堡皇朝也多次透過政治聯姻來擴張版圖，邁克西米里安的孫子卡爾五世和斐迪南一世都分別娶葡萄牙公主和波西米亞公主為妻。直到19世紀以前，哈布斯堡家的兒子要娶公主、女兒要嫁國王，可說是稀鬆平常的事。

在二樓陽台上，雕刻著代表著匈牙利、德國、神聖羅馬帝國的紋徽，而在三樓陽台則可看到邁克西米里安的兩任妻子的雕塑：雙手交叉的為第一任妻子瑪麗亞(Maria von Burgund)，手拿金蘋果的則為第二任妻子畢安卡；昔日大帝夫婦就是坐在這個陽台觀賞廣場上的劍擊及舞蹈，表演精彩的人可獲得金蘋果的獎賞。

在金屋頂附近可以看到許多15世紀最豪華的住宅，像是位在斜對面的黑柏林屋(Helblinghaus)，原是15世紀的哥德式建築，立面於1730年被裝飾成晚期巴洛克風格，十分醒目；而位於黑柏林屋隔壁的哈布之屋(Happ)，正面彩繪了與茵斯布魯克相關的歷史人物，像是手握黑鷹的邁克西米里安大帝、左下角的魯道夫四世(這個時期蒂洛爾被併入哈布斯堡)，以及右下角的斐德列四世(他將王宮遷移至蒂洛爾)。

舊城區Altstadt

MAP ▶ P.204B2

聖雅各大教堂

MOOK Choice

Dom zu St. Jakob

展現洛可可透視法的美麗壁畫

掃地圖

🚃搭乘電車1、3號，或從黃金屋頂步行前往約2分鐘可達。 🏠Domplatz 6 (0512) 58 39 02 ⏰10月26日~5月1日週一至週六10:30~18:30、週日和假日12:30~18:30，5月2日~10月25日週一至週六10:30~19:30、週日和假日12:30~19:30。 💲免費參觀。

大教堂的前身是聖雅各(St. Jakob／St. Jacque)教堂。16世紀末到17世紀初，茵斯布魯克經歷了兩次規模不小的地震，因此將原本的哥德式建築於1717年拆除，重建成今日所見的巴洛克風格。新的大教堂由當時著名的宗教畫家阿薩姆兄弟(Asam)設計，運用混合了黑、白、粉紅三色的大理石來裝飾，因擁有一座美麗的天頂壁畫，當地人就直呼它為圓頂。

主祭壇

祭壇中央有一幅聖母抱著聖子的畫像，不同於其他高高在上的聖母像，這幅畫給人一種平靜祥和的感受。其實這幅畫為老盧卡斯·克拉納赫(Lucas Cranach)在德勒斯登(Dresden)繪製的作品，風格受其朋友馬丁路德、杜勒的影響，身為人文主義畫家的他，筆下的宗教畫流露出世俗氣息。李奧波特五世(Leopold V,1618~32)前去德勒斯登作客時得到這幅畫像，之後被帶回茵斯布魯克置放於此。

講經台

在這座精緻輝煌的講經台底部，可以看到3位天使，分別代表信仰、愛與希望，令人難以想像的是，這座講經台曾在二次大戰期間被炸成碎片，之後再重新拼回原本的模樣。

天頂壁畫

熟知洛可可技巧的畫匠運用了透視畫法，使得平頂的天花板，呈現了圓頂的視覺效果。在這幅有名的壁畫上，可看到聖雅各跪在聖母前方虔誠地祈禱，而上帝之子則背著十字架，於是天父、天子、聖人，三位一體的概念便在此體現。

舊城區Altstadt

MAP ▶ P.204B2

霍夫堡皇宮

MOOK Choice

Kaiserliche Hofburg

見證哈布斯堡王朝的輝煌

掃地圖

🚃搭乘電車1號在Museumstraße站下，或巴士F號在Congress站下；從黃金屋頂步行前往約2分鐘可達。 ⚲Rennweg 1 ☎(0512) 587 186 ⏰9:00~17:00(3~8月的週三延長至19:00)。 💲全票€9.5、優待票€7。 🚇
www.hofburg-innsbruck.at

　皇宮位於黃金屋頂的右側與後方，當邁克西米里安於1493年被封為皇帝時，正值哈布斯堡輝煌歷史的開端，於是大張旗鼓地擴建皇宮。皇宮原建於16世紀，他的孫子斐迪南一世(Ferdinand I)更進一步地擴建，18世紀時瑪莉亞‧泰瑞莎女皇再次改建成巴洛克風格。

　皇宮內有20多個房間，每間皆以牆壁浮雕及壁畫展示了為數不少的皇族成員肖像，見證哈布斯堡王朝在歐洲興盛的過程。其中最受矚目的是一組網狀的化石、瑪麗安東尼的畫像(瑪莉亞‧泰瑞莎的小女兒，後來成為法國皇后)，以及邁克西米里安時代的廚房，裡面還保留著當時的家具。

巨人廳

　因為這裡展示許多巨幅的皇族成員肖像，於是命名為巨人廳，其中最引人注目的莫過於瑪麗亞女皇、她的夫婿法蘭茲和長子約瑟夫二世(Josef II)的連續肖像。另外還有瑪麗亞的其他子女肖像，她的女兒幾乎都與歐洲其他皇室聯姻，像是嫁給法王路易十六的瑪麗安東尼，因此女皇又被暱稱為「歐洲的丈母娘」。

巨人廳天井畫

這幅巨人廳頂上的壁畫，展示了哈布斯堡政治聯姻的寓意，皇族成員位在中央，蒂洛爾的常民生活則圍繞四周。

空前絕後的瑪麗亞‧泰瑞莎女皇

18世紀的瑪麗亞‧泰瑞莎女皇(Maria Theresia, 1740~1780年)，不但是哈布斯堡王朝、也是歐洲帝國史上，最有權力的一位女性。她的父親卡爾六世(Karl VI)後繼無男，過世後便由瑪麗亞加冕，成為神聖羅馬帝國的女皇，統治相當於今日德國、奧地利、捷克、匈牙利的超級領土。她繼位後便經歷了1740~1748年的西里西亞戰爭和1756~1763年的七年戰爭，雖然因前者而將部份領土輸給了普魯士，但並未影響她在人民心中的地位。

瑪麗亞女皇在歷史上是著名的明君，她翻修行政體系、推行促進商貿的措施，並廣用適任人才、推動教育普及。雖然女皇能力過人，不過她和夫婿法蘭茲一世(Franz Stephan，法國洛林地區的貴族，後被選為神聖羅馬帝國皇帝)卻是鶼鰈情深，育有16名子女。不幸的是，1765年，瑪麗亞的次子李奧波特二世迎娶西班牙公主的婚禮上，法蘭茲因心肌梗塞突然辭世，讓女皇哀慟逾恆，直到1780年她過世前，她始終身著喪服，表達對夫婿的深深思念。

Andrea Hofer之房

位在房間中央的寶座，是瑪麗亞女皇謁見時坐的位置，房間以蒂洛爾英雄Andrea Hofer為名，在房內可看到苦命的西西公主(Empress Elisabeth暱稱Sisi，1837~1898，是德國巴伐利亞的公主)，和她被謀殺的夫婿約瑟夫一世(Franz Josef I，哈布斯堡最後一位皇帝)的肖像。

禮拜堂

以黑白兩色裝飾的禮拜堂，是在女皇夫婿法蘭茲一世過世後改建的，中間可以看到聖母懷抱著耶穌的雕像，傳達了女皇的悲痛心情。

舊城區Altstadt

MAP ▶ P.204B3

城市塔樓
Stadtturm

MOOK Choice

登高瞭望全城與山景

🚋搭乘電車1、3、6號，或搭巴士O、C、J、A、R號可達；從黃金屋頂步行前往約1分鐘可達。 🏛Herzog-Friedrich-Straße 21 ☎(0512) 58 71 13 🕙10:00~17:00。 💲登頂約€3。

掃地圖

高約60公尺的城市塔樓興建於1440年，昔日是火災警戒塔，綠色洋蔥式的圓頂建於16世紀。順著133個台階登上離地31公尺高的瞭望塔，能將茵斯布魯克的舊城小巷以及遠處的雪白山脈一覽無遺。

皇宮教堂

MOOK Choice

Hofkirche

巨形銅像環繞石棺的大帝墓園

掃地圖

🚋搭乘電車1號在Museumstraße站下，或巴士F號在Congress站下；從黃金屋頂步行前往約2分鐘可達。 🏠Universitätstraße 12 ☎(0512) 594 89 🕐週一至週六9:00~17:00、週日和假日12:30~17:00。 💲全票€8、學生票€6；聯票全票€12、優待票€9(可參觀蒂洛爾州立博物館、武器博物館、蒂洛爾民俗博物館、皇宮教堂及Tirol Panorama)；持茵斯布魯克卡可免費參觀。 🌐www.tiroler-landesmuseen.at

　　皇宮教堂內最特別的是邁克西米里安的墓地，由於他非常喜愛茵斯布魯克，原本策畫製造40座高達2公尺的家族銅像作為守靈象徵，但直至他臨終，銅像才做好8座，當時在茵城找不到適當的墓園，只好將大帝移靈至維也納郊區安葬。

　　邁克西米里安的孫子斐迪南一世(Ferdinand I)為了完成祖父的心願，從1553年開始建造皇宮教堂。教堂混合了哥德式與文藝復興式，正門由粉紅色大理石構成，內部以黑白為主，中央置放一具仿古希臘風格的大理石石棺，四周是24塊記述皇帝生平的浮雕，圍繞石棺的28尊巨形銅像分

別是邁克西米里安的祖先及後代。

　　事實上，守護銅像僅完成28座，大帝最終仍留在維也納新城，展示在教堂裡的只是空墓。反倒是大帝的曾孫斐迪南二世(Ferdinand II)和他的平民妻子菲麗蘋(Phillippine Welser)，被安葬在主殿旁的小禮拜堂。與教堂相連的蒂洛爾民俗博物館，展示著中世紀的服裝、手工藝品、運輸工具等，呈現蒂洛爾區的歷史文化。

州議會大廈

Altes Landhaus

全城最美麗的巴洛克建築

掃地圖

🚶從黃金屋頂步行前往，約7分鐘可達。 🏠Maria-Theresien-Straße 4 ☎(0512) 59 02 113 🕐內部不對外開放。

　　蒂洛爾的議會從中世紀市民階級興起之後即成形，由手工業、教會、貴族、農民4種不同的勢力組成議會，在建築上可以看到代表這4種族群的圖騰，分別為織布、十字架、頭像和風車。這座大廈是茵斯布魯克最美麗的巴

洛克建築，由建築師Georg Anton Gumpp於1725~1728年設計建造，在議會大廳中，還可看到由阿薩姆兄弟(Asam，設計聖雅各大教堂)創作的浮雕。

MAP ▶ P.204C3

蒂洛爾民俗博物館
Tiroler Volkskunstmuseum

從館藏文物中窺探蒂洛爾人生活軌跡

掃地圖

🚶 從黃金屋頂步行前往，約2分鐘可達。
🏠Universitätsstraße 12 ☎(0512) 594 89 🕐週一至週日9:00~17:00。 💲聯票全票€12、優待票€9(可參觀蒂洛爾州立博物館、武器博物館、蒂洛爾民俗博物館、皇宮教堂及Tirol Panorama)；持茵斯布魯克卡可免費參觀。
🌐www.tiroler-landesmuseen.at

與皇宮教堂相連的蒂洛爾民俗博物館改建自修道院，豐富館藏擁有高度的文化與歷史典藏價值。全館依主題區分為多個展區，包含藝術與工藝、宗教性民俗藝術、模型小屋(krippen)等，巴洛克時期至近代的模型小屋，主要以復活節及聖誕為主題，從呈現的內容、背景環境及人物服裝等細節都反映出當時的文化與信仰，重現了蒂洛爾生活環境的小屋則可看出其隨時代遷移，風格亦從哥德式到巴洛克、洛可可的轉變。還有48具展示蒂洛爾傳統及節慶服飾的手工雕刻人偶、過去生活用的木器與陶器，及反映出人民對生死的不安感、對來世想法的近代文物等。

MAP ▶ P.204C3

蒂洛爾州立博物館
Tiroler Landesmuseen

古今全觀蒂洛爾歷史文化

掃地圖

🚶 從黃金屋頂步行前往，約6分鐘可達。
🏠Museumstrasse 15 ☎(0512) 594 89-180 🕐9:00~17:00；週一休。 💲聯票全票€12、優待票€9(可參觀蒂洛爾州立博物館、武器博物館、蒂洛爾民俗博物館、皇宮教堂及Tirol Panorama)。 🌐www.tiroler-landesmuseen.at

蒂洛爾州立博物館亦稱作斐迪南博物館(Ferdinandeum)，以法蘭茲·斐迪南大公(Franz Ferdinand)為名，建於1823年，珍貴的館藏見證了從石器時代橫跨現代的3萬年時光縮影，收藏涉足考古、音樂、科學、自然與藝術史等領域，多元種類含括畫作、雕塑、照片、手稿、徽章、武器等；尤其不可錯過黃金屋頂上的浮雕真跡、Jakob Stainer製作的小提琴等館藏。在現代藝術的收藏中，則可見到奧地利知名畫家的創作，包含克林姆、Albin Egger-Lienz, Max Weiler、Alfons Walde等，回顧過往的同時也感受到當地豐沛的創作活力。

蒂洛爾邦…茵斯布魯克 Innsbruck

舊城區Altstadt

MAP ▶ P.204B4B6

安娜柱／凱旋門

Annasäule／Triumphpforte

熱鬧大街中最顯眼的兩座地標

掃地圖

🚶 從黃金屋頂步行前往,分別約4、8分鐘可達。 📍位在Maria Theresia Straße上

　　安娜柱和凱旋門都位在最熱鬧的瑪麗亞・泰瑞莎大道上,也是茵斯布魯克最顯眼的兩座地標。建於1704~1706年的安娜柱,是為了紀念蒂洛爾人在1703年成功擊退巴伐利亞而建,柱上刻有聖母、聖安娜和蒂洛爾保護神的雕像。和安娜柱相對的凱旋門建於1765年,本來是為了慶祝瑪麗亞・泰瑞莎女皇的次子李奧波特二世(Leopold II)與西班牙公主的婚禮,但在婚宴中,女皇夫婿法蘭茲突然暴斃,喜劇急轉直下變成悲劇。於是在凱旋門上可看到南面的浮雕刻畫的是歡樂婚禮,北面的雕刻則呈現了悲傷喪禮。

舊城區外圍Outer Altstadt

MAP ▶ P.203A2

鑄鐘博物館

Glockenmuseum

認識銅鐘的演進過程

🚋 搭乘電車1、6號;或巴士K、S、J號及觀光巴士可達;從黃金屋頂步行約需20分鐘。 📍Leopoldstraße 53 📞(0512)594 16-37 🕐週一至週六10:00~16:00;10月~◯月週六,以及週日和假日休。 💰成人€9、6~14歲兒童€5。 🌐www.grassmayr.at

掃地圖

　　大約從10世紀開始,歐洲人意識到可以把鐘作為和上帝交流的方式,於是,許多教堂的最高處都造為鐘樓,也因此促進了鑄鐘業的發展。博物館所在的建築有405年歷史,展示從銅礦到銅鐘的演進過程。博物館前身是一個鑄鐘家族的工作室,家族出身的師傅至今仍運用世代傳承的技巧,為城裡的教堂大鐘調音。

舊城區外圍Outer Altstadt

MAP ▶ P.203A3

威爾頓教堂

Basilika Wilten

用色鮮明天頂壁畫透視感超強

🚋搭電車1、6號或觀光巴士可達。Haymongasse 6 ☎(0512) 58 33 85 basilika-wilten.at

　　據說羅馬人曾在此紮營，豎立一座瑪麗亞塑像，在兵營撤走時把塑像埋在4棵松樹之間，到了6世紀才被農民發現，因此為這座塑像蓋了這間教堂。傳說中的瑪麗亞具有神力，因此這座教堂在阿爾卑斯山脈頗具知名度，吸引不少信徒，教堂主教並由羅馬教皇直接派遣，在正門上可看到代表教皇的紋徽。

　　教堂在1755年被修建成今日的面貌，呈現晚期巴洛克建築，甚至接近洛可可風格。教堂的浮雕律動感很強，以白、粉紅、奶油等明快色彩來裝飾，天頂壁畫更為大幅，透視感超強，跟早期巴洛克式的修道院展覽館相比，威爾頓的視覺效果要明亮許多。

舊城區外圍Outer Altstadt

MAP ▶ P.203B3

修道院展覽館

Stiftskirche Wilten

聆聽巨人海蒙的贖罪傳說

🚋搭電車1、6號或觀光巴士可達。🏠Klostergrasse 7 ☎(0512) 583 048 ⏰週一至週五8:00~12:00、14:00~18:00，週六8:00~12:00；週日和假日休；參觀前先預約。💲免費參觀。🌐www.stift-wilten.at

　　修道院隸屬於普萊蒙特教團(Premonstratensian)，這個教團創立於1138年，在1665年建造了修道院教堂。傳說有兩個來自北日耳曼的巨人，海蒙和達琉斯，因為海蒙不小心失手打死了達琉斯，為了贖罪而興建這座教堂。在教堂裡可以看

到與海蒙同比例的等身塑像，手上還握著龍的舌頭，龍暗示氾濫成災的西爾河，代表海蒙為民除害的事蹟。教堂屬於早期巴洛克風格，主體面西，祭壇面東，黑色的高級檜木和白色的浮雕，形成強烈的視覺對比，並以金色修飾，小小的壁龕供奉著祭壇，還有畫鑲在裡頭。

蒂洛爾邦⋯茵斯布魯克 Innsbruck

舊城區外圍Outer Altstadt

`MAP ▶ P.203A3`

Tirol Panorama

珍藏古今記憶的新興博物館

掃地圖

🚌 從中央車站搭乘開往安博拉斯宮(Schloss Ambras)的觀光巴士,至Das Tirol Panorama站下車,約16分鐘可達。 🏠 Bergisel 1-2 ☎(0512) 594 89-610 🕐 9:00~17:00(7~8月的週四9:00~19:00);週二休。 💲 全票€9、學生票€7(包含皇家軍隊博物館);聯票全票€12、優待票€9(可參觀蒂洛爾州立博物館、武器博物館、蒂洛爾民俗博物館、皇宮教堂及Tirol Panorama);持茵斯布魯克卡可免費參觀。 🌐 www.tiroler-landesmuseen.at

　　2010年開幕的Tirol Panorama位在伊澤山山上,最重要的展示品當屬1千平方公尺大的

360度環繞巨圖,這幅1895年完成的油畫出自Michael Zeno Diemer之手,以1809年8月13日的戰役為主題,畫中以Andreas Hofer為首的蒂洛爾民兵與拿破崙率領的軍隊激烈交戰,細節刻畫得相當細膩:以蒂洛爾的優美風光為背景,前方則是為自由而戰的農兵,生動的姿態神情與立體感,讓觀者宛如身歷其境般地真實。

　　除此之外,常設展以豐富的收藏呈現出蒂洛爾的信仰、自然、政治、人文等面貌,亦有現代科技打造的互動式歐洲桌,可一次了解蒂洛爾的今昔,相當值得一看。而耗資超過2,500萬歐元打造的建築本身,以及伊澤山腰景觀也是必賞之處,是結合休閒與知識的新興景點。

皇家軍隊博物館
Kaiserjägermuseum

🌐 www.kaiserjaegermuseum.org

　　原為皇家狩獵博物館,建於1880年,在Tirol Panorama開幕後成為其展館的一部分,1895年法蘭茲・約瑟夫一世從原有的軍隊中編列了4團的皇家步兵團Kaiserjäger,經歷無數戰役以及第一次世界大戰,豐富的相關文物都珍藏在這座博物館內,藉由當時的繪畫、旗幟、武器、服裝等忠實呈現其面貌。

Andreas Hofer紀念碑

皇家軍隊博物館會選在伊澤山上開設是由於其重要的歷史地位，1806年蒂洛爾被割讓給巴伐利亞，1809年時，拿破崙率領法國與巴伐利亞聯軍占領蒂洛爾，在此地與Andreas Hofer為首的蒂洛爾民兵展開激烈交戰，民兵三度擊退拿破崙聯軍，雖然起義以失敗告終，Andreas Hofer亦遭到逮捕處決，但其英勇的行為被視為蒂洛爾的民族英雄，而這座雕像正是為感念其抵禦巴伐利亞與法軍的自由之戰而打造，在1893年時由法蘭茲·約瑟夫一世(Franz Joseph I)親自參加落成典禮，至今仍是重要的精神象徵。

奧地利畫家Max Weiler

在Tirol Panorama咖啡廳及茵斯布魯克中央車站，可看到風格相似的巨幅圖畫，這些畫皆由奧地利國寶級畫家Max Weiler(1910~2001年)所繪，中央車站的兩幅壁畫分別完成於1954及1955年，描繪出茵斯布魯克的古與今，其一可看到黃金屋頂、邁克西米里安以及農兵，另一個則可看到滑雪與滑翔翼，兩者共同訴說了茵斯布魯克之美。Tirol Panorama咖啡廳內以鮮豔色彩彩繪的作品，則呈現出大公斐迪南二世(Ferdinand II)與妻子Philippine Welser在安博拉斯宮的宴會場面。另外在奧地利多處也可見到Max Weiler的創作。

舊城區外圍Outer Altstadt

MAP ▶ P.203A3

伊澤山跳台

MOOK Choice

Bergisel Stadion

兩屆冬季奧運的舉辦地

🚋搭電車1、6號或觀光巴士可達。　🏠Bergiselweg 3　📞(0512) 589 259　🕐6~10月9:00~18:00、11~5月9:00~17:00。　💲全票€11、6~14歲兒童€5.5。　🌐www.bergisel.info

掃地圖

　200年前，Andreas Hofer帶領蒂洛爾人抵抗拿破崙的浴血之地就是伊澤山，1925年，茵斯布魯克在這個歷史遺址上建造了一座滑雪跳台(ski jump)，1964和1976年的冬季奧運、甚至包括1988年由教皇保祿二世舉行的萬人祈福大會，都在這裡舉行。

　為了迎接2002年國際跳台競賽的來到，茵斯布魯克聘請知名的英籍建築師札哈·哈蒂(Zaha Hadid)設計新的滑雪跳台。在承接此案之前，哈蒂的建築向來被視為紙上談兵、不切實際，但伴隨科技發達，哈蒂大膽的夢想得以成真，這座造型前衛的跳台以不可能的驚人設計，獲得2002年奧地利的建築金獎，而哈蒂的知名度也水漲船高。

　跳台本身規劃了觀景台和餐廳，開放給遊客遊覽，至於嘗試跳台的權利就只有專業選手才能享有，目前的最佳紀錄為起跳9秒鐘後飛躍138.5公尺，由瑞典選手創下。

MAP ▶ P.203A1

北山纜車

MOOK Choice

Innsbrucker Nordkettenbahnen

20分鐘從市區直抵山嶺

掃地圖

🚶 從黃金屋頂步行前往，約8分鐘可達。 🏠 Höhenstrasse 145 ☎(0512) 29 33 44 🕐 Hungerburg(Congress站至Hungerburg站)平日7:15~19:15、週末與假日8:00~19:15；Seegrubenbahn(Hungerburg站至Seegrube站)平日8:30~17:30、週五晚間18:00~23:30；Hafelekarbahn(Hafelekar站至Seegrube站)9:00~17:00。15分鐘一班。 💲Innsbruck至Hungerburg站成人來回€11.4，Innsbruck至Seegrube站成人來回€26，Innsbruck至Hafelekar站成人來回€44；持茵斯布魯克卡可免費單次往返。其他詳細票價請參考官網。 🌐www.nordkette.com

2007年啟用的北山纜車，讓四面環山的茵斯布魯克與山岳更加親近，從市區的Congress站到海拔高度2256公尺的終點站Hafelekar只需20分鐘，如此輕易就可直奔阿爾卑斯山的懷抱，讓此處成為戶外活動的天堂，冬天是滑雪勝地，夏天則成為登山健行的熱門景點，還可見到玩滑翔翼的民眾，一年四季都熱鬧非凡，就算不從事戶外活動，光是這片壯闊絕美的山景就已值回票價。

新造的Congress、Loewenhaus、Hungerburg及Alpenzoo纜車站，特殊造型相當吸睛，這是由建造伊澤山跳台的建築師札哈·哈蒂(Zaha Hadid)所設計，札哈·哈蒂是享譽國際的建築大師，茵斯布魯克很幸運地能擁有兩處由她所打造的新穎創意建築。各纜車站外型隨其所處的地形、周遭環境而有所差異，流線的外型與淡淡的粉藍色彩，彷彿漂浮於地面之上的流冰。若計畫在山上用餐，那麼Hungerburg站旁的餐廳 Hungerburgbahn Bergstation是絕佳的選擇，可一邊優雅地用餐一邊透過落地窗飽覽層巒疊嶂，十分愜意。

MAP ▶ P.203B1

Tiroler Abend
Familie Gundolf

充滿歡笑的家族娛樂表演

🚶 從茵斯布魯克中央車站搭計程車約10分鐘可達。 🏠 Reichenauer Straße 151(Gasthaus Sandwirt) ☎(0512)263 263 🕐 20:30~約22:00，4~10月每日、11月每週六、聖誕節及新年期間、1~3月每週四。 💲 表演含飲料：成人€33、6~14歲小孩€10，表演加晚餐：大人€58、6~14歲小孩€20；持茵斯布魯克卡可享折扣。 🌐www.tiroler-abend.com

掃地圖

過了晚上6、7點的茵斯布魯克，除了餐廳之外幾乎都已打烊歇息，只留下冷清空蕩的街道，若不想早入睡，那麼就來點新鮮熱鬧的，欣賞一下當地的傳統歌舞表演吧。這項表演始於1967年，全員皆由Gundolf家族成員所構成，有趣的是：每個人在白天都各自從事不同的工作，入夜下班後大家才聚在一起，因此演出走的是同樂會般輕鬆趣味的路線，內容結合蒂洛爾民族音樂、傳統舞蹈及民歌、擊鞋舞、約德爾唱法等，還有豎琴、鋸琴等樂器演奏，節目相當精彩豐富，讓人不自覺沉浸在詼諧趣味的時光中。

MOOK Choice

茵斯布魯克近郊Outskirts of Innsbruck

MAP ▶ P.205B1

施華洛世奇水晶世界

Swarovski Kristallwelten

閃亮奇幻水晶天地

掃地圖

🚗開車走A12高速公路，從Wattens下交流道沿指標可抵達。從茵斯布魯克搭乘接駁巴士直達水晶世界，可在Hauptbahnhof火車站或Congress/Hofburg兩處上車，約每兩小時發一班車。車資成人單程€5、來回€9.5、15歲以下免費；持茵斯布魯克卡可免費搭乘。 🏠Kristallweltenstraße 1, Wattens ☎(05224)510 80 🕐9:00~19:00(入館至18:00)，依季節略有變動。 💰全票€23、6~17歲兒童票€7。 🌐kristallwelten.swarovski.com/Content.Node/wattens/index.en.html

　100多年前，一位波西米亞人丹尼爾・施華洛世奇(Daniel Swarovski)來到蒂洛爾地區，以水晶為素材創作珠寶。施華洛世奇之所以不辭千里來奧地利製作水晶，是因為當時波西米亞的玻璃工業競爭相當激烈，本地正好有充沛的電力及水源可以支援，於是他和3名工匠在此開始了水晶事業。經過世代變遷，施華洛世奇從小工作室擴張成龐大的跨國企業；1995年，施華洛世奇水晶世界在總工廠旁正式開放，成為世界上最美麗的水晶博物館。

　水晶世界由藝術家安德烈・海勒(André Heller)一手設計、英國建築師康任(Sir Terrance Conran)的事務所規劃內部空間，不只以多種角度展示水晶作品，更透過不同建築師和藝術家的創意，來營造水晶與人之間的心靈對話。從水晶行星、水晶大教堂、水晶劇院，再到以藝術表現的水晶森林、變形走廊，或以文學表現的水晶書法、飄動的詩句等，處處展現了水晶的多重面貌。

　水晶世界的入口是一個龐大的瓦登巨人頭像，代表他守護水晶世界的象徵意念。他一雙雄糾糾的大眼全以水晶打造，在不同光線下折射出不同的光芒，旁邊則有一座以他的手型製作的草地迷宮。走進入口大廳，價值1千萬歐元的水晶寶藏牆閃閃發光，這裡展示著全球最大的施華洛世奇切割水晶(30萬克拉)，旁邊陳列著最小的0.00015克拉水晶，作為對照。在參觀行程的終點，將看見一片掛在天花板上的森林，由視覺藝術家Fabrizio plessi所設計，以火、水和水晶裝飾成魔幻世界。

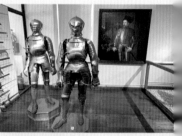

茵斯布魯克近郊Outskirts of Innsbruck

MAP ▶ P.203B3

安博拉斯宮

Schloss Ambras

斐迪南二世的肖像畫收藏珍品

掃地圖

🚋搭乘電車3、6號、C號，或從茵斯布魯克車站搭乘Postbus 4134號前往，車程約30分鐘。 🏠Schlossstraße 20 ☎(0152) 524 2500 🕙10:00~17:00；11月休。 💲成人€16、優待票€12 🌐www.schlossambras-innsbruck.at

　　斐迪南二世(Ferdinand II)受父親菲力普(Philipp de Schone)之命來掌管蒂洛爾，為了隱藏他擁有一位平民皇后的事實，他在1565年下令將郊區一座城堡改造成安博拉斯宮，定居於此。

　　當時的哈布斯堡皇朝數度透過政治聯姻擴張權勢，已是橫跨歐陸的超級帝國，但斐迪南卻在波西米亞擔任都督時，愛上平民女孩菲麗蘋(Phillippine Welser)，並堅持娶她為妻。菲力普國王雖對斐迪南的大逆不道十分生氣，但也莫可奈何，唯一條件就是斐迪南必須另娶貴族為妃，而菲麗蘋所生的孩子不得繼承王位。

　　斐迪南二世是文藝復興史上重要的收藏家之一，因此安博拉斯宮的展示就以肖像畫、珊瑚和盔甲著稱，雖然許多收藏已被移至維也納，但這裡的展品在質量方面還是相當驚人。

西班牙廳

　　西班牙廳是安博拉斯宮最有名的大廳，建於1569~1572年，陳列蒂洛爾歷代大公的肖像，共計27幅，現在作為音樂廳，開放外界租借使用。

肖像畫廊

　　畫廊展示多幅逼真的人物畫像，邁可西米里安和第一任妻子瑪麗亞勃艮地(Maria von Burgundy)的婚姻，讓他得以加入金羊毛騎士團，在他脖子上的項鍊是為證據。

吸血鬼原畫

　　令人意外的是，大名鼎鼎的吸血鬼原畫竟然收藏在此宮裡。畫裡的人是瓦拉契公爵(Duke Vlad Dracul of Wallachia)的孫子，名為瓦拉德四世(Vlad IV Tzepesch)，也就是《吸血鬼》小説中根據的真人原型。

既然來到霍爾，如果沒參加這趟中世紀晚餐，你可會大呼遺憾！首先主人會幫每個客人圍上格子餐巾，接著選出一位國王、一位皇后和兩個奴隸，然後就能參與這個邊吃邊玩的中世紀遊戲。

用餐的時候比照古代，所以只使用一個木製小鑽板和一把小刀，前菜由Schwarz Brot全麥麵包搭配洋蔥、菜肉凍和沾醬，接著有以胡蘿蔔、馬鈴薯、香菇、麥片等多種材料煮成的雜糧湯；接下來還有烤豬肉配酸菜和酸起司醬的主菜，以及蛋汁肉桂蘋果炸片作為甜點。

標準的中世紀晚餐就是這4道菜餚，由於份量甚多，味道極佳，所以吃得十分過癮。別忘了搭配啤酒或開胃蜂蜜酒Met，乾杯時要說中世紀的古語「Auf die Gesundheit」(祝你健康)才算上道哦！

🚗Salvator Gasse 6, 6060 Hall in Tirol ☎(05223) 53120 ⏰每日18:00~24:00(需預約) 💲中世紀晚餐(含5道菜餚)每人€38起，5~10歲兒童半價；週四、五亦有特價餐提供。🌐www.ritterkuchl.at

茵斯布魯克近郊Outskirts of Innsbruck

MAP ▶ P.205A1

霍爾

Hall

以製鹽和造幣聞名的典雅小鎮

掃地圖

🚃從茵斯布魯克車站搭S1火車約9分至霍爾火車站，或搭乘開往霍爾的504巴士，約25分鐘至Hall in Tirol Unterer Stadtplatz站可達。🌐www.hall-wattens.at

以古鹽山著名的霍爾，是一座位在茵斯布魯克附近的典雅小鎮，舊城源於12世紀，15世紀的西格蒙皇帝(Sigmund der Munzreiche)在此打造了世界第一枚錢幣，之後邁克西米里安大帝迎娶第二任妻子時，婚禮也在此舉行。

本地因製鹽和造幣帶來不少財富，也造就不少歷史古蹟，其中最值得一看的首推市政廳(City hall)，它是1406年由哈布斯堡公爵李奧波特四世(Leopold IV)受命建造的，內部的雕刻及玻璃裝飾出自威尼斯工匠之手，至今它仍是市政廳，並開放讓新人在此舉行婚禮。

在霍爾的舊城區還有聖尼可拉斯教堂(St. Nikolaus Church)和海瑟碉堡(Castle Hasegg)值得造訪。前者的哥德式尖頂、蜂巢狀玻璃窗和巴洛克式主祭壇均相當華麗，左側的小禮拜堂置放了不少聖人的頭骨，吸引信眾前來致敬；後者建於1306年，是為了保護容易受潮的鹽業而建，15世紀因為造幣業由南蒂洛爾轉至霍爾，海瑟堡也變成製幣廠，直到1809年才停業。

舊城區Altstadt

MAP ▶ P.204A2 金鷹餐廳Goldener Adler

🚶 從黃金屋頂步行前往，約1分鐘可達。 ⌂ Herzog-Friedrich Straße 6 ☎(0512) 57 11 11 ⏰11:30~22:30 ⓦwww.goldeneradler.com

位於歷史悠久的金鷹飯店內，是茵斯布魯克最古老的飯店，也是享受奧地利蒂洛爾邦傳統美食的好地方，像是當地最著名的炸麵食或淋上奶油醬的餃子，以及阿爾卑斯山著名的蒂洛爾烤牛肉等，都相當值得一試。至於想在這間曾經接待過邁克西米里安大帝、拿破崙、伊斯蘭蘇丹的餐廳裡用餐，最好事先預約，尤其是旅遊旺季時經常一位難求。

舊城區Altstadt

MAP ▶ P.204A3 Weisses Rössl

🚶 從黃金屋頂步行前往，約2分鐘可達。 ⌂Kiebachgasse 8 ☎(0512) 58 30 57 0 ⏰週一至週六11:45~14:30、18:00~22:00；週日休 ⓦwww.roessl.at

距離黃金屋頂數步之遙的商街中，有一個懸掛著金獅、紅鷹、金鹿和白馬四家店招牌的「四獸角（Vier-Viecher-Eck）」，其中Weisses Rössl白馬旅店是唯一尚在營業的餐廳兼旅社。穿過充滿時尚感的玄關，裡面別有洞天，木製桌椅和蒂洛爾的特色裝飾隨處可見。餐點供應自16世紀流傳至今的人氣菜餚，像是奧地利麵糰子(Speckknödel)、醃肉馬鈴薯(Tiroler Gröstl)，以及奧地利特有的碎煎餅(Kaiserschmarrn)，濃厚的傳統風味帶著旅人重返中世紀的驛站風情。

舊城區Altstadt

MAP ▶ P.204B3 Café Katzung

🚶 從黃金屋頂步行前往，約1分鐘可達。 ⌂Herzog-Friedrich Straße 16 ☎(0512) 58 61 83 ⏰週一至週六8:00~22:00；週日休 ⓦwww.cafe-katzung.at

在黃金屋頂前方的Katzunghaus裡，很難想像如此斑駁的外牆下隱藏著一間裝潢如此摩登的咖啡廳，白色的牆壁搭配紅色的座椅，溫暖的黃色燈光讓Katzung Café充滿迷人的味道。

咖啡館內提供簡單的三明治、蛋糕和簡餐，氣氛不錯且價格合理，即使平日也坐滿不少上班族來這裡會面用餐。

舊城區Altstadt

MAP ▶ P.204B2 Strudel-Café Kröll

🚶 從黃金屋頂步行前往，約1分鐘可達。 ⌂Hofgasse 6 ☎(0512)57 43 47 ⏰7:00~21:00 ⓦwww.strudel-cafe.at

改建自800年歷史的拱頂建築，洋溢著懷舊感的用餐空間，提供的是以奧地利傳統美食館餅捲(strudel)為首的麵包及點心，strudel口感濕潤綿密、外皮香酥薄脆，Kröll製作出多樣口味供顧客挑選，像是店家首推的奶酪

捲、經典的蘋果捲(Apfelstrudel)、李子與核桃捲(Zwetschken-Walnussstrudel)等，品嘗美味糕點的同時，也可享用到頂級的咖啡。

舊城區Altstadt

MAP ▶ P.204B4 Lichtblick

🚶 從黃金屋頂步行前往，約6分鐘可達。 ⌂Maria-Theresienstraße 18 / 7. Stock(Rathaus Galerien 7F) ☎(0512) 56 65 50 ⏰週一~六10:00~凌晨1:00，熱食12:00~14:00、18:30~22:00；週日休 ⓦwww.restaurant-lichtblick.at

位於市中心的Lichtblick咖啡廳兼餐廳，是城市中鬧中取靜的特色空間，雖然容納42人空間的規模不算大，但卻是近距離俯視街景的最佳去處，也是相當受當地年輕人喜愛的聚會場所。

舊城區Altstadt

MAP ▶ P.204A2 **Ottoburg**

🚶 從黃金屋頂步行前往，約1分鐘可達。 🏠Herzog-Friedrich-Straße 1 📞(0512)58 43 38 🕐11:30~14:30、18:00~24:00。 🌐www.ottoburg.at

掃地圖

1180年建的居城兼守城(defense tower)，就位在舊城區出入口，是茵斯布魯克現存最古老的建築之一，由Ottoburg改裝而成的餐廳風格溫馨，共有3層樓，其中在頂樓的用餐區擁有展望遠處的憂越視野，提供的餐點為融合地中海風格的蒂洛爾傳統料理，夏天更會開放戶外用餐區，白天盡情享受陽光，晚上則可感受自然微風。

舊城區Altstadt

MAP ▶ P.204B2 **Stiftskeller**

🚶 從黃金屋頂步行前往，約1分鐘可達。 🏠Stiftgasse 1 📞(0512)570 706 🕐10:00~23:00；週日休。 🌐www.stiftskeller.eu

掃地圖

於2008年重新整裝開幕的Stiftskeller擁有超過800個座位，從店名的字面意思即可知道這裡是由修道院地窖所改裝而成。此建築的歷史可追朔至1765年，瑪麗亞・泰瑞莎之子李奧波特二世的婚禮期間，夫婿法蘭茲突然暴斃，傷心欲絕的女皇便在皇宮旁建修道院，以在此悼念其夫婿。

店內的空間隔出許多用餐包廂，皆以融入當地傳統風格的溫馨裝潢來打造，而店外一大片的露天用餐區則是茵斯布魯克最大的啤酒花園，無論是在室內或是室外，皆可感受到濃厚的當地特色。Stiftskeller提供的菜餚，道道都是招牌，搭配一杯來自慕尼黑Augustiner Bräu的沁涼啤酒，就是最棒的味蕾饗宴。

舊城區Altstadt

MAP ▶ P.204D4 **Adlers Restaurant/Bar**

掃地圖

🚶 從黃金屋頂步行前往，約10分鐘可達。 🏠Bruneckerstrasse 1 📞(0512)56 31 00 🕐8:00~24:00，週五、六延長營業至凌晨1:00。 🌐www.adlers-innsbruck.com

茵斯布魯克相當有人氣的設計旅店Adlers Hotel，新穎時尚的風格相當受到喜愛。12樓附設的餐廳兼酒吧也延續了其設計品味，特殊造型的吊燈從挑高的天花板垂吊而下，洗練的室內裝潢與明亮的用色，讓空間充滿了輕快感。來到這裡，可以在酒吧簡單地點上一杯雞尾酒，或是從餐廳諸多的國際料理與創意當地料理中選擇喜愛的菜色。

舊城區外圍Outer Altstadt

MAP ▶ P.203A3 **Bergisel Sky Restaurant**

掃地圖

🚶 搭電車1、6號或觀光巴士可達。 🏠Bergiselweg 3 📞(0512)589 259-30 🕐6~10月每日9:00~18:00；11~5月10:00~17:00，週二休。 🌐www.bergisel.info/en

位於伊澤山跳台上的Bergisel Sky Restaurant，四面的大片落地窗提供毫無障蔽的廣闊視野，茵斯布魯克經典的綠野、紅瓦白牆屋舍與層疊山巒勾勒出的風景畫就呈現腳下，在藍天與陽光的映襯下更顯閃耀。這裡的營業時間同跳台的開放時間，欣賞完跳台後推薦可順道進入小憩，在室內一邊用餐一邊眺望窗外，也是不同的景觀享受。

舊城區Altstadt

MAP ▶ P.204B3　Swarovski Innsbruck

從黃金屋頂步行前往，約2分鐘可達。Herzog-Friedrich-Straße 39 (0512) 57 31 00 9:00~19:00，週六、日9:00~18:00 www.swarovski.com/innsbruck

來到蒂洛爾，特別是到了茵斯布魯克，如果沒有時間前往位於瓦登的施華洛世奇水晶世界參觀，也別忘了到這間位於舊市區中的分店逛逛，

在奧地利著名水晶工藝的故鄉選購一些紀念品。順著Swarovski規劃的順行路線參觀亮麗輝煌的飾品，改造自哥德式拱頂建築的空間，沒有多餘的門來阻隔動線及視線，予人開闊而明亮視野，販售的各種動物造型的小飾品、葡萄酒杯、水晶燈以及餐盤、擺設、首飾等，件件光彩奪目。

舊城區Altstadt

MAP ▶ P.204C4　Tiroler Bienenladen

從黃金屋頂步行前往，約6分鐘可達。Meraner Straße 2 (0512)58 23 83 週一～五9:00~18:00，週六9:00~12:00；週日休。www.tirolerbienenladen.at

Bienenladen由蒂洛爾養蜂職業工會所經營，其名稱意為「蜜蜂之屋」，望名思義，這間店就是蜂蜜產品專賣店。除了食用的蜂蜜、鬆餅、糖果外，還有肥皂、牙膏、乳液等相關生活用品，天然滋潤的蜂蜜添加在各種產品中，全方位呵護使用者的肌膚與健康。

舊城區Altstadt

MAP ▶ P.204B4　Handschuh Baer

從黃金屋頂步行前往，約5分鐘可達。Maria-Theresien-Straße 34 (0512)58 94 57 週一～五9:00~18:00，週六10:00~17:00；週日休。www.handschuhbaer.at

招牌上有個手套圖案的Handschuh Baer，主要販售手套、包包、皮夾、零錢包等皮革製品以及雨傘，Arcadia、Brown Buffalo、Picard、Doppler等國際品牌皆可在此看到，品質與質感俱佳。

舊城區Altstadt

MAP ▶ P.204B3 **Hörtnagl Passage**

🚶 從黃金屋頂步行前往，約3分鐘可達。　📍Maria-Theresien-Straße 5　☎(0512) 59 729　🕐熟食店週一至週六8:30~17:00，週四至週五8:30~20:00，週六3:30~18:00；週日休。咖啡店週一至週六8:00~18:00，週六8:00~17:00；週日休。　🌐www.hoertnagl.at/passage

　呈L狀的小型商店街Hörtnagl Passage，雖然小巧卻集結了多間店鋪與餐飲處，裏頭的熟食店以高品質且多種類的肉類、香腸聞名，更有多種酒類、起司及當地生產的麵包與蔬果等，可來此體會當地的飲食文化及日常生活風情。商店街內亦進駐了鞋店Humanic、美妝店BIPA、服飾店Miss Sixrty等，每天約吸引6、7千人次進入遊逛，可在此小小地採買一番。

掃地圖

舊城區Altstadt

MAP ▶ P.204B2 **Schmollgruber**

🚶 從黃金屋頂步行前往，約1分鐘可達。　📍Pfarrgasse 4　☎(0512) 58 84 22　🕐週一至週五9:00~18:00、週六10:00~15:00；週日休。　🌐www.schmollgruber.at

　由Schmollgruber家族所經營的同名鐘錶行兼工作坊，父子二人皆為專業的鐘錶師傅，利用傳統哥德式拱頂建築改裝的店鋪樸實低調，店內除了精緻璀璨的腕錶外，充滿歷史感的金屬鐘更引人想一探究竟；還有線條簡練的吊鐘，以及充滿蒂洛爾情調的立鐘，雖價格不菲，但也相當值得進入感受其自成一格的時光流轉。

掃地圖

舊城區Altstadt

MAP ▶ P.204B2 **Speckeria**

🚶 從黃金屋頂步行前往，約1分鐘可達。　📍Hofgasse 3　☎(0512) 56 20 68　🕐週一至週日9:00~19:00。　🌐www.speckeria.at

掃地圖

　speck為蒂洛爾風味的培根，據說13世紀時就已有相關記載，因其不易腐壞加上富有豐富的營養，所以在數百年後的今日依然受到歡迎，是擁有悠久歷史的當地風味菜。Speckeria是專賣speck、蒂洛爾式柑桔醬及各式煙燻肉品的熟食店，除了可外帶之外，店鋪亦附設有內用區，可以點個菜單上的培根拼盤或是小圓麵包夾培根，直接品嘗道地的蒂洛爾美味。

舊城區Altstadt

MAP ▶ P.204B4 **Rathaus Galerien**

🚶 從黃金屋頂步行前往，約6分鐘可達。　📍Anichstrasse 8/1　🕐依各店而異。　🌐www.rathausgalerien.at

掃地圖

　茵斯布魯克市市政府購物街Rathaus Galerien，在2002年市政府辦公大樓的改建工程中誕生，主建築由法國建築設計師Dominique Perrault所打造，明亮的彩色玻璃天窗則由Daniel Buren所設計，揉合現代典雅的風格營造出些許浪漫色彩。Rathaus Galerien結合了購物、休閒與餐飲功能，購物街上Mango、Comma、Butlers、Müller等知名品牌與生活用品店林立，餐飲方面，有酒吧Gösser's、亞洲菜Thai-Li-Ba、麵包店Bäcker Ruetz等多個選擇，在建築7樓還有受當地年輕人歡迎的Lichtblick/ 360° Bar，是逛街後的絕佳休憩之處。

舊城區Altstadt

MAP ▶ P.204B4 **Sportler Witting**

掃地圖

🚶 從黃金屋頂步行前往，約5分鐘可達。 🏠Maria-Theresien-Straße 39 📞(0512) 58 91 44 🕐週一至週五9:00~18:30、週六9:00~17:00；週日休。 🌐www.sportler.com

在戶外活動盛行的茵斯布魯克，也有多間運動用品專賣店，這間2010年開幕的Sportler Witting占地6層樓，入口處的天花板上裝飾著牛鈴，相當有阿爾卑斯之都的風味，店內商品依入門、職業等級、運動類型等類別分別擺放，並集結了國際各大運動品牌，無論是登山、騎單車、滑雪、攀岩的愛好者，都能找到喜愛的商品。

舊城區Altstadt

MAP ▶ P.204B4 **Kaufhaus Tyrol**

掃地圖

🚶 從黃金屋頂步行前往，約4分鐘可達。 🏠Maria-Theresien-Straße 31 📞(0512) 90 11-15 🕐購物週一至週三9:00~19:00、週四至週五9:00~20:00、週六9:00~18:00；餐飲週一至週五8:00~20:00、週六8:00~18:00。 🌐www.kaufhaus-tyrol.at

2010年重新整裝開幕的大型百貨大樓，由英國知名建築設計師David Chipperfield所設計，在2011年獲評為歐洲最美麗的購物中心。6層樓、總面積約3萬3千平方公尺的百貨內聚集了約50間店舖，絕對能逛得盡興。

舊城區Altstadt

MAP ▶ P.204B5 **Tirol Shop**

🚶 從黃金屋頂步行前往，約7分鐘可達。 🏠Maria-Theresien-Straße 55 📞(0512) 53 21 538 🕐週一至週五8:00~18:00、週六9:00~17:00；週日休。 🌐www.tirolshop.com

掃地圖

2001年在茵斯布魯克當地誕生的品牌，同樣以蒂洛爾風格為基礎，推出多款揉合了傳統紋樣與色彩的現代化服飾，商品主要為運動休閒風的連帽外套、T恤、襯衫、帽子等，也有背包、鑰匙圈等日常用品，布料的質感及裁縫的品質皆相當優異。

舊城區Altstadt

MAP ▶ P.204C4 **Tiroler Heimatwerk**

🚶 從黃金屋頂步行前往，約6分鐘可達。 🏠Meranerstraße 2 📞(0512) 58 23 20 🕐週一至週五9:00~18:00、週六9:00~12:00；週日休。 🌐tiroler.heimatwerk.at

從櫥窗就透露著這是一間蒂洛爾風格用品的專賣店，從最顯眼的當地傳統服裝，到各類家飾與裝飾品全都散發著

掃地圖

濃濃的當地風味，像是繡上可愛圖案的桌布與枕套、精緻的手工藝品、迎合節慶推出的美麗裝飾品、有機茶與各式調味料等，有許許多多特色商品可以挖寶。

舊城區Altstadt

MAP ▶ P.204B2 **Tirol Geniessen**

🚶 從黃金屋頂步行前往，約1分鐘可達。 🏠Hofgasse 5 📞(0512) 562 932 🕐週一至週五10:00~18:00，週六、日10:00~17:00。 🌐www.tirol-geniessen.com

Tirol geniessen店裡頭整齊排列的玻璃器皿裝滿顏色繽紛的液體，看起來就像是魔法師實驗室般迷幻，原來這裡賣的是全都是「酒」，從各式水果酒到coffee cream、chocolate cream、接骨木

掃地圖

花等獨特風味都有，上頭都有標示價位及酒精濃度，試喝過有興趣的酒款後，選定喜歡的口味與容器即可把它打包回家。

舊城區Altstadt

MAP ▶ P.204A2 **金鷹飯店Hotel Goldener Adler**

🚶 從黃金屋頂步行前往，約1分鐘可達。 🏠Herzog-Friedrich-Strasse 6 ☎(0512) 57 11 11 0 🌐www.goldeneradler.com

　　建於1390年，身為歐洲最古老的旅店之一，擁有超過6百年歷史，打從15世紀開始就是達官顯貴時常光顧的金鷹飯店，邁克西米里安大帝、音樂家莫札特及華格納，都曾是它的座上賓，經歷了5個世紀，仍是茵斯布魯克奢華的焦點。建築本身是茵斯布魯克當地的重要歷史建築，維持古老優美的外觀，飯店內部雖更新設施卻依舊保留了傳統的風味，木製掛鐘、老鷹雕刻、歷史悠久的桌椅，以及充滿蒂洛爾邦風情的房間，都讓飯店顯得異常迷人。

舊城區Altstadt

MAP ▶ P.204D5 **Grand Hotel Europa**

🚶 從黃金屋頂步行前往，約11分鐘可達。 🏠Südtiroler Platz 2 ☎(0512) 59 31 🌐www.grandhoteleuropa.at

　　和金鷹飯店同樣成為茵斯布魯克地標的Grand Hotel Europa落成於19世紀中葉，兼具現代義大利設計風格與蒂洛爾風情，曾經獲得巴伐利亞國王魯道夫二世讚譽為「茵斯布魯克舉行典禮儀式最漂亮的場所」，也因此許多重要盛事都曾在這間飯店中舉行，接待過的名人無數，包括英國女王伊莉莎白二世，至今它仍是當地舉行官方儀式的首選。

　　這間茵斯布魯克當地唯一的五星級飯店，坐落於國鐵中央車站前方，地理位置方便，擁有105間客房及7間套房，飯店內附設的餐廳提供融合當地傳統風格和現代的料理，該餐廳曾經獲獎無數。

舊城區Altstadt

MAP ▶ P.204A3 **Hotel Innsbruck**

🚶 從黃金屋頂步行前往，約3分鐘可達。 🏠Innrain 3 ☎(0512) 598 68 93 🌐www.hotelinnsbruck.com

　　這間四星級飯店位於舊城區中，擁有面對茵河的景觀，由茵斯布魯克舊城牆建築師Johann Ischia親手打造，興建於城牆遺址上，風格融合傳統與現代，室內以木頭裝潢，充滿蒂洛爾邦的特色。此外，飯店內還設有一座室內游泳池，全館110間客房分為5種房型，均具備高速網路等現代化設備。

舊城區Altstadt

MAP ▶ P.D **Hotel Grauer Bär**

🚶 從黃金屋頂步行前往，約5～6分鐘可達。 🏠Universitätsstrasse 5-7 ☎(0512) 59 24 🌐www.grauer-baer.at；www.innsbruck-hotels.at

　　牆上跳舞的灰熊成為這間飯店的招牌和名稱，座落於茵斯布魯克舊大學和市政廳之間，前往皇宮、黃金屋頂、皇宮教堂等舊市區景點都非常方便，擁有196間客房的它由傳統建築改建而成，是當地的大型旅館之一，除了客房內現代化的設備之外，飯店還設有提供三溫暖服務的健身中心以及餐廳。

舊城區Altstadt

MAP ▶ P.204B6 **Hotel Goldene Krone**

🚶 從黃金屋頂步行前往，約8分鐘可達。 🏠Maria-Theresien-Straße 46 ☎(0512) 58 61 60 🌐www.goldene-krone.at

　　三星級的Hotel Goldene Krone擁有非常漂亮的外觀，粉色的建築搭配白色的窗櫺，在茵斯布魯克最熱鬧的購物大街瑪麗亞泰瑞莎大道上顯得相當優雅。坐落於凱旋門旁的它幾乎位於舊市區的心臟地帶，共擁有36間房，內部裝潢洋溢著巴洛克風情，搭配現代化家具，飯店內的餐廳是當地人經常前往用餐的地方。此外飯店還提供腳踏車租借服務。

史度拜冰河

史度拜冰河
Stubaier Gletscher

若要欣賞奧地利的阿爾卑斯山風情，蒂洛爾邦可說是佔盡優勢，這塊山間的避暑寶地，可是從16世紀開始，就深受王公貴族青睞的度假路線。從首府茵斯布魯克出發，沿途盡是有如童話故事裡的夢幻小鎮和彩色小屋。大約1小時的車程，就可抵達史度拜冰河的山腳下，不需要登山工具，任何人都可以輕鬆地搭乘纜車上山，在一年四季裡，欣賞到阿爾卑斯山頂永不融化的美麗雪景。

INFO

如何到達——自行開車

從茵斯布魯克出發，走A13往南Europabrücke方向，在Schönberg往西，經Mieders和Neder等村落抵達史度拜冰河滑雪場，車程約45~60分鐘。

如何到達——巴士

從茵斯布魯克的火車站前，可搭乘590號巴士前往史度拜冰河，在馬特堡基地站(Mutterberg Talstation)下，步行約3分鐘即可抵達馬特堡冰河纜車站。每小時都有發車，來回車票每人€8，班次時間可上網查詢。

🔗www.stubaier-gletscher.com/en/ski-area/getting-there-location-parking/

當地交通

史度拜冰河山谷區有免費循環巴士，方便滑雪客前往山腳下的小鎮及飯店。

🔗fahrplan.vvt.at/bin/query.exe/en?L=vs_vvt&

旅遊諮詢

◎史度拜蒂洛爾旅遊局

📍Stubaitalhaus, Dorf 3, A-6167 Neustift im Stubaital　☎(0501)881-0　🔗www.stubaier-gletscher.com/en

◎**Mutterberg纜車站**

📍Mutterberg 2, 6167 Neustift im Stubaital　☎(05226)8141　🔗www.stubaier-gletscher.com/en

新纜車更快更舒適

史度拜冰河纜車的翻新工程已經竣工，從2016年的10月底開始，這段纜車行程更舒適、速度更快，從山谷的馬特堡站到山頂的冰岩峰站，總長4,686公尺，上升高度1,203公尺，原本需時20分鐘，現在只要12分鐘即可抵達。纜車上還提供免費Wifi，相當貼心。

MAP ▶ P.205A2

蒂洛爾之頂
Top of Tyrol
全年開放的滑雪勝地

🚌從馬特堡(Mutterberg)站搭纜車到冰岩峰(Eisgrat)站,再轉第二段纜車抵達最高峰。 🕐每日8:00~16:30。夏季登山課從從1.5小時~4.5小時都有提供。 💰冬季滑雪一日通行票:成人€47起、15~18歲€30.6起、10~14歲€23.5起(視入場時間而定)。夏季滑雪一日通行票:成人€40起、15~18歲€26起、10~14歲€20起(視入場時間而定);夏季蒂洛爾之頂全景票(Panoramaticket):成人€32.3、10~14歲€16.2。

掃地圖

　　海拔高度達3,200公尺的蒂洛爾之頂,位居史度拜冰河的高山上,距離茵斯布魯克約1小時車程而已。最令人感到不可思議的是:即使茵斯布魯克已是盛夏的氣候,但蒂洛爾之頂的冰川卻終年不化,一年四季,隨時都可讓遊客瞬間進入嚴冬的冰雪環境。

　　位在蒂洛爾之頂的滑雪場,自1973年開業以來,始終是奧地利境內最重要的阿爾卑斯滑雪勝地。滑雪場擁有5座纜車、16座功能不同的升降椅,方便滑雪客前往不同的路線,因為擁有永不融雪的優勢,這座滑雪場終年開放,不過受限於夏季雪量較少的關係,從10月底開始的冬季才是旺季。

　　滑雪場設有遊客中心,有專人能提供英語服務,遊客可在此處諮詢有關滑雪和登山的事宜,也可在此租借避寒用的雪衣及滑雪鞋。

MAP ▶ P.205A2

Schaufelspitz Restaurant與 Jochdohle
海拔3千公尺處的山景餐廳

掃地圖

🚌從馬特堡(Mutterberg)站搭纜車到冰岩峰(Eisgrat)站,Schaufelspitz Restaurant就位在纜車站旁;Jochdohle餐廳則在蒂洛爾之頂觀景台附近,從蒂洛爾之頂的纜車站步行約45分鐘可達。 ℹEisgrat top Terminal ☎(05226)81 41 324 🕐配合纜車時間。

掃地圖

　　史度拜冰河有數間餐廳,其中較常為遊客使用的,一間是位於海拔2,900公尺冰岩峰(Eisgrat) 纜車站旁的Schaufelspitz Restaurant;另一間則是位於海拔3,150公尺的寒鴉峰餐廳(Jochdohle),從蒂洛爾之頂的纜車站步行約45分鐘可達,是奧地利海拔最高的餐廳,由於是以鋼構固定在山崖上的,

在夏季冰川融化期間,餐廳還會輕輕漂浮於冰上。在Schaufelspitz Restaurant內,除了一般的滑雪客,還可遇到學校單位或專業的滑雪隊,進行練習之後在這裡享用豐富的餐點,氣氛十分熱鬧。

　　每年的7~8月間,遊客中心提供從冰岩峰到寒鴉峰的免費解說導覽行程,這條路線是史度拜冰河上,唯一一條通往冰川內部的遊覽路線,全程由登山專家導覽,安全無虞。

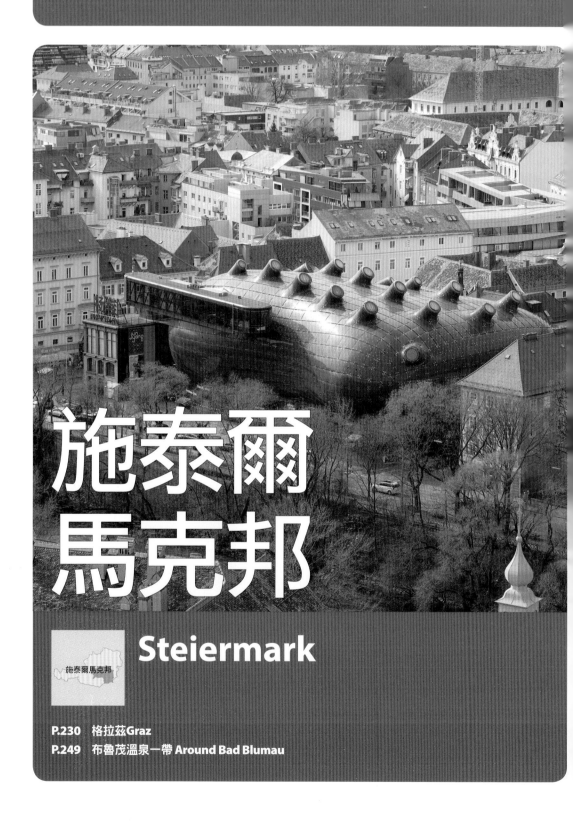

施泰爾
馬克邦

施泰爾馬克邦

Steiermark

身為奧地利第二大邦，素有「奧地利綠色心臟」之稱，施泰爾馬克邦區域內廣達一半以上的土地覆蓋著濃密的森林，加上牧場和農耕地，這裡的綠地幾乎占80%，成為全奧地利之冠，也因此讓它的葡萄種植和農牧業在該國名列前茅。

然而施泰爾馬克卻同時是塊工業重地，採礦、台金、造紙、汽車、電子等工業，都在奧地利占有舉足輕重的地位；這裡也是好萊塢影星阿諾史瓦辛格的故鄉。

格拉茲是施泰爾馬克邦的首府，這座歷史悠久的城市不但景色優美，更是現代文化的先驅，每年秋季總舉辦大型藝術節活動，附近的酒鄉之路和酒莊，同時提供視覺與味覺的享受。該地盛產

的礦產和溫泉更為它帶來療養和旅遊效益，其中最著名的要屬布魯茂溫泉，有著百水先生最完整的藝術理念呈現。

施泰爾馬克邦之最Top Highlights of Steiermark

城堡山Schlossberg
視野極佳的城堡山充滿著綠意，無分平假日都是野餐、約會、出遊的好去處。(P.238)

聖芭芭拉教堂
St. Barbarakirche
這座在百水的巧思下蛻變出的教堂，完全顛覆教堂的傳統印象，把信仰融合在童趣裡。(P.242)

莫爾河之島
Murinsel
這座充滿設計感與趣味、蓋在莫爾河上的浮島，不但洋溢天馬行空的創意，又兼具實用功能，令人讚嘆。(P.240)

艾根堡
Schloss Eggenberg
運用宇宙天文為設計主題，處處暗藏四季、星期、天數、小時、分鐘等隱喻，2010年被登錄為世界遺產。(P.241)

布魯茂溫泉
Bad Blumau
位於格拉茲東方的布魯茂溫泉，是奧地利數一數二的療養地，而布魯茂百水溫泉飯店，更是完整呈現百水創作理念的「鉅作」。(P.249)

格拉茲
Graz

格拉茲是施泰爾馬克邦的首府，也是奧地利的第二大城，因為在舊城區擁有珍貴的中世紀建築群，在1999年被聯合國教科文組織(UNESCO)登錄為世界文化遺產，更在2003年當選為歐洲的文化之都。

　　格拉茲的地理位置在奧地利東南方，離首都維也納只有2.5小時車程，地處東歐與巴爾幹半島間交接處，孕育了豐富多元的文化色彩，西部接鄰阿爾卑斯山山腳，莫爾河(Mur)流經市中心，周圍盡是廣闊的綠地，素有「花園城市」之稱，加上3所大學裡超過5萬名學生，讓它同時是奧地利著名的大學城。

　　在格拉茲的石板路上漫步，除了可以欣賞精緻的建築、時尚的櫥窗，往來穿梭的格拉茲人所散發出的優雅風采，更讓這個藝術之都成為旅遊勝地。

INFO

基本資訊
人口：約27萬。　**面積**：127.6平方公里。

如何到達——航空
　　格拉茲機場(Flughafen Graz)位於市中心南方9公里處，由維也納到格拉茲，每天有數班國內定期航班，飛行時間約30分鐘；也有往返於德國法蘭克福、慕尼黑、柏林、瑞士蘇黎世、土耳其伊斯坦堡等地間的國際航班。
🔾Flughafenstr. 51, A-8073 Feldkirchen ✆ (0316)2902 172 🕸www.flughafen-graz.at
◎機場巴士

每30~60分鐘一班，約20分鐘就可抵達市中心，巴士沿途停靠站有Hauptbahnhof、Jakominplatz、Griesplatz。
💲單程票價€2.7
🕸verkehrsauskunft.verbundlinie.at

如何到達——火車
　　從維也納每天有密集的火車班次前往格拉茲，車程約2小時30分鐘，另外也可搭乘在Bruck an der Mur轉車的班車。薩爾斯堡每天有5班火車前往格拉茲，車程約4小時10分鐘；茵斯布魯克每天有3班火車前往格拉茲，車程約6小時15分鐘。

　　格拉茲中央車站位於城市的西邊1.7公里處，步行約需22分鐘可抵達市中心的郝普特廣場(Hauptplatz)，可搭乘1、3、6、7號電車前往。
🕸www.oebb.at

市區交通
　　市中心範圍不大，徒步就能輕鬆遊覽，也可以搭乘四通八達的電車(tram)，交通十分便利。電車車票可以在香煙攤、旅遊中心或電車大站的售票機購買，電車地圖可以在旅遊服務中心免費索取。
◎**格拉茲公共交通諮詢中心Mobil Zentral**
🔾Jakominisstrasse 1 ✆(050)67 89 10 🕐週一至週五8:00~18:00、週六9:00~13:00。 💲電車單程票€2.7 (1小時內無限次數搭乘)、24小時票€5.8。 🕸www.verbundlinie.at/en

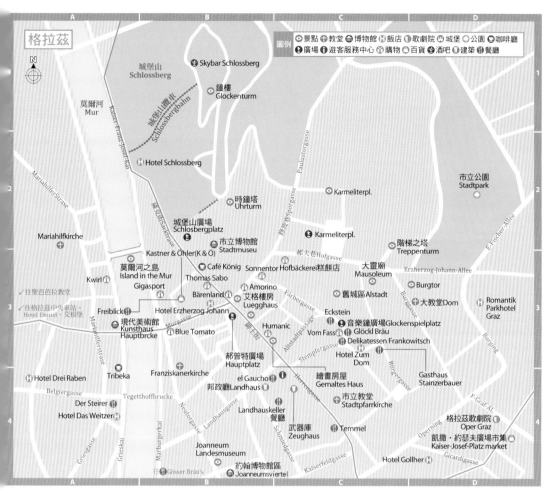

格拉茲

N
Mariahiller-Strasse

圖例：◎景點 ✝教堂 🏛博物館 🏨飯店 🎭歌劇院 🏰城堡 🌳公園 ☕咖啡廳 □廣場 ℹ遊客服務中心 🛍購物 🏬百貨 🍷酒吧 🏛建築 🍴餐廳

☕ Skybar Schlossberg

城堡山
Schlossberg

莫爾河
Mur

城堡山纜車
Schlossbergbahn
Kaiser-Franz-Josef-Kai

鐘樓
Glockenturm

🏨 Hotel Schlossberg

Karmeliterpl.

市立公園
Stadtpark

時鐘塔
Uhrturm

城堡山廣場
Schlosbergplatz

Karmeliterpl.

Mariahilfkirche

莫爾河之島
Island in the Mur
Gigasport

市立博物館
Stadtmuseu

階梯之塔
Treppenturm

Kastner & Öhler(K&Ö)

邦夫巷Hofgasse

Kwirl

☕ Café König
Thomas Sabo

Sonnentor Hofbäckerei糕餅店

大靈廟
Mausoleum

Burgtor

往聖芭芭拉教堂

往格拉茲中央車站、
Hotel Daniel、艾根堡

Freiblick

Amorino
艾格樓房
Lueghaus

舊城區Alstadt

大教堂Dom

Romantik
Parkhotel
Graz

Hotel Erzherzog Johann

Bärenland

Humanic

Eckstein

音樂鐘廣場Glockenspielplatz
Glöckl Bräu

Vom Fass

現代美術館
Kunsthaus
Hauptbrcke

🍴 Blue Tomato

Delikatessen Frankowitsch

Hotel Zum
Dom

Gasthaus
Stainzerbauer

Tribeka

Franziskanerkirche

郝普特廣場
Hauptplatz

el Gaucho
邦政廳Landhaus

繪畫房屋
Gemaltes Haus

市立教堂
Stadtpfarrkirche

Hotel Drei Raben

Belgiergasse

Tegetthoffbrucke

Landhauskeller
餐廳

格拉茲歌劇院
Oper Graz

Der Steirer
Hotel Das Weitzer

武器庫
Zeughaus

Temmel

凱撒·約瑟夫廣場市集
Kaiser-Josef-Platz market

Joanneum
Landesmuseum

往Gösser Bräu

約翰博物館區
Joanneumsviertel

Hotel Gollher

施泰爾馬克邦：**格**拉茲 Graz

優惠票券

◎Joanneum 24-hour & 48-hour ticket

　　約翰大公(Archduke Johann)在格拉茲設立了Joanneum基金會，只要在購票時開始的24或48小時內，都可以盡情參觀所有隸屬在Universalmuseum Joanneum下的博物館，包含武器庫、現代美術館、Museum im Palais、艾根堡等，是參觀格拉茲博物館時的省錢好幫手。

💲24小時卡成人€17、26歲以下學生€7、19歲以下免費，48小時卡成人€22、27歲以下學生€9、19歲以下免費。

🌐www.museum-joanneum.at

旅遊諮詢

◎格拉茲旅遊服務中心

🏠Herrengasse 16　🕐週一至週日10:00~17:00
📞(0316) 8075-0　🌐www.graztourismus.at

城市概略City Guideline

　　格拉茲中央車站位在舊城區以西約2公里處，主要利用路面電車進入舊城區。格拉茲的主要觀光景點都位於舊城區內，以最熱鬧的郝普特廣場為中心向外延伸，幾乎所有的旅館、餐廳和商店都錯落於此區中，因此以步行方式就能解決生活所需。

舊城區 Altstadt

`MAP ▶ P.231B3`

郝普特廣場
Hauptplatz
漫步舊城區的最佳起點

🚋 從中央車站搭乘3、6等號電車,約8分鐘可達。

掃地圖

　　廣場正面對著市政廳(Rathaus),是格拉茲最熱鬧的中心,也是電車與公車匯集的大站,廣場中的攤販賣著熱狗、新鮮蔬果及紀念品。這裡是徒步遊覽舊城區最理想的起點,往南是最熱鬧的紳士街(Herrengasse),往北是充滿義大利風情的薩克街(Sackstrasse),往東走就是修波巷(Sporgasse),各種商店林立,其中不乏風格特異的個性小店。

　　佇立在郝普特廣場旁的市政廳規模宏偉,建築正面的四座雕像分別代表藝術、科學、貿易與技藝,原始雕像已經被移置他處,現為複製品。廣場正中央是約翰大公噴泉,紀念對於格拉茲貢獻卓著的約翰大公(Archduke Johann),生於義大利佛羅倫斯的他娶了郵差的女兒,是格拉茲有史以來最受愛戴的君王。噴泉四周圍繞著四座女性雕像,分別代表著君國統治時期流經施泰爾馬克的4條主要河流——莫爾河(Mur)、艾恩斯河(Enns)、德勞河(Drau)、讓河(Sann),1918年後,僅剩前兩條河流還在施泰爾馬克邦境內。

繪畫房屋 Gemaltes Haus

🚶 從郝普特廣場步行前往,約1分鐘可達。　🏠Herrengasse 3

　　繪畫房屋是紳士街上最顯著的建築物,也是格拉茲唯一的繪畫房屋。這棟建築曾經是Archduck家族在1450年皇宮(Burg)蓋好前的居所,在17世紀曾經翻修過。房屋正面的牆上全部繪滿了壁畫,最早的壁畫繪於1742年,後來大靈廟的建築師多蒙尼可‧德‧阿里歐(Domenico dell'Allio)以原創性的裝飾壁畫取代了舊有的歷史壁畫。

艾格樓房 Luegg-Haus

🚶 從郝普特廣場步行前往,約1分鐘可達。　🏠位於修波巷(Sporgasse)和紳士街(Herrengasse)交接的轉角。

　　這棟外牆鮮明的巴洛克式建築,是格拉茲最古老的藥房,建於1535年,外觀是17世紀重新翻修之後的面貌。艾格樓房的德語發音為「Ums Eck Lugen」,意即凝視中的街角,這裡也真的是眾多遊人佇足欣賞的焦點。整棟樓房除了有保存良好的拱形穿廊、斜屋頂,最特別的是它以灰泥作成的牆面裝飾圖案,既華麗且繁複,為17世紀所留下的美麗作品。

舊城區Altstadt

MAP ▶ P.231B3C4

紳士街

MOOK Choice

Herrengasse

格拉茲舊城最大購物街

🚶 從中央車站搭乘電車3、6號，約8分鐘可達。

掃地圖

　　紳士街連接郝普特廣場與同為交通要塞的Jakominiplatz廣場，為格拉茲最寬敞美麗的巴洛克風格大道，兩側商店與復古建築櫛比鱗次，是格拉茲的主要購物大街。旅遊服務中心及許多知名品牌、餐廳都坐落在這條街道上，沙赫咖啡廳與施華洛世奇商店也在其中，鞋包、家飾、珠寶、美妝應有盡有。街道上有著穿梭其間的路面電車與川流不息的遊逛人潮，春秋之間天氣晴朗時，徒步區更會擺上許多露天座椅供顧客邊享受陽光邊享用餐點，愜意的生活步調與街景一同構築成優美的歐風景色。

舊城區Altstadt

MAP ▶ P.231B3C2

修波巷

MOOK Choice

Sporgasse

多間冰店互別苗頭的熱鬧街道

🚶 從郝普特廣場步行前往，約1分鐘可達。

掃地圖

　　與Sackstrasse、紳士街交錯的修波巷是格拉茲最羅曼蒂克的一條街道，從紳士街彎進去之後，沿著斜坡往上走，路的兩旁矗立著優美建築群，有的立面裝飾著美麗花紋，像是28號及38號的房子；有的則是從拱門轉進去後，就可以發現別有洞天的庭院天井，像22號幽靜的庭院就是由莫爾河的石頭所砌成的。

　　抬頭往上瞧，有著優雅入口的25號樓房Palais Saurea上可發現小巧的土耳其士兵，在窗簷下倒立著揮舞手中的劍，為優雅的格拉茲街頭增添些許趣味。

施泰爾馬克邦⋯⋯ **格** 拉茲 Graz

MAP ▶ P.231C4

武器庫

MOOK Choice

Landeszeughaus Graz

抵禦外侮侵略的軍事倉庫

🎵 從郝普特廣場步行前往，約2分鐘可達。 🏠Herrengasse 16 ☎(0316)8017 9810 ⏰11月~3月底只開放導覽行程（英語導覽為12:30），4月~10月週二~週日10:00~18:00；週一休。 💲成人€11、26歲以下學生與6歲以上孩童€4.5、6歲以下免費；導覽行程另加€3。 🌐www.museum-joanneum.at

建於1624~1644年的武器庫，原本是為了抵禦土耳其侵略而建的大型軍事倉庫，在18世紀土耳其人的威脅消失後，就成為存放中古武器的最佳場所。這裡也是世界規模最大、保存最好的中世紀武器庫，收藏了超過3萬件中古時期武器，從甲冑、槍砲、長矛到戰馬盔甲等，一應俱全。這些裝飾華美、高品質的武器已經成為當初防敵禦侮的歷史活教材，甚至還有專為女性設計的盔甲，外觀如同中世紀婦女的衣著，寬大裙甲上綴滿精緻雕花。

5層樓高的武器庫位於格拉茲旅遊中心隔壁，為了將收藏品運上樓，這棟建築物採用大型的窗戶以便運送每件近50公斤的甲冑至館內。如果想更瞭解每件武器的用途和背景，建議可參加導覽行程，會聽到更多有趣的故事。

邦政廳

Landhaus

奧地利最美的文藝復興建築

🚶 從郝普特廣場步行前往，約2分鐘可達。 🏠 Herrengasse16 ☎(0316)877 63 09

　　這座3層樓高的義大利文藝復興式建築，建於1557~1565年，由軍事建築師多蒙尼可・德・阿里歐(Domenico dell'Allio)所建造，有「奧地利最優美的文藝復興建築」之稱，現在是施泰爾馬克邦議會開會的所在地。明亮的黃色牆面、綴滿花卉的半圓形拱廊窗戶及灑滿陽光的穿廊，庭院西北邊有座禮拜堂，廣場中間還有一口古老的水井，以青銅鑄成的欄杆上裝飾著精美手工雕花，夏日時這裡會擺滿了咖啡座椅，是露天音樂會和歌劇表演的最佳場所。

掃地圖

格拉茲歷史

　　1278年，哈布斯王朝的魯道夫一世擊退波西米亞，將屬於波西米亞的格拉茲收入版圖，同時也取得維也納及林茲等地。1377年，哈布斯王朝的利奧波多王朝(Leopoldine)居住在此地。1440年，施泰爾馬克邦的斐德列三世(Frederick III)在格拉茲興建居所，並在1452年加冕為神聖羅馬帝國的皇帝，格拉茲自此成為帝國城市，皇宮(Burg)和大教堂(Graz Cathedral)就在此時期完成。

　　為了抵禦土耳其的入侵，從13世紀開始就建築了眾多碉堡。1543年由斐德列一世(Frederick I)下令製造的武器庫，完成於義大利建築師多蒙尼可・德・阿里歐(Domenico dell'Allio)之手。

MOOK Choice

音樂鐘廣場

Glockenspielplatz

定時輕歌漫舞的可愛鐘樓

🚶 從郝普特廣場步行前往，約3分鐘可達。 🏠 Glockenspielplatz 4 ⓦwww.glockenspielhaus.at/start.html#

　　位於音樂鐘廣場中的這棟可愛房子，除了建築物的立面有金黃色壁畫外，最迷人的時刻為每天11:00、15:00及18:00，每當時間一到，這座建於1903~1905年的時鐘就會自動打開兩扇門，同時出現一對穿著傳統服飾的男女，隨著音樂的旋律翩翩起舞。

　　音樂鐘廣場的周圍為小酒館和餐館的集中地，是格拉茲夜生活的重鎮。而音樂鐘下方的這棟建築物則是生意興隆的啤酒屋，4層樓高的建築每到晚上就賓客滿座，提供物美價廉的奧地利傳統菜餚，以及好滋味的大杯啤酒。

掃地圖

施泰爾馬克邦‥‥**格**拉茲 Graz

大靈廟

Mausoleum

精緻雕刻與壁畫相伴的皇室陵墓

🚶 從郝普特廣場步行前往，約7～8分鐘可達。
🏛 Burggasse 3　☎(0316)82 16 83　🕐9:00~17:00；週一休。　💲成人€6、學生及兒童€2。　🌐www.domgraz.at

掃地圖

　這座寺廟是為了紀念菲德列二世(Frederick II)所建造，因為藉由巴洛克晚期的建築形式來表達羅馬建築的風格，被譽為「格拉茲的王冠」。

　1614年，菲德列二世請來宮廷建築師Giovanni Pietro de Pomis為他設計陵墓，但是建築師還來不及完工就過世了，在1633年由另一位義大利建築師皮耶托‧伐尼格(Pietro Valnegro)接手，終於在1636年完成外觀；內部裝飾則到了1687年才完成。一進門前方的壁畫及祭壇是格拉茲的巴洛克大師璜‧貝納德‧費雪(Johann Bernhard Fischer von Erlach)的作品，精細的雕刻和壁畫充滿寧靜詳和的氣氛；入口上方的壁畫描繪的是1683年對抗土耳其人的史事；面對祭壇右手邊的圓拱房間裡則是菲德列二世母親的陵墓，以木頭材質仿作的紅色大理石圓柱，其紋路和質感幾可亂真。在墓室裡可以見到菲德列二世和他第一任妻子的大理石墓，以及存放菲德列二世及其家族心臟的神龕。

大教堂

Dom

保存珍貴歷史藝術作品的教堂

掃地圖

🚶 從郝普特廣場步行前往，約6~8分鐘可達。
🏛 Burggasse 3
☎(0316)82 16 83　🕐週一、三~五7:00~18:00，週二11:00~18:00，週六7:00~16:00，週日13:00~16:00(洗禮或婚禮時不對外開放)。　💲免費。　🌐www.domgraz.at

　大教堂是腓特烈三世(Frederick III)所建的教區教堂兼自住居所，1438年著手建造時採用的是晚哥德式風格，17~18世紀間則以巴洛克風格修建，於1786年成為主教教堂。現在教堂外觀看來十分樸素，過去牆面上其實畫滿壁畫，但隨著時間流逝，現在只剩南面外牆上名為《上帝降災》(Gottesplagenbild)的壁畫保存下來，它描述了格拉茲於1480年遭遇的災難與恐懼：土耳其人入侵、蝗災與黑死病，當時這些苦難被視為是上帝對他們的懲罰，因此就有了這個畫作的誕生，以乞求上帝的寬恕與和解。

　教堂裏哥德式建築與巴洛克式裝飾和諧地融合，並且留存了許多珍貴的作品，像是Georg Kraxner設計的祭壇、只在週四至週五13:00~13:30開放參觀的Conrad Laib《Kreuzigung im Gedräng》(耶穌受難)畫作、聖壇入口左右側的兩個聖骨匣等。其他包括講壇、長椅、管風琴等，都反映出當時的藝術與技術水平，氣氛肅穆安詳，內部相當華麗優雅，值得慢慢欣賞。

舊城區外圍Outer Altstadt

MAP ▶ P.231C3

階梯之塔

Treppenturm

交纏蜿蜒直上的哥德式雙樓梯

掃地圖

🚶從郝普特廣場步行前往，約7~8分鐘可達。 📍Hofgasse 15

　　皇宮(Burg)建於1437~1453年，在斐德列三世(Friedrich III)成為神聖羅馬帝國的皇帝後所建，牆面上可以見到斐德列三世留下的「AEIOU」刻痕，目前最可信的解讀為取自於「Alles Erdreich ist Österreich untertan」這句話、每個字的第一個字母，意思是「全世界服從奧地利」。

　　歷經多次戰亂，目前皇宮僅存1499年由菲德列三世的兒子麥克西米里安(Maximilian I)下令所建的雙螺旋梯。這座由當代藝匠巧手打造的哥德式雙樓梯，以交纏的方式蜿蜒直上，不論走哪一邊都可以到達塔頂，當陽光從窗外穿透映照在砂岩作的樓梯上，閃爍著動人的黃金色。

舊城區外圍Outer Altstadt

MAP ▶ P.231D4

格拉茲歌劇院

Oper Graz

大型藝文表演場所

©Graz Tourismus/ Harry Schiffer

📍從郝普特廣場步行前往，約10~12分鐘可達。 📍Kaiser-Josef-Platz 10 ☎(0316) 8008 💲依表演內容而異。 🌐www.oper-graz.com

掃地圖

　　外觀潔白的格拉茲歌劇院規模為奧地利第二大，1899年時Fellner與Helmer依造格拉茲建築師Johann Bernhard Fischer von Erlach的風格所打造，是為新巴洛克式。但格拉茲歌劇院在第二次世界大戰時遭到炸彈損毀，整修過後外觀已不如從前華麗，所幸，裡頭豪華的大階梯、演藝廳、巴洛克風格屋頂畫等皆復原成原始的風貌，依然可感受昔日風華。

光劍Lichtschwert

　　位在歌劇院前的公共藝術作品《光劍》造於1992年，是奧地利藝術家Hartmut Skerbisch最著名的創作之一，當時為了慶祝發現美洲500年所製作，歌劇院內上演了Roman Haubenstock-Ramati的歌劇《美洲》(Amerika)，Hartmut Skerbisch受改編自卡夫卡(Franz Kafka)小說的歌詞所觸動，因而誕生了這項創作。仿自由女神像製作的《光劍》外型簡化成鋼鐵筋骨，54公尺的高度與之亦同，手上拿的火炬與書本則換成了劍與星球，象徵著開放與包容，與古典的歌劇院形成有趣的對比。

舊城區外圍Outer Altstadt

MAP ▶ P.231A1~C2

城堡山

Schlossberg

登上木造時鐘塔欣賞城市風光

掃地圖

🚶 從郝普特廣場步行前往，約14分鐘可達山腳下。 🏠 纜車站：Kaiser Franz Josef Kai 38，電梯：Schlossbergplatz 🚡 纜車：(0316)887 3391 🕐 纜車週日~週三9:00~24:00、週四~週六9:00~凌晨2:00，電梯週一~週日8:30~凌晨0:30。 💲1小時券成人€2.7、15~18歲€1.6、6~14歲兒童€1.4(時間內可無限搭乘)；電梯：成人€1.9、兒童€1.4。 🌐 www.holding-graz.at/freizeit.html

格拉茲的名字來自斯洛維尼亞語的「Gradec」，指的是小城堡、堡壘，整座城市也是圍繞著城堡山所修建，這座建於10世紀中期的建築就位於城堡山上，1544年由義大利建築師Domenico dell'Allio擴建為大型的防禦堡壘，1809年遭拿破崙軍隊大肆破壞，格拉茲市民為了保存時鐘塔及鐘樓而付了大筆贖金，所以原本的堡壘現在只留下時鐘塔和鐘樓供遊人憑弔。

視野極佳的城堡山充滿著綠意，加上可以免費上山，所以這裡無分平假日都是野餐、約會、闔家出遊的好去處，在商店打烊的週日更顯熱鬧，不僅可賞景賞古蹟，山上更開設了多間餐廳與咖啡廳。另外還有運用第二次世界大戰打造的地下通道空間規劃的表演場所「Dom in Burg」，以及世界第二長的溜滑梯，推薦可在此停留半天，享受一下悠閒時光。

城堡山倉庫舞台
Schlossbergbühne
Kasematten

這裡原本用於放置武器或是做為俘虜的休息空間，在1809年遭拿破崙的軍隊摧毀後，於1937年搖身一變成為城堡山上最具情調的表演場所，每年都會有音樂、戲劇表演在此上演。開放式的寬敞空間，設有電動遮雨棚與專業的音響設備，750平方公尺的表演空間可容納1310名觀眾，尤其在活動最多的夏季，可見到爵士、古典、流行樂等豐富表演在此輪番上演，相當有夏日風情。

黑克獅像
Hackher-Löwe

這座獅子銅像是為了紀念大法蘭茲•黑克(Major Franz Hackher)所打造。1809年拿破崙率3千大軍進犯，長期的侵襲都是由他領導軍隊對抗(據說只有17個官員與896個兵力)，雖然最後城堡還是被攻破，但因讓拿破崙攻不破，所以英名遠播。為了感念大法蘭茲•黑克的英勇奮戰，卻因無法得知他的面貌所以最後造了這個獅像以紀念他。原本的銅像在二戰時贈予希特勒而遭到熔解，現在的獅子則是在1965年經Wilhelm Gosser複製重造而成。

時鐘塔Uhrturm

鐘面直徑超過5公尺、塔高28公尺的木造時鐘塔是格拉茲最顯著的地標，從市區各個角度都可看到它。塔樓在13世紀原作為軍事用途，1712年加上了時鐘而有了報時功能，到了1948年成為電動時鐘，最特別處在於它的時針是長的，分針是短的，這是因為當初設計時只有時針，分針是後來才加上去的。

鐘樓Glockenturm

34公尺高的鐘樓建於1588年，由查理二世大公(Archduke Charles II)下令打造，裡面的大鐘「Liesl」是格拉茲最有名、同時也是施泰爾馬克第3大的鐘，直徑197公分、重達4,633公斤。Liesl每天到7:00、12:00及19:00時就會敲101下，據傳這是因為它是由相同數量的土耳其軍砲彈鑄造而成，才會衍生出這項傳統。

城堡山纜車及電梯 Schlossbergbahn & Schlossberglift

纜車搭乘處位在Kaiser Franz Josef Kai街道上，從市中心走到城堡山廣場後再繼續往前走約1~2分鐘即可抵達。城堡山纜車的前身最早出現於1528年，當時用於運送建築堡壘的建材，1595年退役後，直到1893年才建造了現在的纜車，並於隔年對外開放。纜車行駛時間約3分鐘，最大爬坡度為60%，上下山時可將城市景色盡收眼底，而紅色的車身加上兩側的綠意顏色對比相當顯眼，非常值得一搭。

相較於歷史悠久的纜車，由建築師Reiner Schmid設計的透明玻璃電梯於2000年啟用，其最大的特色，就是經過第二次世界大戰時的隧道、30秒就可以直達山頂，一出來即可看到時鐘塔。

城堡山滑梯The Slide Graz

好不容易爬上城堡山，格拉茲現在新添了比搭電梯還要快速的下山方式，就是乾脆坐溜滑梯一路飆滑下山！城堡山滑梯長175公尺，是全世界最長的通道滑梯，以及第二長的溜滑梯。雙腳套上布袋後，在工作人員指示下向後一躺，旋即以25~30公里的時速，從將近32層樓的高度滑到山腳，大約40秒的時間內心跳指數破表，雖然刺激到冷汗狂冒，但還是忍不住想再玩一次。

🕙10:00~19:00 💲含到城堡山頂電梯，成人€8、兒童€7.5；含到城堡山入口電梯，成人€7.4、兒童€7.1 ⓤwww.schlossbergrutsche.at

©Graz Tourismus-Harry Schiffer

水槽Zisterne

經1554~1558年4年時間完成的水槽，同樣出自Domenico dell'Allio的設計，為了預防圍城時水源不足，因此下挖94公尺以引入莫爾河的地下水，共有5個井道，每個裡頭的儲水槽直徑達3.6公尺，蓄水量為90萬公升，現在則為防火用儲水。

`MAP ▶ P.231A3`

莫爾河之島

MOOK Choice

Murinsel

充滿設計感與趣味的藝術建築

掃地圖

🚶從郝普特廣場步行前往,約7~8分鐘可達。 ⛰位於莫爾河上,靠近城堡山廣場旁的橋邊。 ☎(0316)82 26 60 ⏬咖啡廳每日10:00~20:00;商店週二至週五10:00~18:00,週六、日及假日11:00~17:00。 🔗murinselgraz.at/en

格拉茲市區一棟充滿設計感與趣味的建築物,蓋在莫爾河(Mur)上,這座浮島以許多銀色管子組成,由美國紐約設計師米托‧艾肯西(Vito Acconci)所設計,為了迎接格拉茲成為歐洲文化之都而建。

外型酷炫的島不但會隨著水位上下浮動,人們更可以藉由連接通道前往莫爾河的兩岸,戶外的露天劇場則提供了表演場所,外圍的銀色管子設計成可供小孩攀爬的遊戲場,白天是咖啡館、晚上是酒館與餐廳。浮島上的咖啡館以藍和銀白為主要色調,有高腳椅也有舒適沙發,可以容納約300人。

洗手間是個銀白色宛如太空艙的圓柱體,連門把都設計得一體成型,在排隊等候時會發現一個奇特現象,就是進入洗手間的每個人都在找燈的開關卻遍尋不著,等到眼睛習慣室內幽暗後,才恍然明白這是設計師的創意,在圓柱體的內部頂端只有幾盞圓點般的微弱燈光,經由鏡子的反射,仿如在星空下上廁所,既神秘又有趣。

`MAP ▶ P.231B4`

約翰博物館區

Joanneumsviertel

藝文與設計的新基地

掃地圖

🚶從郝普特廣場步行前往,約6分鐘可達。 ⛰Joanneumsviertel ☎(0316)8017 9100 ⏬週二~週六10:00~18:00,週一休。 💲新藝廊、自然歷史博物館票價個別為成人€11、26歲以下學生和6歲以上孩童€4.5、6歲以下免費。科學技術中心免費參觀。 🔗www.museum-joanneum.at

新開幕的美術館區位在舊城區外圍,結合展示當代藝術的新藝廊(Neue Galerie Graz)、自然歷史博物館(Natural History Museum) 以及科學技術中心(CoSA)和圖書館等設施,是格拉茲當代文化的展示與發信地。園區由西班牙與奧地利的設計工作室共同打造,從高空俯瞰,有如一連串的圓形洞穴,聯繫起場館、公共區域以及咖啡店等空間,遊客沿著漏斗的階梯拾級而下,才能從地下室的服務台前往各場館。獨創設計與多元化的館內展示,可以看見格拉斯的設計力量。

舊城區外圍Outer Altstadt

MAP ▶ P.231A3

現代美術館

Kunsthaus Graz

太空怪獸般的藍色扭曲建築

🚶 從郝普特廣場步行前往，約4~5分鐘可達。　🏠 Lendkai 1
📞 (0316)8017 9200　🕐 週二~週六10:00~18:00；週一休。
💰 成人€11、26歲以下學生和6歲以上孩童€4.5、6歲以下免費。　🌐 www.museum-joanneum.at

掃地圖

　　格拉茲當選為2003年歐洲文化之都後，在城裡興建了6座特別的建築物，其中以現代美術館及莫爾河之島最受矚目，是結合了藝術之美與公眾空間的代表作。現代美術館寶藍色的外觀在舊城區的紅屋頂中顯得格外醒目，由英國建築師彼特‧庫克(Peter Cook)與克林‧佛奈爾(Colin Fournier)合力設計，長60公尺、高16公尺，被當地人暱稱為「友善的外星人」。有如太空怪獸般的藍色扭曲外殼，再向外伸展出如外星人般的觸角，這個充滿未來主義風格的建築物，是由一片片藍色的塑膠玻璃拼接而成。館內除了不定期展出各種現代藝術，也有明亮的咖啡館提供歇腳，並販售充滿設計感的禮品及現代藝術相關書籍。

格拉茲近郊Outskirts of Graz

MAP ▶ P.231A3

艾根堡

MOOK Choice

Schloss Eggenberg

遊心十足的宇宙城堡

🚶 從格拉茲中央火車站搭乘路面電車1號，約15分鐘可達Eggenberg站，下車後往回走到下個路口，再左轉進入。　🏠 Eggenberger Allee 90　📞 (0316) 8017 9532　🕐 國事廳限導覽參觀，4~10月週二至週日10:00、11:00、12:00、14:00、15:00及16:00；庭園4~10月每天8:00~19:00；11~3月每天8:00~17:00；舊美術館、考古博物館與貨幣館4~10月週三至週日10:00~17:00，限隨導覽參觀，需預約。　💰 國事廳成人€17、26歲以下學生€7、6歲以下免費；庭園成人€2、27歲以下學生€1、6歲以下免費。　🌐 www.museum-joanneum.at

掃地圖

　　與舊城區在相反方向的艾根堡，於2010年8月1日登錄為世界遺產，納入格拉茲歷史文化的項目之中。Hans Ulrich von Eggenberg在1625年時為自己建造的巴洛克式城堡，運用宇宙天文為設計主題，4座塔、每層31個房間、24間大廳共有52扇門、365道窗戶…在在象徵了一年的四季、星期、天數、小時與分鐘。宮內最著名的景點為地球廳(Planetensaal)，是所有大廳的起點與終點，廳內環繞裝飾的油畫為Hans Adam Weissenkircher的作品，代表著四大元素、黃道十二宮與7個古典行星。另外，Beletage大廳、Spielzimmer廳以及一旁的舊美術館等也相當引人入勝；有興趣的話也可以一訪此處的庭園，春天花卉競艷、秋天樹葉轉成浪漫金黃，四季呈現全然不同的風采，還可見到孔雀悠閒地漫步其間。

格拉茲近郊Outskirts of Graz

MAP ▶ P.231A3

聖芭芭拉教堂

MOOK Choice

St. Barbarakirche

顛覆教堂印象的百水創作

🚃 由格拉茲中央火車站搭乘GKB民營火車，約50分鐘可達貝恩巴赫，抵達小鎮的火車站後，沿著車子的主要道路右轉，會通過一座鐵道上的橋，往北方步行前進約20分鐘，到Piberstrasse左轉，再直走約3分鐘可達。 📍Piberstraße 15, 8572 Bärnbach ☎(03142) 62 581 🕐8:00~18:00，禮拜或婚禮慶典時不開放參觀。 💲參加導覽成人€3、兒童€1.5，沒參加導覽則自由捐獻。 🌐baernbach.graz-seckau.at

掃地圖

　　距離格拉茲約1個小時車程的小鎮貝恩巴赫(Bärnbach)，除了盛產玻璃工藝品，還有一座全世界最可愛的聖芭芭拉教堂，這可是奧地利藝術頑童百水(Hundertwasser)的傑作。

　　這座被毀於二次大戰的教堂，經由鎮民投票通過讓百水來設計，1987年開始興建，1988年在百水的巧思下蛻變出新面貌，建築物的裡裡外外完全顛覆了一般教堂中規中矩的樣子。百水在教堂裡大量運用了他慣用的建築元素，如以色彩繽紛的大小圓球作成的圓柱，或是充滿童心的裝飾；不規則又彎曲的紅屋頂上畫了大小不同的綠

點點；教堂的鐘樓放上了「開始」和「結束」的符號，看起來像個開懷笑臉，旁邊還以磁磚拼貼出他最愛的船與船錨，百水代表性的柱子和窗戶更是處處可見。

　　整座教堂連十字架都以大膽的風格呈現，以綠黃白磁磚拼貼的光芒簇擁著十字架上的耶穌，讓教堂呈現出特殊的風情，連兩側的壁畫都是百水先生的作品，純真又童稚的筆觸，訴說的是聖經的故事。其中有一幅以彩色瓷磚拼貼而成的窗戶，從外面看有如盛開的花朵，走入教堂之內，發現窗戶的另一面更令人讚嘆：光線透著彩繪玻璃映照在十字架上，讓人有了信仰上帝的衝動。

　　教堂旁的小公園環繞著12道拱門，每道門以象徵性的圖騰來代表全世界主要的宗教信仰或文化，如伊斯蘭教、基督教等，其中一扇稱為「Ur-gate」的門，百水用3顆圓石來表達史前時代的信仰，另一扇沒有任何圖案的門，則代表著「無信仰」。

Where to Eat in Graz
吃在格拉茲

舊城區Altstadt

MAP ▶ P.231B3 **Café König**

從邦普特廣場步行前往，約2分鐘可達。 Sackstraße 14 (0316) 83 03 26 週一～週五7:00~19:30、週六7:00~18:30；週日休。 www.cafe-koenig.at

掃地圖

厚實的絨布座椅與大理石桌，鏡子、水晶燈和木雕飾板裝飾牆面，玻璃櫃內放滿甜點，一旁飄出令人迷醉的咖啡香…藏身在鬧區街角的老派咖啡館，彷彿把時空塵封在店門後，踏進店裡，感受到和品味到的都是百年前的奧國風情。Café König的歷史可以追溯到1918年，後來幾經傳承，成為結合道地奧地利咖啡與烘焙糕點的人氣店面。店主對咖啡特別講究，在一般咖啡外還推出加了蛋酒和鮮奶油的荷式咖啡，以及加入蘭姆酒的古巴咖啡，搭配店家自製奶油甜點，完美了午後時光。

舊城區Altstadt

MAP ▶ P.231C3 **Gasthaus Stainzerbauer**

從邦普特廣場步行前往，約5分鐘可達。 Bürgergasse 4 (0316) 82 11 06 週一至週日11:00~23:00。 www.stainzerbauer.at

施泰爾馬克邦盛產南瓜和各種蔬果，南瓜裡面的南瓜子(pumpkinseed)是沒有外殼的，所以可以榨成南瓜子油，不僅營養豐富、不含膽固醇，口感也十分香醇，成為當地烹調食物的特色之一。

這家餐廳最著名的就是以南瓜子油製成各種料理，像是牛肉捲，就是先將切成薄片的牛肉烤得半熟、放涼後，加上起司醬、南瓜子碎片，再淋上一點南瓜子油，

掃地圖

然後捲起來，最後再和沙拉、油醋一起入盤，就是香味獨特的鄉野料理。同時，南瓜湯味道非常道地，充滿了濃郁奶油味，以洋蔥和白酒連同南瓜一起熬煮多時，最後加上南瓜子油並灑上南瓜子碎片，濃稠的湯汁令人吮指回味。

舊城區Altstadt

MAP ▶ P.231C4 **Landhauskeller**

從邦普特廣場步行前往，約2分鐘可達。 Schmiedgasse 9 (0316) 83 02 76 週一～三12:00~凌晨1:00、週四～六12:00~凌晨2:00；週日休。 www.landhaus-keller.at

邦政廳廣場旁的這家餐廳是格拉茲人最愛的宴客場所之一，建於1596年的老房子不僅有邦政廳美麗的窗外風景陪襯，以木頭裝潢營造的溫馨氛圍，從1889年開始提供道地風味的傳統菜餚。

這裡的匈牙利水煮牛肉上菜的方式十分道地，侍者先在餐桌旁端上小桌子，然後將熱鍋裡的厚片牛肉塊撈出、淋上湯汁，並放上馬鈴薯和蔬菜等配料，品嘗的時候，在悶煮得熟爛的肉塊上抹上蘋果辣根做成的醬泥，再加上一點酸菜，肉的甜味中帶著些許芥末的辛辣，難怪深得奧匈帝國皇帝的歡心。

甜點份量更是豐富，正中間擺上金棗、奇異果、柳橙等水果片，再放上一大球加了巧克力片的巧克力慕斯，

掃地圖

一塊灑滿葡萄乾及糖霜的蛋糕，紅色透明果凍般的櫻桃蛋糕和綿密奶油慕斯，沾著彷如藝術作品的淋醬入口，酸甜中帶著大大的滿足。

舊城區Altstadt

MAP ▶ P.231C3 **Delikatessen Frankowitsch**

從邦普特廣場步行前往，約3分鐘可達。 Stempfergasse 2-4 (0316) 82 22 12 週一至週8:00~19:00、週9:00~18:00；週日休。 www.frankowitsch.at

掃地圖

受當地人與遊客喜愛的熟食店，店內可分為兩個區

域：其一為商品區，販售的是各式果醬、火腿、沙拉、醃菜、酒類、巧克力等；另一側則是餐點區，擺放著口味多樣的開口三明治與麵包、蛋糕。室內設有座位區，室外也提供座位及站位，小份量的餐點與平實的價格，若在遊逛時感到些許飢餓或是感到嘴饞，相當適合前來造訪，感受一下當地不同的用餐情調。

MAP ▶ P.231C4 **Temmel**

掃地圖

🌐 從郝普特廣場步行前往，約4分鐘可達。 🏠Herrengasse 28 ☎(0316) 82 95 62 ⏰夏季9:00~22:00。 🌐 temmel.com

　　格拉茲品牌Temmel是當地歷史最悠久的糕點店之一，除了開設了多間咖啡廳外，其販售的冰淇淋也相當受到喜愛，約有15間分店，是許多當地人心中最棒的冰淇淋店，每日使用天然原料新鮮製作，每一口都能嘗到濃濃的美味與用心。

MAP ▶ P.231B3 **Freiblick**

掃地圖

🌐 從郝普特廣場步行前往，約3分鐘可達。 🏠Sackstraße 7-13(Kastner & Öhler 6F) ☎(0316) 83 53 02 ⏰週一至週五9:30~19:00、週六9:30~18:00(廚房9:30~16:30)；週日休。 🌐freiblick.co.at

　　Freiblick位在百貨公司Kastner & Öhler的頂樓，是舊城區內俯視城市景色的最佳據點，餐廳提供的餐點，從早上的早餐、中午單點到下午茶甜點與飲料等應有盡有，室內用餐區明亮潔淨，天氣好的時候也會開放室外露台區。

MAP ▶ P.231B4 **El Gaucho**

🌐 從郝普特廣場步行前往，約2分鐘可達。 🏠 Landhausgasse 1 ☎(0316) 83 00 83 ⏰週一至週五17:00~24:00(廚房至23:00)，週六11:30~24:00、週日與假日11:30~22:00。 🌐 www.elgaucho.at/graz/home.html

　　獲得Gault Millau美食評鑑1頂廚師帽/13分評價的El Gaucho(其評鑑標準滿分為4頂廚師帽、20分)，提供的美食與店內的氣氛裝潢自然有一定的水準，餐廳由傳統拱頂建築改建而成，氣氛時尚中帶點復古懷舊，提供的牛排嚴選自阿根廷的小牛肉，經32天的乾式熟成(dry-aged)，保留牛肉天然風味與多汁口感，並且能讓牛肉的肉質更加柔嫩，再搭配店家精心的調味，成就出格拉茲當地最美味的牛排，用餐時來上一杯美酒更是暢快。全店雖有超過150個座位，但因人氣鼎盛所以店內總

掃地圖

是有許多用餐的人，尤其在週末及假日時更是一位難求，建議可以提早預約，以免向隅。

MAP ▶ P.231C3 **Glöckl Bräu**

🌐 從郝普特廣場步行前往，約3~4分鐘可達。 🏠 Glockenspielplatz 2-3 ☎(0316) 81 47 81 ⏰旺季每日10:30~24:00；淡季週一至週六10:30~22:00，週日10:30~17:00。 🌐 www.gloecklbraeu.at

　　位在音樂鐘廣場上的Glöckl Bräu曾多次接受媒體採訪，是當地相當受歡迎的啤酒餐廳，店內空間寬廣得超過原本的想像，分多層多區的用餐空間，有著多個不同

掃地圖

的風格，加上室外的露天用餐區，共有約350個座位。點上一杯Glöckl Bräu的自釀啤酒再搭配肋排、炸雞等招牌菜，就是個暢快的用餐時光。

舊城區Altstadt

MAP ▶ P.231B4 **Gösser Bräu**

從郝普特廣場步行前往，約6分鐘可達。 ⓐNeutorgasse 48 ⓑ(0316) 82 99 09-0 ⓒ週四至週六11:00~24:00，週日至週三11:00~22:00。 ⓦwww.goesserbraeugraz.at

掃地圖

超過百年歷史的Gösser Bräu是當地啤酒愛好者的交流處，自家製的啤酒是必點招牌，使用上施爾泰邦的純淨水源釀製而成，10餘種口味選擇相當多元，包含占70%銷售的經典口味Märzen、添加檸檬汁的低酒精濃度NaturRadler、黑啤酒Stiftsbräu等，搭配的餐點包含當地自家製傳統料理與國際美食，室內與露天的啤酒花園加總起來共可容納650人，觥籌交錯的熱鬧氣氛讓人沉醉。

舊城區外圍Outer Altstadt

MAP ▶ P.231A4 **Der Steirer**

從郝普特廣場步行前往，約5分鐘可達。 ⓐBelgiergasse 1 ⓑ(0316) 70 36 54 ⓒ週一至週日11:00~24:00 ⓦwww.der-steirer.at ❶建議事先以電話或email預約。

掃地圖

Der Steirer有高級餐廳的優雅氛圍、親切服務，但價格卻相對地平實，是當地人大力推薦的餐廳之一，且獲得Gault Millau美食評鑑1頂廚師帽/13分的評價，是經過多方肯定的美食餐廳。Der Steirer提供的是最正統的傳統菜餚，從炸雞與南瓜子油沙拉，到steirische Tapas(小份量、多種口味的施泰爾馬克小菜)，每一道都是其招牌，店的一側還有附設商店，販售的是地產葡萄酒、香料、調味料等，其中也有當地知名的南瓜子油，對料理或品酒有興趣的推薦可進去逛逛。

舊城區外圍Outer Altstadt

MAP ▶ P.231B1 **Schlossberg Restaurant & Skybar**

從郝普特廣場步行前往，約14分鐘可達城堡山山腳，再搭乘纜車上山。 ⓐAm Schlossberg 7 ⓑ(0316) 84 00 00 ⓒ週一~週四14:00~24:00、週五14:00~02:00 週六11:00~02:00、週日11:00~24:00。 ⓦschlossberggraz.at/restaurant

19世紀時曾開設過餐廳的城堡山一隅，在百年後的今日成為現代化餐廳與酒吧的落角處，就位在纜車站附近。餐廳供應當地的特色料理，酒吧則酒精跟非酒精飲料都有，從室內可經由大片落地玻璃鳥瞰城市景色，而

掃地圖

從頂樓的露天酒吧，更可沐浴在陽光下一邊淺嘗冷飲或酒品，一邊感受格拉茲的悠閒，相當推薦前去一訪。

舊城區外圍Outer Altstadt

MAP ▶ P.231A4 **Tribeka kaffee**

從郝普特廣場步行前往，約5分鐘可達。 ⓐGrieskai 2 ⓑ(0316) 25 86 35 ⓒ週一至週五7:00~20:00，週六、日8:00~20:00。 ⓦwww.tribeka.at

說到當地人最愛泡的咖啡廳，或是當地人覺得最好喝的咖啡，那就非tribeka莫屬。tribeka的名字取自trinken(喝)+besseren(更好的)+kaffee(咖啡)的頭字，

掃地圖

是Harry Fische於2003年所開設，目的就是要提供大家美味的咖啡，從尼加拉瓜直接進口的阿拉比卡咖啡豆，再由自己烘焙、沖泡而成，除了咖啡也提供多種飲品及輕食。到櫃檯點餐取餐後，可選擇室內用餐區或是外帶，最推薦坐在窗邊一邊啜飲咖啡，一邊觀察窗外來往的城市人群，相當愜意。

舊城區Altstadt

MAP ▶ P.231C3 **Hofbäckerei Edegger-Tax**

🎵 從郝普特廣場步行前往，約5分鐘可達。 🏠Hofgasse 6 📞(0316)83 02 30-0 ⏰週一至週五7:00~18:00，週六7:00~12:00。 💻www.hofbaeckerei.at

位於郝夫巷6號的糕餅店，是格拉茲歷史悠久的傳統行業。還未走進店裡，已經有100年歷史之久的木頭門面在街頭散發著迷人的風采，裝飾華麗的雕刻

花紋展現了精細的手工。這家由皇宮麵包師傅艾德吉·塔克斯(Edegger-Tax)家族所開的烘焙店，1569年開始經營，現在一般人也可以品嘗到皇家專享的精緻糕餅。薄薄的杏仁餅乾，口感香脆，吃起來滿口芳香。

舊城區Altstadt

MAP ▶ P.231B3 **Kastner & Öhler**

🎵 從郝普特廣場步行前往，約3分鐘可達。 🏠Sackstraße 7-13 📞(0316) 870-0 ⏰週一至週五9:30~18:30，週六9:30~18:00；週日休。 💻www.kastner-oehler.at

1873年由Carl Kastner與Herman Öhler共同創辦的奧地利老牌連鎖百貨，1883年時將總部設置在格拉茲，就坐落在舊城區現存最古老的街道──薩克街(Sackstrasse)上。5層樓高、占地2萬平方公尺的百貨空間，是百餘年來幾經整建後所成的規模，復古典雅的外觀內是現代感十足的設計，玻璃天窗為室內帶來自然光源，讓人能舒適閒逛。館內除了可盡情逛街購物外，也相當推薦1樓的香檳酒吧與頂樓的露天陽台Skywalk，可近距離欣賞舊城區風采。

舊城區Altstadt

MAP ▶ P.231B3 **Bärenland**

🎵 從郝普特廣場步行前往，約2分鐘可達。 🏠Sackstraße 2 📞(0316) 82 26 62 ⏰週一至週六10:00~18:00；週日休。 💻www.baerenland.com

1999年創立的Bärenland，名字的意思為「熊的國度」，裡頭販售著一包包香甜Q彈的軟糖，小巧的店內羅列著超過100種水果軟糖，多變的造型與色彩相當吸引甜食愛好者。值得一提的是，這些繽紛的色彩不是以人工色素調色，而是添加了天然果汁為其著色，可以試吃後再選購。

舊城區Altstadt

MAP ▶ P.231C3 **Vom Fass**

🎵 從郝普特廣場步行前往，約3~4分鐘可達。 🏠Glockenspielplatz 7 📞(0316) 71 96 96 ⏰週一至週五9:30~18:00，週六9:30~17:00；週日休。 💻graz.vomfass.at

來自德國的Vom Fass創立於1994年，如同其名稱所示，這裡賣的就是計量販售的料理醋、橄欖油以及各種酒類，其產品從近20個國家精選而來。可選擇從100ml起跳的小容量回飯店後小酌，也可以挑個可愛的瓶子裝瓶帶回家，無論自用或是送禮都十分適合。

舊城區Altstadt

MAP ▶ P.231B3 **Sonnentor**

🚶 從郝普特廣場步行前往，約3~4分鐘可達。 🏠
Sporgasse 10 ☎(0316)83 79 91 🕐週一至週六
9:00~18:00；週日休。🌐www.sonnentor.com

　1988年創立於奧地利Waldviertel的有機品牌Sonnentor，其字面的意思為「太陽之門」，就是期許自己能像其座右銘「Sonnentror今天也為你昇起」一般，嚴加控管合作農家、製造商與員工素質，每天都為顧客注入品質保證的活力與健康。格拉茲的分店位置原本是查理大公所建的藥局，無論古今兩者皆是活用花草療癒的功效來提供產品，頗有傳承的味道。Sonnentror涉足的品項包括茶葉、香料、調味料、咖啡、保養品等，種類相當多元，在奧地利當地的有

機茶葉與香料市佔率高達50%，在德國亦占了25%的市占率，是竄起速度十分迅速的品牌。

舊城區Altstadt

MAP ▶ P.231B3 **Blue Tomato**

🚶 從郝普特廣場步行前往，約4分鐘可達。 🏠Murgasse
11 ☎(0316) 82 48 44 🕐週一到週四9:30~18:30，週五
9:30~19:00，週六9:30~18:00；週日休。🌐www.blue-tomato.com

　由滑雪學校開設的blue-tomato為滑雪與衝浪相關用品的專賣店，全店共有3個樓層，擺售的商品除了酷炫鮮豔的

雪板、衝浪板外，還有具流行感的全身行頭，除此之外，更有年輕人喜愛的街頭風格服飾、夏日海灘的輕便衣著等，想要穿得年輕活力，那就來這裡看看吧。

舊城區外圍Outer Altstadt

MAP ▶ P.231D4 **凱撒·約瑟夫廣場市集**
Kaiser Josef Markt

🚶 從郝普特廣場步行前往，約11分鐘可達。 🏠Kaiser Josef Platz 🕐週一至週六約6:00~13:00；週日休。

　位於凱撒·約瑟夫廣場(Kaiser Josef Platz)的傳統市集，旁邊就是電車和巴士站，這裡是貼近奧地利人日常生活的最佳去處。滿滿的攤位井然有序地分為熟食區和生食區，走訪其中，常會被眼前繽紛多樣的商品所吸引。鮮豔美麗的花朵與擺飾，新鮮的水果、蔬菜、各種臘肉、香腸、肉凍，以及數十種形狀及口味的麵包、起司，還有農家自行醃製生產的醬菜、水果酒及果醬，當然還有當地最著名的特產南瓜子油，也隨處可見。

舊城區外圍Outer Altstadt

MAP ▶ P.231A3 **Kwirl**

🚶 從郝普特廣場步行前往，約7~8分鐘可達。 🏠
Mariahilferstraße 11 ☎(0699) 108 14 882 🕐週一至週五10:00~13:00、15:00~17:00，週六10:00~13:00；週日休。🌐www.kwirl.at

　稍微遠離舊城區的Kwirl，全店從商品、陳列、銷售一氣呵成，全都以「永續設計」為理念發展而成，同時也成為相關設計的交流平台。店內不乏公平貿易商品與環

境保護理念的創作，就連合作品牌也以此基準來嚴加篩選，像是UASHMAMA的可洗紙袋、可生物分解的Zuperzozial餐具等，創意中飽含對環境的呵護。

H Where to Stay in Graz
住在格拉茲

舊城區外圍Outer Altstadt

MAP ▶ P.231A4 Hotel Das Weitzer

🚋 從中央車站搭乘電車1、3、6、7號，3站至Südtiroler Platz/Kunsthaus站下，再步行約3分鐘可達。從郝普特廣場步行前往，約5分鐘可達。 📍Grieskai 12-16 📞(0316)70 34 00 🌐www.hotelweitzer.com

　由Wieitzer家族經營的四星級飯店，於2010年邁入百年。位在莫爾河的西岸，與舊城區隔著河相對，少了一分喧囂，多了一分寧靜與清新空氣，前往舊城區景點十分方便；與現代美術館僅5分鐘步行距離，周邊還有當地人氣咖啡廳tribrka與自家餐廳Der Steirer，交通位置相當優越。

　飯店共有204個房間，房間內提供了平面電視、mini Bar、保險箱、空調、吹風機、齊全的衛浴備品，還有免費的無線上網服務。除了Economy、Classic、Classic Rubin3種客房之外，還有2013年全新打造、設在飯店頂樓的套房，116平方公尺的寬敞舒適環境已夠讓人驚豔，除了室內空間，飯店更為其打造出小型室外庭園，從庭園還可再爬小階梯上到360度的景觀台鳥瞰城市景觀，相當愜意。

　另外，飯店開設的咖啡廳Kaffee Weitzer以及花店Blumeninsel也相當值得一訪，尤其是人氣餐廳Der Steirer，美味的料理讓嘗過的人都讚不絕口，在用餐時間可是經常一位難求。

舊城區外圍Outer Altstadt

MAP ▶ P.231A3 Hotel Daniel Graz

🚋 從中央車站步行前往，約1分鐘可達。 📍Europaplatz 1 📞(0316)711 080 🌐hoteldaniel.com/en

　2002年由Florian Weitzer接手經營的Hotel Daniel Graz，在其「睿智奢華」(Smart Luxury)的經營哲學下，以現代旅客的需求及旅遊模式為出發點，屏除一切多餘的設施與服務，專注於飯店的本質：簡潔時尚的設計、免費無線網路、24小時開放的espresso bar、洽公放鬆皆宜的大廳，以及提供Vespa、電動摩托車及Ape Calessino三輪車的出租服務，以合理的價格提供品質保證的享受，打造一處讓住客能輕鬆入住的空間。

　飯店就位在中央車站附近，且在門口即可搭乘路面電車前往景點集中的舊城區，便捷的地理位置相當適合自助旅行者及商務人士。這裡的107間客房區分為Smart及Loggia兩種房型，其中Loggia設有小陽台，相當適合在此做日光浴或放空。

舊城區外圍Outer Altstadt

MAP ▶ P.231A2 Schlossberg Hotel

🚋 從郝普特廣場步行前往，約6分鐘可達。 📍Kaiser-Franz-Josef-Kai 30 📞(0316)80 700 🌐schlossberg-hotel.at

　位於城堡山山腳下的四星級飯店，擁有49間客房、4間套房及8間公寓，裝潢以現代藝術融合古典風情，兩種風格交互激盪，每間都呈現出截然不同的情調。

除了在房中休憩，飯店頂樓設有露天陽台，可沐浴在陽光下享受餐點，或是躍入屋頂游泳池清涼一下。另外還有24小時開放的健身房與三溫暖，下榻在此一整天都不會無聊。

布魯茂●

布魯茂溫泉一帶
Around Bad Blumau

綠意盎然的施泰爾馬克邦，除了盛產豐富的農牧產品外，當地的礦產和溫泉更帶來了附加的觀光價值，位於格拉茲東方的布魯茂溫泉，就是奧地利數一數二的療養地，而坐落在鄉間的布魯茂百水溫泉飯店，更是完整呈現奧地利著名藝術家百水創作理念的「鉅作」。在這個遠看像一座彩色城堡的溫泉飯店中，百水的創作不僅可以觀賞，還可親近賞玩，也因此不論大人小孩都被這座樂園所深深吸引，一推出就成為奧地利最受歡迎的溫泉勝地，在1998年因為傑出的服務，百水溫泉飯店更榮獲德國自助旅遊協會所頒發的VDRJ獎。

除了百水溫泉飯店外，種植著大量葡萄的施泰爾馬克邦有不少酒莊對外開放參觀，另外還有當地盛產的南瓜子油專賣店，等著遊客前來造訪。

INFO

基本資訊
人口：約1千7百人。　**面積**：37.31平方公里。

如何到達──自行開車
從維也納到布魯茂，距離約170公里，車程約1.5小時。從格拉茲到布魯茂，距離約65公里，車程約40分鐘。

如何到達──火車
搭乘從Graz-Szentgotthárd主線分出的支線火車，在Fehring換往向北行駛到Wr.Neustadt Hbf的火車，於布魯茂站下車。到布魯茂火車站後，百水溫泉度假飯店會提供免費接駁。火車時刻請查詢下列網址。
📱www.oebb.at

旅遊諮詢
◎布魯茂溫泉觀光局
🏠Bad Blumau 113　📞(03383)2377　🕐週一～五8:00~13:00、14:00~17:00，週六及假日9:00~13:00；週日休。　📱www.bad-blumau.com

布魯茂溫泉一帶

往維也納↗

N

Birkfeld

Ölmühle Fandler ◎
南瓜子油店　[72]

Hartberg

Winzendorf　[A2]

Dienersdorf　[54]

Kaindorf

[64]
●Weiz

Schlosshotel
Kaibing ● Obermayerhofen
　　　城堡飯店

Sebersdorf /
Bad Walterdorf
出口

Kroisbach

[72]

[64]　[54]

Bad Waltersdorf

Großhartmannsdorf　　● Leitersdorf

布魯茂百水溫泉度假飯店
Rogner Bad Blumau ◎

[57A]

[65]
Ilz

[65]　[68]

Weingut Thaller
酒莊

Ilz/Fürstenfeld出口

[66]　Maierhofen

Rudersdorf

圖例 ◎景點 ⌂城堡

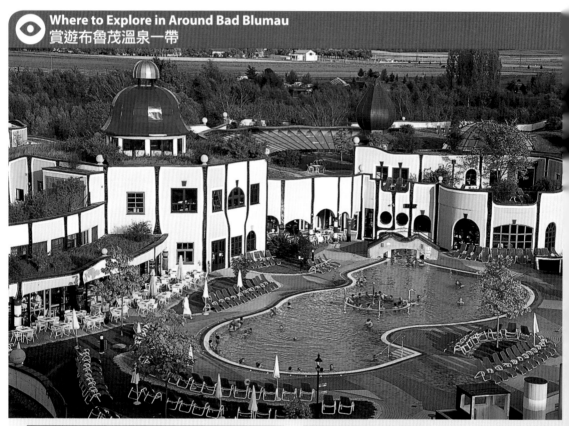

MAP ▶ P.249B2

布魯茂百水
溫泉度假飯店

Rogner Bad Blumau

跳躍著百水先生繽紛想像的度假飯店

飯店距離布魯茂火車站2公里，住客可享兩者間的免費接駁服務。如果住宿超過5晚，飯店會提供從格拉茲機場或火車站的免費接駁。 Bad-Blumau 100, A-8283 Bad Blumau (03383) 5100-0 www.blumau.com

布魯茂百水溫泉飯店共有3座源泉，是36℃的優質美人湯。在廣達40公頃的土地上，以溫泉游泳池為中心，簇擁著各式各樣的彩色房子，有的像城堡，有的就像遊樂場，飯店裡的空間則規劃成房間、餐廳、SPA、三溫暖、美容室、游泳池、健身房、會議室等，從裡到外都充滿了百水的風格，即使是通往各處的長廊都是藝術創作，地面

上鋪著蜿蜒起伏的木頭地板，牆面上鑲著彩色石頭的金色樹木，彷彿要帶你進入童話般的夢幻世界。

為了徹底實現百水「靈魂與自然的和諧」的理念，在飯店裡的地面上完全看不到車子，有的房子還蓋成像土撥鼠的洞穴，所有的屋頂上也種滿了草皮，讓人們可以在上面散步，享受大自然的洗禮。

而房間內部，除了舒適又溫暖的床舖，浴室裡透著光的玻璃，加上紅藍黑大小不同磁磚拼貼成的牆壁，讓住在百水溫泉飯店中的每個夜晚都捨不得入眠。

彩色屋子

百水溫泉飯店裡，每棟房子的外觀都完全不一樣，光是欣賞這些房子的外觀，就令人打從心底開心起來。每一棟充滿個性與創意的屋子，採用了多彩多姿的顏色，以及令人心曠神怡的圓滑線條，讓每一位來到百水飯店的人，隨時隨地都置身在童趣世界中。

像是飯店大廳所在地的Stammhaus，就是一棟有著金色洋蔥屋頂的可愛粉紅色城堡，總共有47間房，每個房間的窗戶大小和顏色都不一樣，但是推開窗戶，每扇窗外都是美麗的風景。大廳一樓還有旅行社及租車公司櫃台，可以提供接送服務或代為安排周遭景點的行程。

另一棟以大量黑色、白色磁磚拼貼成牆面的建築，就是以維也納市區的百水公寓為藍本，所以也一樣取名Kunsthaus。而外形有著像雷龍背脊的美妙曲線的Steinhau，正面有個灰色的大陽台，公寓式房間每房可住4~6人。

至於正面有著醒目紅色線條的Ziegelhaus，將舊穀倉或農莊屋頂的瓦片再利用完成的作品，襯托著白色的牆面，看起來就像是好幾條從地面竄出的火苗。

Waldhofhäuser公寓

當你漫步在百水溫泉飯店的綠色草地時，會發現地面上挖了幾個洞，洞口被鐵絲網圍住，從上往下看，才發現原來這也是住宿的房間。

這種像地洞式的公寓位於地下一層，一棟公寓裡由兩戶共享中間的露天庭院，房間就圍繞在洞口四周圍，最適合全家大小一起來享受愉快假期，屋裡除了舒適的房間、彩色磁磚拼貼的浴室，還有廚房，以及鋪了彩色地毯的客廳，最棒的是公寓正中央就是一個封閉的露天庭院，一家人可以在這裡聊天談心喝下午茶。

走廊

百水的創意，連穿梭頻繁的通道也不放過。連接百水溫泉飯店裡每棟建築物的走廊，是使用率最高的地方，要前往任何一棟樓房，都必須經過走廊通道才能抵達，這樣的空間經過百水的巧手，充滿了賞心悅目的巧思。

首先是地板，為了兼顧百水的創作理念，以及房客行走方便，利用不同色塊與材質構成水滴狀的地板，只有在靠近牆面的部份是起伏不平的，蜿蜒的走廊似乎每個轉彎都會領你走入奇異的夢幻世界。

而走廊的一旁是各種形狀和顏色的窗戶，另一邊的牆面不是掛上了畫，就是種滿了大大小小的樹。這些樹不是一般見到的樹木，而是以金漆塗成枝幹，再以各種石頭作成樹葉的藝術之樹，沒有一棵是一樣的，每一棵都盡情地伸展出獨特的個性。

溫泉&泳池

🕐 9:00~23:00　💲 單日券平日成人€ 54、6~12歲兒童€35，週末假日€63、6~12歲兒童€35；17:00~23:00入場成人€ 41.9、6~12兒童€31.9。可使用溫泉、泳池、三溫暖、健身房等設施，附一件浴袍及兩條浴巾。

在百水的生命中，水是最重要的東西，他曾經愛水愛到將自己的名字改成百水，也曾說雨天是他最喜愛的天氣，他畫的圖中，水也是經常出現的題材，加上晚年經常在船上航海，對他來說，水就有如他的避難所，帶給他安全感。

因此在百水溫泉飯店裡，水是最重要也最不可或缺的元素，不論是造景用的噴泉，或是隨處可見的泳池。百水飯店的最中央就是一座溫泉泳池，四周被彩色的城堡及綠色的草地所團團圍繞，冬天的清晨，房客最愛在這冒著白煙的泳池中，與藍天綠地一起享受大自然的療程。

飯店裡光是大大小小的游泳池就多達7座，有的是露天的，有的是室內的，其中有座泳池還橫跨了室內外，泳客可以自由穿梭兩邊。還有一座火山湖泳池，旁邊就是一座人造火山，遇到特別的節日，這座火山還會施放煙火。

每座泳池裡的設施，也都充滿了百水的建築風格，大大小小、色彩繽紛的圓球柱子，散布在彎彎曲曲的水道中，令人身心舒暢。旁邊的分類垃圾筒，也以鮮豔的顏色來呈現，突顯了百水講究環保的一面。

MAP ▶ P.249B2

Weingut Thaller酒莊

家族經營溫馨酒莊

掃地圖

📍可請布魯茂百水溫泉度假飯店代為安排交通。🏠A-8263 Großwilfersdorf, Maierhofbergen 24 📞(03387) 2924 ⏰週一至週六9:00~18:00、週日及假日9:00~13:00，冬季週一至週六9:00~17:00、週日及假日9:00~13:00(每年時間略有調整)。ⓝ www.weingut-thaller.at

這間酒莊，跟奧地利大多數酒莊不太一樣，以生產紅酒為主，紅酒佔了80%的產量，只有20%是白酒。這裡的酒不僅提供當地所需，也深受品酒人士喜愛。

位於山坡上的葡萄園酒莊，充滿鄉村風味的家庭料理深受當地人喜愛，房子裡擺了木頭桌椅，布料的窗簾一拉開，就是一覽無遺的葡萄園。

MAP ▶ P.249A1

Ölmühle Fandler 南瓜子油店

製程繁複的優質南瓜子油

📍可請布魯茂百水溫泉度假飯店代為安排交通。🏠 Prätis 1, 8225 Pöllau 📞(03335) 2263 ⏰週一至週五8:00~18:00，週六9:00~16:00；週日及假日休。ⓝ www.fandler-oil.com

施泰爾馬克邦最著名的特產就是南瓜和以南瓜子榨成的南瓜子油，這家店不僅僅販賣南瓜子油，還有各種植物種子做成的零嘴或油，而最特別的還是各種高品質的南瓜子油，小巧的

掃地圖

店裡開放遊客參觀將南瓜子壓榨成油的過程，還會解說各種產品的用途，也販賣各種商品。

MAP ▶ P.249B2

Schlosshotel Obermayerhofen 城堡飯店

入住城堡化身一日貴族

掃地圖

📍開車走A2公路可達，距離維也納135公里、車程約1.5小時，距離格拉茲60公里、車程約50分鐘。🏠 Neustift 1, 8272 Sebersdorf 📞(03333) 2503 ⓝ www.heiraten-im-schloss.info

位於維也納到格拉茲間的鄉野中，這間既優雅且充滿羅曼蒂克氣氛的房舍，是一間由城堡所改建而成的飯店，結合了現代的舒適與舊時的奢

華，深受情侶及新婚夫妻所喜愛。

大片的綠地圍繞著飯店四周，總共只有22間古色古香的房間，小至房間的門鎖，大到房間的水晶吊燈、幃幕床舖、雕花衣櫃、木製書桌等裝潢擺飾，都還保留著原貌，使用著保存良好的古董家具，踏的是繡工精巧的地毯，甚至還有暖爐，每位房客在此似乎都化身為中古世紀的貴族。

The Savvy Traveler
聰明旅行家

速寫奧地利

◎正式國名
奧地利共和國（Republik Österreich）。
◎面積
約83,880平方公里。
◎人口
約850萬人。
◎首都
維也納（Wien）。
◎宗教
主要信奉羅馬天主教。
◎種族
超過9成以上是日爾曼民族，少數斯拉夫、土耳其人。
◎語言
德語。

簽證辦理

短期觀光免簽證

　　從2011年1月11日開始，國人前往包含奧地利在內的歐洲36個國家和地區，無需辦理申根簽證，只要持有效護照即可出入申根公約國，6個月內最多可停留90天。有效護照的定義為，預計離開申根區時最少還有3個月的效期，且護照上註明有台灣身份證字號。

　　但要注意的是，儘管開放免簽證待遇，卻不代表遊客可無條件入境，入境申根國家可能會被海關要求查驗的相關文件包括：來回航班訂位紀錄或機票、赴申根國家的旅遊醫療保險保單、英文或德文行程表、當地旅館訂房紀錄或當地親友邀請函、英文存款證明或其他足以證明自己能在當地維生的證明、公司名片或英文在職證明等等。雖然在一般情形下這些文件不一定會用得上，但還是盡量齊備，以備海關人員心血來潮，要求查驗。

　　如有其他相關問題，或是要辦理非觀光簽證，可洽詢奧地利台北辦事處：
◎奧地利台北辦事處

⊙台北市敦化北路167號10樓　☎(02)8175-3283　▼
週一至週四8:30~17:00，週五8:30~14:30(簽證業務週一至週五9:00~12:00)。　⊗台灣及奧地利國定假日
⊕www.bmeia.gv.at/tw/vertretung/taipeh.html

旅遊諮詢

◎奧地利商務代表辦事處
⊙台北市敦化北路205號6樓608室
☎(02) 2715-5220
⊕www.advantageaustria.org/tw
◎奧地利國家旅遊局　⊕www.austria-tourism.at
◎維也納旅遊局　⊕www.vienna.info
◎維也納森林遊客服務中心
⊕www.wienerwald.info
◎多瑙河瓦豪河谷旅遊中心
⊕www.donau.com/en/wachau-nibelungengau-kremstal/weingut-ubl-doschek
◎布爾根蘭省旅遊局　⊕www.burgenland.info
◎薩爾斯堡旅遊局　⊕www.salzburg.info
◎薩爾斯卡莫古特旅遊局
⊕www.salzkammergut.at
◎茵斯布魯克旅遊局　⊕www.innsbruck.info
◎格拉茲旅遊局　⊕www.graztourismus.at

飛航資訊

　　從臺灣，可以搭乘長榮航空、中華航空直飛維也

納，非常方便。此外，亦可搭乘瑞航、德航、阿聯酋等其它航空的航班，經第三地轉機抵達維也納。

航空公司	網址	電話
中華航空	www.china-airlines.com	412-9000(手機加02)
長榮航空	www.evaair.com.tw	(02) 2501-1999
瑞士航空	www.swiss.com	(02)23250069
德國漢莎航空	www.lufthansa.com.tw	(02) 2325-8861
阿聯酋航空	www.emirates.com/tw/chinese	(02)7745-0420

旅遊資訊

◎時差

自3月下旬至10月下旬實施日光節約時間內，台灣時間減6小時為當地時間；其餘月份，台灣時間減7小時為當地時間。

◎電壓

220伏特，電器插頭為2根圓頭，插座有個圓型凹孔。台灣電器需使用轉接插頭。

◎貨幣及匯率

奧地利自2002年7月全面實施歐元(€、Euro)，紙鈔面額有€5、€10、€20、€50、€100、€200、€500，硬幣面額有1¢、2¢、5¢、10¢、20¢、50¢、€1、€2。1歐元等於100歐分(¢、Cent)，相當於新台幣33元(實際匯率會有變動)。

◎小費

在奧地利沒有給小費的硬性規定，但仍有給小費的習慣，在餐廳、咖啡館消費時，一般會支付消費金額的5~10%作為小費，或是付個整數也行。

住在高級飯店，可支付約€1小費給行李小弟或房間清理人員；住在一般旅舍則可以不必付小費。搭乘計程車時，若是請司機幫忙搬運行李，則建議給€1小費。

◎商店營業時間

大部份店家營業時間從週一到週五，早上9點到下午6點，週六只營業到下午5點，週日通常是休息。所以如果在假日想要購買日常用品或簡單的餐點，各個城市的火車站裡都設有超商、咖啡館、理髮院和速食店、寄物櫃，也有自動販賣機可以滿足需求。這裡的超市假日也照常營業，不過價格會比一般超市貴一些。

◎廁所

在奧地利使用公共廁所通常都要付錢，金額約50¢，大部分是採投幣式，必須先把錢投入，門才會開啟，所以記得隨時準備好零錢。若不想花錢方便，建議在餐廳、咖啡廳等處用餐時順便解決如廁需求。另外要特別注意的是，男廁是「Herren」，女廁是「Damen」。

◎打電話

台灣直撥奧地利：002＋43＋城市區域(去掉0)＋電話號碼

奧地利直撥台灣：00＋886＋城市區域(去掉0)＋電話號碼(若是手機號碼亦去掉第一個0)

◎購物退稅

在有購物退稅標誌(Tax Free)的商店購買要帶回國內的商品，當單筆金額超過€75.01時，可向店家索取退稅單(Tax Free Form)。在退稅單上填寫好姓名、住址、國家和護照號碼，於離開歐盟國家時，在機場check-in前先找到海關櫃台，出示退稅單與所購買的商品後，由海關人員在退稅單上蓋章，再帶著這張單子到退稅處換錢即可。蓋有海關印章的退稅支票，可以在機場內的銀行兌換成歐元現金，或是退還至信用卡。奧地利的加值稅(VAT, value-added tax)為20%，退稅後扣除手續費約可拿回13%。

維也納機場等部分機場的退稅程序略有不同，於離開歐盟國家時先辦理登機手續，向地勤人員說明托運行李中是否裝有要退稅的物品，check-in後會將裝有欲退稅商品的托運行李交還，再將行李拿至海關櫃檯，與退稅單、發票一同出示後，由海關人員在退稅單上蓋章，帶著這張單子到退稅處換錢即可，行李由海關櫃檯托運(部分機場不需先辦理托運手續)。

◎緊急連絡電話

警察：133

救護車：144

救護電話：141

消防隊：122

◎訂房

計畫遊奧地利，可先透過網路找到最適合自己預算與滿足旅遊期待的旅館。在挑選旅館時除了價格和設備，旅館的位置以及周邊治安也需一併考量，有時搭配大眾運輸工具，和市中心稍微有些距離的旅館，也可能比市區內需要步行前往的旅館更為便利。另外奧地利一些小旅館並無24小時櫃台，入住和退房時間也要多留心。

◎訂房網站

隨著網路發達，越來越多旅客會透過訂房網站和行動APP預定旅館。在眾多訂房網站中，究竟哪一家最便宜並無一定，有時候網站也會和旅館獨家合作推出優惠價，還是需要多方比較再做決定。訂房網站大多提供信用卡支付，可在預定的當下於線上刷卡付清，也有一些旅館在訂房時先以信用卡保證預定，待旅客入住或退房時，再以現金或信用卡結算房資。

訂房網站的選擇眾多，各家推出的優惠也五花八門，但為避免訂房或付款等糾紛，還是要選擇值得信賴的大型訂房網站。以深耕亞洲多年的訂房網站Agoda.com為例，網站推出最低價保證以及24小時全天候中文客服的服務，讓旅客能夠安心入住無後顧之憂。

Agoda.com優質迅速的訂房平台

Agoda.com是亞洲領先的線上預訂平台，提供多達38種語言，覆蓋全球超過180萬家旅館、公寓或休閒渡假別墅。除了網頁頁面，亦提供iOS和Android系統的手機 APP，方便旅客隨時隨地查找住房資訊。所有在Agoda.com上的酒店評價均是客人在退房後，就其入住體驗所提交的真實評價，可靠並具參考價值。透過積分回饋項目，客戶每次於Agoda.com訂房都可獲得積分回饋，從而下次訂房時獲得更多折扣甚至免費住宿。Agoda.com致力於為商務和休閒旅客提供最優質的訂房服務，以及最佳的酒店價格和選擇。如欲獲得更多酒店訂房資訊，請瀏覽www.agoda.com/zh-tw。

聰明訂房教戰手冊

現在訂房網站的查找功能越來越完善，以Agoda.com的查詢頁面為例，只要聰明使用網頁功能，即可迅速找到符合需求的旅館。

依需求選擇篩選條件，像是可以選擇青年旅店、公寓式酒店等類型，或是星級、價格、評價範圍等條件。

登入會員，查看會員專屬優惠、訂房紀錄等資訊。

輸入住宿地點、日期、人數與客房數。

首先篩選住宿類型，方便分類查找。

選擇旅館的排列順序。

也可以直接透過Google地圖，從位置查找客房。

客房付有免費早餐會直接在畫面標示。

登入會員，查看會員專屬優惠、訂房紀錄等資訊。

相關位置搜索讓訂購下一段旅程更迅速。

登入會員，查看會員專屬優惠、訂房紀錄等資訊。

勾選方格，就可以把中意的旅館放到清單中，方便做挑選。

滑鼠移動到圖示就能看到旅館的交通方式。

登入會員，查看會員專屬優惠、訂房紀錄等資訊。

登入會員，查看會員專屬優惠、訂房紀錄等資訊。

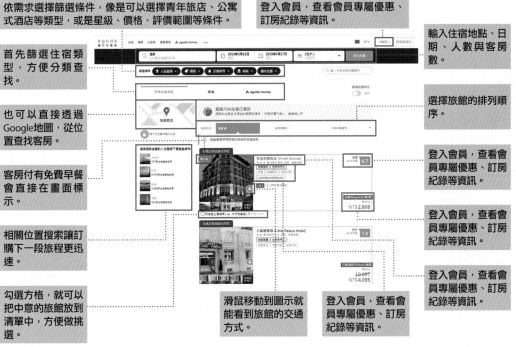

奧地利 | MOOK NEWAction no.72
Austria

作者
李芷姍‧墨刻編輯部

攝影
墨刻攝影組

主編
李芷姍

美術設計
許靜萍 (特約)‧羅婕云

地圖繪製
李妘 (特約)‧墨刻編輯部

出版公司
墨刻出版股份有限公司
地址：台北市104民生東路二段141號9樓
電話：886-2-2500-7008
傳真：886-2-2500-7796
E-mail：mook_service@cph.com.tw
讀者服務：readerservice@cph.com.tw
墨刻官網：www.mook.com.tw

發行公司
英屬蓋曼群島商家庭傳媒股份有限公司城邦分公司
地址：台北市104民生東路二段141號2樓
電話：886-2-2500-7718　886-2-2500-7719
傳真：886-2-2500-1990　886-2-2500-1991
城邦讀書花園：www.cite.com.tw
劃撥：19863813
戶名：書虫股份有限公司

香港發行所
城邦(香港)出版集團有限公司
地址：香港灣仔駱克道193號東超商業中心1樓
電話：852-2508-6231
傳真：852-2578-9337

馬新發行所
城邦(馬新)出版集團 Cite (M) Sdn Bhd
地址：41, Jalan Radin Anum, Bandar Baru Sri Petaling, 57000
Kuala Lumpur, Malaysia.
電話：(603)90563833
傳真：(603)90576622
E-mail：services@cite.my

製版‧印刷
藝樺設計有限公司‧漾格科技股份有限公司

經銷商
聯合發行股份有限公司（電話：886-2-29178022）
誠品股份有限公司
金世盟實業股份有限公司

城邦書號
KV3072

定價
480元

ISBN
978-986-289-519-1‧978-986-289-870-3（EPUB）
2023年5月初版　2023年10月二刷

首席執行長　Chief Executive Officer
何飛鵬　Feipong Ho

生活旅遊事業總經理暨墨刻出版社長　PCH Group President & Mook Managing Director
李淑霞　Kelly Lee

總編輯　Editor in Chief
汪雨菁　Eugenia Uang

資深主編　Senior Managing Editor
呂宛霖　Donna Lu

編輯　Editor
趙思語‧唐德容‧陳楷琪‧王藝霏‧林昱霖
Yuyu Chew, Tejung Tang, Cathy Chen, Wang Yi Fei, Lin Yu Lin

資深美術設計主任　Senior Chief Designer
羅婕云　Jie-Yun Luo

資深美術設計　Senior Designer
李英娟　Rebecca Lee

影音企劃執行　Digital Planning Executive
邱茗晨　Mingchen Chiu

業務經理　Advertising Manager
詹顏嘉　Jessie Jan

業務副理　Associate Advertising Manager
劉玫玟　Karen Liu

業務專員　Advertising Specialist
程麒　Teresa Cheng

行銷企畫經理　Marketing Manager
呂妙君　Cloud Lu

行銷企畫專員　Marketing Specialist
許立心　Sandra Hsu

業務行政專員　Marketing & Advertising Specialist
呂瑜珊　Cindy Lu

印務部經理　Printing Dept. Manager
王竟為　Jing Wei Wan

國家圖書館出版品預行編目資料

奧地利 / 李芷姍, 墨刻編輯部作. -- 初版. -- 臺北市: 墨刻出版: 家
庭傳媒城邦分公司發行, 2023.05
256面 ; 16.8×23公分. -- (New action ; 72)
ISBN 978-986-289-519-1(平裝)
1.CST: 旅遊 2.CST: 奧地利
744.19　　　109002219

墨刻整合傳媒廣告團隊

提供全方位廣告、數位、影音、代編、出版、行銷等服務
為您創造最佳效益
歡迎與我們聯繫：mook_service@mook.com.tw